Dr. Patrice Guinard

Nostradamus occultiste : Codes et Procédés de chiffrement dans l'œuvre de Nostradamus

(avec l'édition de son Testament ainsi que deux autres actes notariés inédits)

Mars 2015

Édition : BoD - Books on Demand
12/14 rond-point des Champs Elysées, 75008 Paris
Imprimé par Books on Demand, Allemagne
ISBN : 9782322015856
Dépôt légal : Mars 2015

Nostradamus occultiste : Table des matières

LE TESTAMENT DE NOSTRADAMUS (1566)

LES 1130 QUATRAINS DU CORPUS VERSIFIÉ

LA PRESCIENCE DE NOSTRADAMUS

QUINZE QUATRAINS ÉCLAIRCIS

AVANT L'ANARAGONIQUE REVOLUTION (2066-2242)

Cet ouvrage rassemble mes études parues au CURA depuis l'an 2000 sur les procédés de chiffrement dans l'oeuvre de Nostradamus. En sont exclus le code organisé par Nostradamus dans sa traduction d'un opuscule de Galien (cf. mon ouvrage précédent paru le mois précédent chez le même éditeur), ainsi que les diverses chronologies qui figurent dans la seconde épître à ses Prophéties (1558) et dans l'Almanach pour 1566, et qui seront étudiées ultérieurement. L'abréviation CN dans le texte se rapporte au **Corpus Nostradamus** (http://cura.free.fr/mndamus.html). Les textes CN 15, 19, 28, 33, 48, 51, 63, 64, 77, 84, 90, 93, 98, 110, 112, 175, 176 et 177 sont accessibles en ligne. Les textes CN 126, 159, 162, 163, 168, 169, 174, 178 et 193 ne sont, à ce jour, accessibles que dans le cadre de l'Association du CURA. On complétera l'ouvrage par ma bibliographie en ligne (CN 01). Quelques ouvrages cités, surtout récents et souvent de moindre importance, sont analysés au CN 130.

Nostradamus occultiste : Codes et Procédés de Chiffrement dans l'œuvre de Nostradamus

Nostradamus, visionnaire par un don inné comme il l'affirme dans sa première épître, et occultiste par une cyclologie, une arithmologie, une crypto-stéganographie et une astrologie qui lui sont propres, est à la croisée et l'aboutissement du prophétisme médiéval et de ses deux courants, didactique et revendicatif chez Joachim de Flore, Arnaud de Villeneuve, Jean de Roquetaillade ou Savonarole, et purement visionnaire et féminin chez Hildegarde ou Brigitte de Suède. Mais, contrairement à elles et eux, et parce qu'il baigne dans le renouveau humaniste et les idées réformées, cette polarité se redouble par une intrusion de l'antiquité païenne (hiéroglyphes égyptiens, histoire romaine, sibylles grecques) dans le monde chrétien, par laquelle leurs frontières respectives s'abolissent. Dieu et Jupiter et Natura s'équivalent dans une vision de la civilisation perçue comme un tout, mais qui se délite et conduit inéluctablement, comme tout organisme, vers son aboutissement naturel, sa désagrégation.

Les meilleurs connaisseurs du texte nostradamien depuis 1840, successivement Bareste, Buget, Torné-Chavigny, Rigaux, Leoni, Ruzo, Dumézil, Ionescu, peut-être Brind'Amour dans ses moments de lucidité, furent tous nostradamistes. On ne compte dans leurs rangs aucun dépréciateur, dénigreur, ou commis de la petite raison néo-voltairienne. Les idéologues de la raison consensuelle et les esprits forts à deux balles sont sur une autre rive : là où se côtoient ceux qui se trompent sur les dates, ceux qui confondent les éditions, ceux qui prennent les textes authentiques pour des faux, les faux pour des originaux, ceux qui imaginent des scenarios salissant la mémoire du prophète, surtout quand ils les inventent eux-mêmes, et cherchent à porter l'astrophile et son oeuvre au plus bas, tout en adulant la modernité dans ses manifestations les plus sournoises. Sans un minimum de sympathie pour son sujet, on ne peut pas faire oeuvre utile, a fortiori concernant Nostradamus qui était poète et médecin herbaliste, mais aussi arithmologue et voyant.

En effet on n'aborde pas Nostradamus comme on pourrait étudier Montaigne ou Ronsard. Dès sa première préface, celle apparemment adressée à son jeune fils César (qui n'avait pas quinze mois à sa parution), Nostradamus affirme le caractère occulte de sa doctrine et de son oeuvre : *"occulte prediction (...) occultes vaticinations (...) vertu occulte (...) occulte Philosophie (...) proprieté occulte (...) cause occulte, etc."* (Épître de Nostradamus à César, 1555, § 3, 12, 15, 20, 23, 28 : CN 33). Non qu'il s'agisse d'occultisme au sens tardif que ce vocable a pris au XIXe siècle, mais plutôt dans son acception ancienne d'un état naturel du monde et du réel, qui est occulte en soi, c'est-à-dire caché, secret, obscur, voilé, hermétique, et que l'occultiste cherche à traduire dans sa pratique et à transmettre dans son oeuvre. Ainsi *"l'entendement créé intellectuellement ne peut voir occultement"* (Épître de Nostradamus à César, 1555, § 18 : CN 33). Car le monde est occulte ; l'esprit peut apprivoiser la "perception occulte" ; l'écriture peut transcrire cette perception avec les moyens qui sont les siens.

Ainsi Nostradamus a parsemé son oeuvre, ses traductions (cf. mon *"Nostradamus traducteur : Horapollon et Galien"*), ses almanachs et pronostications, ses Prophéties, et jusque dans la rédaction à deux mains de certains actes notariés, d'une arithmologie qui lui est propre, et qui n'est pas redevable à Alberti, à Trithemius, ou à aucun autre spécialiste de ces questions. Du vivant de Nostradamus, on avait deviné le caractère occulte de ses oeuvres, et que les noms, notamment romains parsemant les quatrains, cachaient des personnages du futur : Jean de La Daguenière (qui serait un pseudonyme adopté par Théodore de Bèze en 1558 pour combattre Nostradamus) s'écrie : *"Qui est il ? ce Deucalion qui le congnoist ?"* (*Le monstre d'Abus*, cf. CN 76). Les correspondants de Nostradamus savaient qu'il pratiquait le chiffrement de ses textes, comme dans la lettre 41 de sa Correspondance et comme le rapporte le médecin Johannes Bergius à la lettre 44 de cette même correspondance : *"si toutefois vous estimez devoir cacher certains détails, écrivez-les en code, en sorte que je puisse cependant vous comprendre"* (Nostradamus, *Lettres inédites*, trad. Bernadette Lécureux, éd. R. Amadou et al., Poissy, 1992, p.159).

Nostradamus publiait des Pronostications et des Almanachs annuels, attendus et examinés partout en Europe, aux conseils des cours princières comme dans les campagnes. Mais ce sont ses Prophéties, de son vivant plus confidentielles mais aujourd'hui encore retentissantes, qu'il a voulu préserver de l'oubli. Il craignait moins ses contemporains malgré les menaces politiques, sectaires ou inquisitoriales, que la difficulté pour son texte à traverser les siècles obscurantistes, notamment le XVIIIe (cf. CN 171). La falsification et la déformation des écrits sont pires pour un auteur que leur confiscation ou même leur disparition. Nostradamus le savait, il l'avait anticipé, et les manoeuvres hostiles ont commencé de son vivant, la plupart du temps pour des raisons triviales, le profit, et non pour des raisons idéologiques.

Il a mis en place un dispositif permettant à son texte de subsister dans toute sa cohérence, un dispositif si "occulte" qu'il a pu échapper à la perspicacité des exégètes de son oeuvre pendant quatre siècles et demi. La démonstration est l'objet même de cet ouvrage. Dans mon ouvrage précédent, j'ai montré qu'il existait un autre code cryptographique qui devrait permettre d'organiser les quatrains dans une succession temporelle, et par suite de leur attribuer une signification ferrée à un canevas stable.

Nostradamus divise ses Prophéties en deux livres, chacun précédé d'une préface. Le premier livre est publié en deux éditions successives : en 1555 chez Macé Bonhomme avec un privilège pour deux ans, puis en 1557 dans deux versions différentes chez l'imprimeur lyonnais Antoine du Rosne. Le second livre est publié l'année suivante, en 1558 comme en atteste la préface, probablement chez le même Antoine du Rosne. Deux de ces quatre éditions sont aujourd'hui introuvables, bien qu'on connaisse une version apocryphe datée de 1557, probablement d'origine parisienne, mise au nom d'Antoine du Rosne.

Un acte notarié daté du 18 mars 1562 (1e édition CURA : cf. CN 178), c'est-à-dire à 1566 jours et demi du moment de son décès survenu le 2 juillet au petit matin au milieu de l'année 1566, stipule que Nostradamus laisse à sa femme une moitié de feuille de parchemin, et l'autre moitié, divisée en deux parts, est confiée au notaire et à son frère Jean, avec des instructions précises au cas où il lui arriverait quelque chose au cours d'un voyage en projet. Bien sûr Nostradamus savait qu'il ne lui arriverait rien puisque la date choisie pour la signature de l'acte implique qu'il connaissait le jour et le moment de son décès !

C'est le même procédé qu'il a été utilisé dans l'agencement de ses Prophéties : un premier livre publié en deux moutures successives, un second livre en un seul tenant. Le premier livre des Prophéties est dédié à son fils César. Il est publié en deux éditions successives (1555 et 1557), et la seconde édition en deux moutures à 58 jours d'intervalle et "incomplète" de 58 quatrains pour la première mouture : le 6 septembre 1557, Nostradamus fait imprimer son édition à 642 quatrains, tacitement dédiée à son fils Charles né en 1556 (probablement le 6 septembre), et le 3 novembre 1557 (après 58 jours) son édition à 639 quatrains, tacitement dédiée à son fils André né le 3 novembre 1557. Autrement dit il fait imprimer l'édition à 642 quatrains au premier anniversaire de Charles, et l'édition rabotée de trois quatrains à la naissance d'André. Le second livre des Prophéties, en trois centuries complètes, pourrait avoir été tacitement attribué à ses trois filles Madeleine, Anne et Diane, dont les deux cadettes naîtront après leur publication : en décembre 1559 et en septembre 1561 (cf. CN 131).

Pour consolider son dispositif, Nostradamus laisse un Testament qui est un modèle d'ingéniosité et qui par divers décomptes laisse entrevoir trois nombres, à savoir 13, 22 et 3, permettant de corroborer l'organisation des quatrains, ceux parus dans ses Prophéties et les autres (cf. l'important article de Daniel Ruzo paru dans les *Cahiers Astrologiques* en 1962). Ainsi l'ensemble des 942 quatrains des Prophéties vaut $(13 \times 13) + (22 \times 22) + (13 \times 22) + 3$; celui des 154 quatrains des Almanachs : $22 \times 22 / \pi$; celui des 1130 quatrains du corpus versifié (Prophéties, Almanachs et 34 quatrains supplémentaires laissés en manuscrit ou par son ex-secrétaire Chavigny) vaut $(13 \times 13) + (31 \times 31)$ ou encore $(13 \times 13) + (13 \times 13) + (13 \times 22) + (22 \times 22) + 22$!

L'ouvrage regroupe la plupart de mes textes relatifs au chiffrement du texte nostradamien, parus au CURA depuis 2000, et en annexe l'éclaircissement de quelques quatrains. En espérant que les faits et démonstrations mathématiques seconderont l'herméneutique, souvent impuissante à éveiller la conscience moderne engluée dans l'obscurantisme.

La troisième et dernière Épître de Nostradamus: Son Testament (avec le texte du Testament de Nostradamus et son Codicille)

"Le testament, qui dit à l'héritier ce qui sera légitimement sien, assigne un passé à l'avenir. Sans testament ou, pour élucider la métaphore, sans tradition - qui choisit et nomme, qui transmet et conserve, qui indique où les trésors se trouvent et quelle est leur valeur - il semble qu'aucune continuité dans le temps ne soit assignée et qu'il n'y ait, par conséquent, humainement parlant, ni passé ni futur, mais seulement le devenir éternel du monde et en lui le cycle biologique des êtres vivants."

(Hannah Arendt, *La crise de la culture*, tr. fr. Patrick Lévy, Gallimard, 1972 ; 1989, p.14)

Au printemps de l'année 1962, le péruvien Daniel Ruzo publia dans les Cahiers Astrologiques du regretté Alexandre Volguine (regretté parce qu'inégalé en France en tant qu'éditeur de revues astrologiques) son fameux article "Le Testament de Nostradamus" (*Cahiers Astrologiques*, 97, Nice, 1962, p.69-85). Nostradamus se serait servi de ses obligations testamentaires pour coder son oeuvre prophétique. Ruzo fit cette découverte essentielle: *"Notre étude nous a amené à la conclusion que les nombres du Testament constituent une clé pour déterminer le numéro des quatrains de l'oeuvre prophétique"* (p.70).

Le 17 juin 1566, Nostradamus convoque dans son bureau ses témoins testamentaires et le notaire salonnais Joseph Roche. Le 30 juin de la même année, soit deux jours avant son décès, il convoque à nouveau, afin d'établir un codicille à ses précédentes volontés testamentaires, le même notaire ainsi que des témoins, certains déjà présents treize jours auparavant, d'autres non. Plusieurs points attirent d'emblée l'attention à la lecture de cette double pièce testamentaire : d'abord l'énumération étonnante d'objets culinaires et vestimentaires, alors que l'érudit reste lapidaire sur les ouvrages et papiers divers de sa "librairie", lesquels constituent pourtant le matériau premier de son activité, ensuite l'énumération détaillée des pièces de monnaie en sa possession (alors qu'une simple sommation aurait suffi), et la répartition précautionneuse de cet argent dans trois coffres dont les clés sont confiées à trois exécuteurs testamentaires, enfin l'existence étonnante d'un codicille qui n'ajoute presque rien au contenu du précédent testament.

Ruzo a montré que, dans le nombre des héritiers, dans celui des témoins, dans celui des ordres à accomplir, dans celui des meubles et des objets légués (et dans le détail des pièces d'habillement en toile comme des pièces de cuisine en étain : qu'on pense au *Traité des Fardements & des Confitures* !), et même dans celui des pièces d'héritage, on retrouve trois nombres, les "Nombres du Testament", à savoir 3, 13 et 22, lesquels ont vraisemblablement aussi servi au codage du corpus prophétique.

La fréquence de ces nombres est fortement improbable. Nostradamus a voulu faire de son Testament une troisième et ultime épître à son oeuvre, de la même manière que ses *Prophéties* ont été agencées en trois parties, et qu'ici même il livre les clefs de ses trésors à trois exécuteurs testamentaires. Il faut lire ce texte, non comme un simple document notarial, mais comme un pan de son oeuvre oraculaire. Je dois dire que ce sont ces trois pièces, l'épître à César de 1555, celle à Henry de 1558, et cette dernière, le Testament de 1566, et non les Quatrains, qui ont su me convaincre de l'étonnant canevas analogique voir anagogique mis en place par Nostradamus il y a plus de quatre siècles. Je reviendrai sur les premières interprétations et conclusions consignées par Ruzo en 1962 (et reprises dans son ouvrage publié à Barcelone en 1975 et seulement sept ans plus tard en français) : qu'il soit remercié d'avoir ouvert la voie à l'exégèse éclairée du corpus nostradamien.

Le texte du Testament et du Codicille figure aux Archives Départementales des Bouches-du-Rhône (Marseille), au fonds 375 E n° 2 (Giraud) des notaires de Salon : registres 675 non folioté (avec signatures) et 676 (feuillets 507r-512r et 523v-524r). Le premier texte est celui de l'acte nuncupatif signé dans la propre maison de Nostradamus ; le second est une copie plus soignée établie ultérieurement par le notaire dans son cabinet. La transcription et la numérotation originale des paragraphes du texte ont été établies par moi-même, d'après la copie réalisée en 1962 par Édouard Baratier, conservateur des Archives de Marseille, et publiée par Daniel Ruzo dans *Le testament de Nostradamus* (Barcelona, Plaza & Janés, 1975 ; trad. franç., Monaco, Le Rocher, 1982, p.21-28). L'américain Eugene Parker en avait donné une version dès 1920 en appendice de son mémoire de thèse (Harvard University) grâce à la transcription du bibliothécaire et archiviste Henry Dayre, établie en décembre 1918 d'après une copie du Testament (XVIIIe), celle du manuscrit 298 du fonds Bonnemant de la BM d'Arles. Elle fut reprise et traduite par un autre américain en 1961 (Edgar Leoni, *Nostradamus, Life and Litterature*, New York, Exposition Press, 1961, p.772-783). Les versions Dayre/Parker et Baratier/Ruzo reproduisent le texte du registre 676. Ruzo, qui ajoute à sa version les variantes du registre signé, signale encore deux autres copies du Testament : l'une établie par le généalogiste Pierre d'Hozier (décédé en 1660), l'autre reproduisant la première (Copies de *Testaments de Roys, princes et grands Seigneurs et homes doctes*, BnF ms fr 4432, folios 77r-86r).

Ma transcription date d'avril 2002. A l'occasion de son intégration au Corpus Nostradamus dans cette présente et nouvelle version, j'ai conservé l'orthographe du texte dans le manuscrit, mais revu l'accentuation pour /à/, /é/ et /és/ en fin de mot, la ponctuation, et les majuscules pour certains noms propres. Le texte est celui du registre 676 (folioté mais non signé par les témoins), avec en italiques les ajouts qui n'apparaissent pas au registre 675, entre parenthèses (et éventuellement barrées) quelques rares variantes parfois préférables de ce premier registre, entre accolades mon découpage du texte, entre crochets quelques lectures et précisions grammaticales ou lexicales, en gras quelques passages soulignés, et entre barres grasses la numérotation des pages du registre 675 (1, 2, 3, etc.) et la foliotation du registre 676 (507r, 507v, etc.). Enfin sont annexées quelques remarques sur le texte (après astérisques).

/1/ /507r/ Testament pour monsieur Maistre Michel Nostradamus, docteur en medecine, astrophille, conselhier et medecin ordinaire du roy

{1} (En) L'an *à la Nativité nostre Seigneur* mil cinq cens soixante six & le dix septiesme jour du moys de juing, *saichent toutz presentz & advenir qui ces presentes verront*, comme ne soyt chose plus certaine qu'est la mort ne [ni] chose plus incertaine qu'est l'heure d'ycelle, pour ce est il que *par devant* & en la presance de moy *Joseph Roche notaire Royal & tabellion juré de la presente ville de Sallon diocese d'Arles soubzigné & des tesmoings cy apres nommés*, feust present en sa personne Maistre Michel Nostradamus, docteur en medecine & astrophille de ladicte ville de Sallon, conselhier & medecin ordinaire du Roy, lequel considerant & estant en son bon entendement, bien parlant voyant & entendant, combien que en tout ce [se] soyt affoybly, causant (son ancien eage & certaine maladie corporelle) de laquelle il est à present debtenu, voullant prouvoyr cepandent qu'il est en vye de ses biens que dieu le createur luy a donnés & prestés en ce mortel monde, à celle fin que apres son decepz & trespas sur iceulx *biens* n'y aye question proces ne [ni] differant,

{2} pource ledict Maistre Michel Nostradamus de son bon gré, pure et franche vollanté, propre mouvement, deliberation & vollanté, a faict ordonné & estably & par ces presentes faict ordonne & establist son testement nuncupatif [de vive voix et devant témoins], disposition & ordonnance finalle & extreme vollanté de toutz & ungs chescungs des biens que dieu le createur luy a donnés & prestés en ce mortel monde à la forme & maniere que s'ansuyt :

{3} *& premierement ledict Maistre Michel Nostradamus testateur* comme bon vray **/507v/** crestien & fidelle a recommandé *& recommande* son ame à dieu le createur priant *icelluy createur* que *à son diffinement et* quant sera son **/2/** bon plaisir de l'appeller *en aye pitié compassion & misericorde* & (que luy plaise) collocquer son ame au Royaulme eternel de paradis *, & pource que apres l'ame le corps est la chose plus digne de ce siecle, *pource* icelluy Maistre Michel Nostradamus testateur a vouleu *& ordonné que apres que l'hame de son corps sera aspiree, icelluy estre porté honnorablement* en sepulture dans l'eglise du convent ** de Saint Françoys dudict Sallon & entre la grant porte d'icelle & l'aulthel de Saincte Marthe là où a vouleu estre faicte une tombe ou monument contre la murailhe, * & *il* a vouleu *et ordonné* sondict corps estre acompaigné avecques quatre cierges d'une livre la piesse, & aussi a vouleu *& ordonné le dict testateur* toutes ses obseques & funerailhes estre faictes à la discretion de ses gagiers cy apres nommés *,

* Nostradamus "bon et fervent chrétien" ou païen déguisé ? Il ne recommande pas son âme à Jésus-Christ, ni à Marie, ni à aucun des saints (la cour céleste) comme il était de coutume, mais au seul créateur de toutes choses, ni n'ordonne aucune messe pour le salut de son âme, mais demande au contraire que ses funérailles soient organisées à la discrétion de ses exécuteurs testamentaires. En revanche il ne doute pas que son âme sera aspirée et convoquée en temps opportun "au Royaulme eternel de paradis".

** Le texte du registre 675, à savoir *"l'eglise colegie de Sainct Laurens dudict Sallon et dans la chappelle de Nostre dame à la murailhe de laquelle a voulu estre faict ung monument dans lequel sondict corps soit ensevely & pour ladicte plaxe a legué au chappitre et chanoines de ladicte esglise deux escus paiables une foys tant seullement incontinent apres son deces"*, a été barré et remplacé en bas de feuillet par le texte repris au registre 676 : *"l'eglise du convent ... contre la murailhe"*. L'église collégiale de Saint-Laurent a été remplacée par celle des

Cordeliers du couvent de Saint-François. Or cette dernière fut détruite et pillée à la fin du XVIIIe siècle lors des troubles de la Révolution française, et sa tombe a effectivement été déplacée dans la première église mentionnée. Daniel Ruzo précise (p.19 de son ouvrage précité) que la tombe fut profanée en 1791 et que les restes de ses ossements furent ramenés dans l'enceinte de la chapelle de Nostre Dame (celle de la Vierge ou la sienne ? ...) en l'église de Saint-Laurent à Salon, qui est le lieu initialement indiqué puis biffé, comme si Nostradamus savait ce qu'il adviendrait de sa sépulture sous la Révolution française, en cette période qui marque le début du "Commun Avènement" annoncé dans ses *Prophéties*. Même le sceptique Raoul Busquet s'interroge : *"L'intention première du Prophète aurait donc finalement été réalisée. Peut-être le texte primitif du testament était-il une prévision de l'avenir ?"* (in *Nostradamus, sa famille et son secret*, Paris, Fournier-Valdès, 1950, p.133).

{4} & aussi a legué vouleu & ordonné *ledict testateur* que soyt bailhé à treze pouvres * six soulx pour chescung une foys tant seulement *poyables* apres son decepz & *trespas*, lesquelz pouvres seront esleüx à la discretion de ses gagiers *cy apres nommes*,

* Il était de coutume testamentaire, et pas seulement provençale, de convoquer ou de laisser quelque aumône à une treizaine de pauvres, par exemple dans le testament du négociant Jean d'Arles (1540) : *"treize pauvres habillés de serge blanche qui veilleront le corps* [le jour de l'enterrement] *tenant chacun un cierge allumé à la main et récitant des prières."* (Philippe Paillard, "Vie économique et sociale à Salon de Provence de 1470 à 1550", in *Provence Historique*, 19.78, Aix, 1969, p.295), ou dans celui de Nicolas Jenson en 1480 (Henri Monceaux, "Les Le Rouge de Chablis (1470-1531)" in *Bulletin de la Société des sciences historiques et naturelles de l'Yonne*, 48, 1894, p.268).

{5} & aussi a legué *& laisse ledict Maistre Michel Nostradamus testateur* aux fraires de l'Observance de Sainct Pierre de Canon ung escu une foys tant seulement /3/ poyable incontinent apres son trespas,

{6} & aussi a legué *& laysse ledict testateur* à la chappelle de Nostredame des penitents blancs dudict Sallon ung escu poyable une foys tant seulement incontinent apres son decepz *& trespas*,

{7} *& parielhement* a legué & legue aux fraires mineurs du convent de Sainct Françoys *dudict Sallon* deux escus une foys tant seulement **/508r/** poyables incontinent apres son decepz *& trespas*,

{8} *& parielhement* a legué *& laisse ledict testateur* à *honneste filhe* Magdaleyne Besaudine, * filhe de Loys Bezaudin son germain, la somme de dix escus d'or pistolletz, lesquelz a vouleu luy estre bailhés quant *elle* sera collocquee en mariage & non aultrement, tellement que sy ladicte Magdaleyne venoyt à mourir avant que estre colloquee en mariage, a vouleu *& veult* ledict testateur le present legat [legs] estre nul,

* Cette Madeleine, fille de Loys, est la petite-fille de la plus jeune soeur connue du père de Nostradamus, Bartholomée, mariée vers 1503 au négociant salonnais Barthélemy Besaudin (cf. CN 131).

{9} & parielhement a legué *& laisse ledict Maistre Michel* Nostradamus testateur à damoyselle Magdaleyne Nostradamus sa filhe legitime et naturelle & de damoyselle Anne Ponsarde sa femme commune la somme de six centz escutz d'or sol poyables une foys tant seulement le jour qu'elle sera collocquee en mariage, & parielhement a legué & legue *ledict Maistre Michel Nostradamus testateur* à damoyselles Anne & Diane de Nostradamus ses filhes legitimes & naturelles & de la dicte damoyselle Anne Ponsarde sa femme commune **/4/** & à chescune d'elles la somme de cinq cens escuz d'or pistolletz poyables à chescune d'elles le jour que seront collocquees en mariage, & quas [sic : cas] advenant que lesdictes damoyselles Magdaleyne Anne & Diane *seurs* ou une d'elles vinsent à mourir en pupillarité ou aultrement sans hoirs legitimes & naturelz, audict cas a substitué à chescune desdictes Magdaleyne Anne & Diane ses heritiers cy apres nommés,

{10} & aussi a legué & laisse *ledict Maistre Michel Nostradamus testateur* à la dicte damoyselle Anne Ponsarde sa femme bien aymee la somme de quatre centz escutz d'or pistolletz, lesquels ledict testateur a vouleu estre expediés à ladicte Ponsarde sa femme incontinent **/508v/** apres la fin & trespas dudict testateur, & desquelz quatre centz escutz ladicte Ponsarde en jouyra tant qu'elle vivra vefve & en son nom dudict testateur, & cas advenant que ladicte Ponsarde vienne à se remarier, audict cas ledict testateur a vouleu lesditz quatre centz escus estre restitués à ses hoirs cy apres nommés, & si ladicte Ponsarde ne vient à soy remarier, audict cas ledict testateur a vouleu qu'elle puisse leguer & laysser lesdicts quatre centz escus à ung de ses enffans dudict testateur tel ou telz que bon luy semblera, **/5/** prouveu touteffoys que ne les puisse laisser à aultre que à sesdictz enffans dudict testateur,

{11} & parelhement a legué & legue *ledict testateur* à ladicte *damoyselle Anne* Ponsarde sa femme le usaige & habitation de la tierce partie de toute la meyson dudict testateur, laquelle tierce partie ladicte Ponsarde prandra à son choiz de laquelle en jouyra tant que vivra & vefve en son non dudict testateur,

{12} & aussi a legué *& laysse* à ladicte damoyselle Ponsarde une caysse de noyer dicte la grand caysse estant à la salle de la meyson dudict testateur, ensemble l'aultre petite joignant icelle près du lict, & aussi le lict estans à la dicte salle avecques sa bassacque [paillasse], mathellas, cousiere [coultre, couverture], traversier couverte de tappicerie, les cortines et rideaulx estans audict lict, & aussi six linseulx, quatre touailhes [torchons], douze cervittes [serviettes], demy douzeine de platz, demy douzeine d'aciettes, demy douzeine d'escuelles, deux pichieres, une grande & une petite, une aiguediere & une **/509r/** salliere, le tout d'estaing, & d'aultres meubles de mayson que luy sera necessaire sellon sa qualité, troys bouttes [tonneaux] pour tenir son vin & une petite pille carree estans dans la cave, lequel meuble apres la fin de ladicte Ponsarde **/6/** ou cas advenant qu'elle vinse à se remarier a vouleu *ledict testateur* torner à ses hoirs sy [ci] apres nommés,

{13} & parielhement a legué & laisse ledict testateur à ladicte damoyselle Anne Ponsarde sa femme toutes ses robbes, habilhementz, bagues & joyaulx pour d'iceulx en faire à tous ses plaisirs & vollantés, & aussy a prelegué & prelegue ledict Maistre Michel de Nostradamus testateur toutz & ungs chescungs ses livres qu'il a à celluy de ses filz qui proffitera plus à l'estude et qui aura plus beu de la fumee de la lucerne [ou luiserne : chandelle], lesquelz livres ensemble toutes les lectres missives que se treuveront dans sa maison dudict testateur, ledict testateur n'a vouleu aulcunement estre invantarizees ne mis par description ains estre serrees en paquetz & banastes jusques ad ce que celluy qui les doybt avoyr soyt de l'eaige de les prandre & mis & serrees dans ungne chambre de la meyson dudict testateur,

{14} & aussy a prelegué *& prelegue ledict testateur* à Cesar de Nostradamus son filz legitime & naturel & de ladicte damoyselle Ponsarde sa femme commune sa meyson où ledict testateur habite *de present*, item luy a prelegué *& prelegue ledict testateur* sa coppo [coupe] que ledict testateur *a* d'argent surdouree & aussy les grosses cadieres de boys & de fer *estant dans ladicte mayson*, demeurant touteffoys le legat faict à ladicte Anne Ponsarde sa femme en sa force & vertu tant qu'elle **/509v/** vivra vefve & en son non dudict testateur, & laquelle maison demeurera par commung & indivis quant pour regard de l'usaige entre lesdicts Cesar Charles & André ses fraires jusques ad ce que toutz lesdicts fraires ses enffans dudict testateur soyent de l'eaige de vingt /7/ cinq ans, apres lequel temps toute ladicte maison sera entierement dudict Cesar pour en fere à son plaisir & vollanté, demeurant touteffoys tousjours le legat faict à ladicte Ponsarde sa mere pour le regard de ladicte maison en sa force & vertu,

{15} & *parielhement* a *ledict testateur* prelegué & *prelegue* audict Charles de Nostradamus son filz legitime & naturel & de ladicte *damoyselle Anne* Ponsarde *sa femme* commung la somme de cent escuz d'or pistolletz une foys tant seulement, lesquelz cent escus ledict Charles pourra prandre sur tout l'heritaige avant que partir quant sera de l'eaige de vingt cinq ans,

{16} & *parielhement* a prelegué & *prelegue ledict testateur* audict André de Nostradamus son filz legitime & naturel & de ladicte *damoyselle Anne* Ponsarde [sa femme] commung la somme de cent escus d'or pistolletz une foys tant seulement, lesquelz cent escus ledict André pourra prandre & *lever* sur tout l'heritaige avant que partir quant sera *comme dict est* de l'eaige de vingt cinq ans.

{17} *Et pource que la institution d'heritier est le chief & fondement de ung chescung testement sans laquelle tout testement est randu & faict nul & invalable, pource icelluy dict Maistre Michel de Nostradamus testateur de son bon gré, pure & franche vollanté, certaine science, propre mouvement deliberation & vollanté,* en toutz & **/510r/** ungs chescungs ses aultres biens meubles & immeubles presentz & advenir droictz noms *raisons* & actions debtes *quelzconques où qu'ilz soyent nommés scitués & assiz ou soubz quelque spece nom ou qualité que se soyent,* a faict *créé ordonné & estably & par ces presentes faict crée ordonne & establist* & a nommé & *nomme* de sa *propre* bouche par leurs noms & surnoms ses heritiers universelz & *particuliers, à ssavoyr est* lesdictz Cesar Charles & André de

Nostradamus ses effans **/8/** legitimes & naturelz & de ladicte damoyselle *Anne* Ponsarde commungs par esgalles partyes & pourtions en les substituantz de l'ung à l'aultre s'ilz viennent à mourir en pupillarité ou aultrement sans hoirs legitimes & naturelz,

{18} & sy ladicte damoyselle Anne Ponsarde sa femme estoyt en ceincte & fist ung filz ou deux les a faictz heritiers esgallement comme les aultres avec semblable substitution, & sy elle faisoyt une ou deux filhes leur a legué *& laisse* ledict testateur à icelle & à chescune d'ycelles la somme de cinq cens escutz pistolletz à mesmes payes & substitutions que les aultres,

{19} & sy a vouleu *& veult* ledict testateur que sesdicts enffans & filhes ne se puissent collocquer en mariage que ne soyt du consentement & bon vouloyr de ladicte *Anne* Ponsarde leur mere & des plus proches parens dudict testateur, & cas advenant que toutz (~~troys~~) vinsent à mourir sans hoirs legitimes & naturelz, a substitué *& substitue ledict testateur* au dernier d'yceulx lesdictes damoyselles Magdaleyne Anne & Diane de Nostradamus ses seurs *& filhes dudict testateur,*

{20} & pource que ledict testateur voyt son heritaige consister la plus part en argent comptant & debtes, a vouleu ledict testateur **/510v/** ledict argent comptant & debtes quant seront exhigés estre mis entre les mains de deux ou troys marchantz solvables à gaing & proffict honneste,

{21} & aussy pource qu'il a veu ses enffans estre en bas eaige & pupillarité constitués, leur a prouveu de tuteresse & administreresse testamentaire de leurs personnes & biens *à ssavoyr* ladicte damoyselle Anne Ponsarde sa femme de laquelle speciallement se confie prouveu qu'elle soyt tenue de fere bon & loyal inventaire, ne voullant touteffoys qu'elle puisse estre constraincte de vendre aulcung meuble ne utensilles de mayson dudict heritaige, & ce tant qu'elle vivra vefve & en son non dudict testateur, deffandant toute allienation de meuble en quelle sorte que ce soyt ains que soyt gardé & puis divisé ausditz enffans *& heritiers* quant seront *comme dict est de l'eaige de vingt cinq ans,* /9/ laquelle tuteresse prandra & recouvrera le proffict *& gain* dudict argent que sera esté mis entre mains desdictz marchantz pour dudict proffict s'en nourrir, elle avec sesdictz enffans chausser & vestir & prouvoyr de ce que sera necessaire sellon leur qualité sans que desdictz fruictz elle soyt tenue d'en rendre aulcung compte ains seullement prouvoyr sesdictz enffans comme dict est, deffandant expressement ledict testateur que sesdictz heritiers ne puissent demander leur part de leur dict heritaige en ce que concervera en argent qu'ilz ne soyent de l'eaige de vingt cinq ans, & touchant aux legatz faictz esdictes filhes se prandront sur le fondz de l'argent que sera esté mis entre les mains desdictz marchantz & quant elles viendront soy **/511r/** collocquer en mariage suyvant les susdictz legatz, voullant en oultre ledict testateur que aulcung de ses fraires dudict testateur aye ne puisse avoyr aulcung manyement & charge dudict heritaige ains en a laissé le toutal regiment & gouvernement d'ycelluy & de la personne de sesdictz enffans à la susdicte damoyselle Anne Ponsarde sa femme,

{22} *& à celle fin que ce present son testement puisse mieulx estre executé mesmemant en ce que touche & concerne les laysses [cadeaux, legs] pitoyables* ***& de son ame,*** *pource ledict Maistre Michel de Nostradamus testateur /10/* a faict *& ordonné* ses gaigiers & executeurs * de ce present son testement *à ssavoyr est* Palamides Marc escuyer sieur de Chasteauneuf & sieur Jacques Suffren bourgeoys dudict Sallon *ausquelz & à chescung d'eulx a donné & donne ledict testateur plain povoyr puissance & auctorité de executer ce present son testement & pource faire prandre de ses biens & fere tout ainsy que vrays executeurs de testement sont tenus & ont acoustumé de faire,*

* On retrouve ce procédé consistant à charger trois personnes (ou plutôt deux plus une, ici Palamède Marcq et Jacques

Suffren d'une part, le notaire Joseph Roche d'autre part) d'exécuter ses volontés dans un acte notarié passé le 18 mars 1562 chez le même notaire Roche, dans lequel Nostradamus déclare laisser à sa femme Anna Ponsarde, la future hypothétique requérante (AD13 Salon, 375 E 676 ff. 235v-236r) certaine somme en pièces d'or dans un papier déchiré dont une moitié lui est laissée et l'autre moitié partagée entre son frère Jean et le notaire. Le procédé, cher à Nostredame, illustre évidemment la répartition des quatrains des *Prophéties* **en trois éditions et deux livres**.

{23} *lequel present son testement a vouleu & veult ledict Maistre Michel Nostradamus testateur estre & debvoyr estre son dernier testement nuncupatif, disposition & ordonnance finalle de toutz & ungz chescungs ses biens lequel entend valloyr pour tiltre & non de testement codicil donnation pour cause de mort & en toute aultre maniere & fasson qu'il pourroyt valloyr, en cassant revocant & adnullant toutz aultres testemens codicilz donnations pour cause de mort & aultres dernieres vollantés par luy aultreffoys par cy devant faictes & passees, ceste presente demeurant en sa force & vertu, ainsy a requis & requiert moydict & soubzsigné notaire & tesmoings soubz nommés estre recordz de son dict present* ***/511v/*** *testement & choses contenues en icelluy, lesquelz tesmoings il a bien cogneus & nommés par leurs noms & lesquelz tesmoings ont parielhement congneu ledict testateur, & que je dessusdict notaire redige & mette par escript le present son testement pour servir à sesdictz heritiers & aultres qu'il appartiendra en temps & lieu comme de raison.*

{24} Et tout incontinent ledict *Maistre Michel* Nostradamus *testateur* a dict & declaire en presence des tesmoings cy apres nommés avoyr en *argent* content [sic] la somme de **troys mille quatre centz quarante quatre escutz & dix soulx** lesquelz a exhibés & monstrés realement en presence des tesmoings soubz nommés es especes cy apres especiffiees. Premierement en trente six nobles à la rose (~~vallans unze flourins piece~~), ducatz simples cent & ung, angellotz septante neuf, doubles ducatz cent vingt six, escuz vieulx quatre, lions d'or en forme d'escus vieulx deux, ung escu du roy Loys, une medailhe d'or vallant deux escus, florins d'Allamaigne huict, imperialles dix, marionnettes dix sept, demy escutz sol huict, escus sol mille quatre centz dix neuf, escutz pistolletz douze centz, /11/ troys piesses d'or dictes portugalenses vallans trente six escutz, que reviennent toutes les susdictes sommes d'argent comptant reduictes ensemble ladicte somme de **troys mille quatre centz quarante quatre escutz & dix soulx**,

{25} Et aussy a faict aparoyr *ledict testateur* tant par son livre * que par obligés & cedulles que *par* gaiges qu'il a de debtes à la somme de **mille six centz escutz** lesquelles sommes d'argent comptant sont esté mises dans troys coffres sive [ou] caysses estans dans la maison dudict **/512r/** de Nostradamus, les clefz desquelles sont estés bailhees l'une à Palamides Marcq sieur de Chasteauneuf l'aultre à sieur Martin Mianson consul & l'aultre à sieur Jacques Suffren bourgeoys dudict Sallon qu'ilz ont receues realement apres avoyr esté mis l'argent dans lesdictes caysses par iceulx mesmes.

* Il n'est question ici que d'un livre, alors qu'on connaît la diversité des publications du prophète salonnais. Il faut interpréter ce singulier comme la marque de sa volonté de sceller son oeuvre et d'en faire un tout indissociable, conformément au rêve de la plupart des écrivains, à commencer par Mallarmé : *"Un livre qui soit un livre, architectural et prémédité, et non un recueil des inspirations de hasard fussent-elles merveilleuses... J'irai plus loin, je dirai : le Livre, persuadé qu'au fond il n'y en a qu'un, tenté à son insu par quiconque a écrit, même les Génies."* (in *Autobiographie*, 1885). En l'occurrence, *id est !*

{26} /12/ Faict, passé & *publié* audict Sallon & en l'estude de la maison dudict monsieur *Maistre Michel* Nostradamus testateur en presence de sieur Joseph Raynaud bourgeoys, Martin Mianson conseulz, Jehan Allegret trezaurier, Palamides Marcq escuyer sieur de Chasteauneuf, Guilhaume Giraud nobles, Arnaud Damisane, Jaumet Viguier escuyer & fraire Vidal de Vidal gardien du convent de Sainct Françoys dudict Sallon, tesmoings ad ce *requis &* appellés, *lesquelz testateur & tesmoings jedict notaire ay requis soy signer suyvant l'ordonnance du Roy*, qui se sont soubzignés *excepté ledict Reynaud tesmoing qui a dict ne savoyr escripre. Ainsi signés à son premier originel* Michel Nostradamus, Martin Mianson conseul, Jchan Allegret trezorier, Vidal de Vidal gardien, Barthesard Damysane tesmoing, P. Marc tesmoing, Jehan Viguier, Guilhaume Giraud.

[Signature du notaire Roche]

Testament Maistre [illegible] [illegible]

Magister [illegible] Nostradamus docteur et medecin

astrophille et medecin [illegible] de

medecin ordinaire du roy

[illegible]

Au [illegible] de [illegible] et [illegible] vouloir de [illegible]

[illegible] clerc [illegible] et des plus proches parens

du testateur Michel Nostradamus.

[illegible] [illegible] tesmoing | Jehan Allegret tesmoing

Vitalis Gerard tesmoing

Balthezar [illegible] tesmoing [illegible]

[illegible] tesmoing [illegible] Babignia

Guilhaume Giraud

/13/ /523v/ Codicil pour mon sieur Maistre Michel de Nostradamus docteur en medecine, astrophille, & conselhier et medecin ordinaire du roy

{27} *L'an à la nativité nostre Seigneur mil cinq cens soixante six* (Le dict an) et le dernier jour du moys de Iuing, *saichent tous presentz & advenir qui ces presentes verront que par devant & en la presence de moy Joseph Roche notaire royal & tabellion juré de la presente ville de Sallon dioceze d'Arles soubzigné & des tesmoings cy apres nommez feust present en sa personne* monsieur Maistre Michel Nostradamus docteur en médecine astrophille conselhier & medecin ordinaire du roy, lequel considerant *& redvisant en sa memoyre comme il a dict* avoyr faict *son dernier nuncupatif*, prins & receu par moy *dict* & soubszigné notayre *sur l'an present & le dixseptiesme jour du present moys de Iuing* auquel entre aultres choses *contenues en icelluy* auroyt faict ses heritiers Cezar Charles & André *de Nostradamus* ses enfans,

{28} Et pource que à ung chescung est *licite &* permis *de droict codicilles &* faire ses codicilz *apres son testement* par lesquelz à sondict testement puisse adjouster ou diminuer *ou aultrement & tout en tout abollir* pource *ledict Maistre Michel de Nostradamus voullant fere ses codicilz & de present codicillant & adjoustant à sondict testement*, a legué *& legue* audict Cezar de Nostradamus son filz *bien aymé* & coheritier son astralabe de leton ensamble son gros aneau d'or avec la *pierre* cornelline y /14/ enchassee, *& ce oultre & par dessus le prelegat à luy faict par ledict de Nostradamus son pere à sondict testement,*

{29} & aussy a legué & legue à damoyselle Magdaleyne de Nostradamus sa filhe *legitime & naturelle* oultre ce que luy a esté legué par sondict testement scavoyr est, deux coffres de baut noyer estant dans l'estude dudict codicillant ensambles les **/524r/** habilhemens bagues & joyeaulx que ladicte damoyselle Magdaleyne aura dans lesdicts coffres sans que nul puisse veoyr ne [ni] regarder ce que sera dans iceulx, ains dudict legat l'en a faicte mestresse incontinant apres le decepz dudict codicillant, lequel legat ladicte damoyselle pourra prandre de son aucthorité sans qu'elle soyt tenue de le prandre par main d'autre ny consentiment d'aulcun,

{30} *Et en toutes & chescunes les aultres choses contenues & declairees* à sondict testement *ledict Maistre Michel de Nostradamus codicillant a apprové* ratiffié & confirmé & a voleu & veult icelles valloyr & avoyr tousjours perpetuelle valleur & fermesse & aussy a voleu *icelluy dict codicillant ce present codicil & tout le contenu en icelluy avoyr vertu & fermesse par droict de codicil ou eppitre * & par droict de toute aultre derniere volanté & pour la melheur forme & maniere que fere se pourra, & a requis & requiert moydict & soubzigné notaire & tesmoings cy apres nommez estre recordz de sondict present codicil, lesquelz tesmoings il a bien cogneuz & nommés par leurs noms & lesquelz tesmoings ont aussy cogneu ledict codicillant dont & dequoy ledict Maistre Michel de Nostradamus codicillant a voleu acte en estre faict à ceulx à qui de droict apartiendra par moydict & soubzsigné notaire,*

* Cet indice, *codicil ou eppitre*, confirme à lui seul l'objet de cette introduction, à savoir la volonté du prophète de Salon de faire de son Testament la troisième et dernière épître de son oeuvre, et la clôture de son Livre.

{31} faict *passé & publié* audict Sallon & dans la maison dudict codicillant ez presences de sieur Jehan Allegret trezorier, Maistre Anthoine Paris docteur en medecine, Jehan Giraud dict de Bessonne, Guilhen Heyraud app(othicquaire) & Maistre Gervais Berard cirurgien dudict Sallon, tesmoings *ad requis & appellés, lesquelz codicillant & tesmoings jedict notaire ay requis soy signer suyvant l'ordonnance du roy qui se sont soubzsignés excepté ledict Giraud tesmoing qui a dict ne scavoyr escripre, ainsy signés à son premier originel* Maistre Nostradamus, Jehan Allegret, Gervais Berard, A. Paris, Guilhen Heyraud tesmoings.

[Signature du notaire Roche]

Cedulle pour Monsieur
me Michel nostradamus
docteur en medecine astrophile
conseiller et medecin
ordinaire du roy

[illegible]
[illegible]
[illegible]

Jehan allegret

M Nostradamus

Bernard Berard

[illegible]

[illegible]

[illegible]

Les Nombres du Testament comme fil d'Ariane au Corpus nostradamien

"Comme il ne reste plus d'autre voie que l'étude sérieuse des faits, le temps doit venir où elle remplacera les contes des adversaires et les vaines explications des commentateurs."
(François Buget, "Études sur Nostradamus", *Bulletin du Bibliophile et du Bibliothécaire*, 1863)

Pour avancer quelque peu sur la voie de "l'éclaircissement" des quatrains et éviter de faire fausse route, si ce n'est du sur-place, comme ceux qui soutiennent que l'oeuvre du prophète de Salon n'a ni sens ni unité de sens, y compris ceux qui tentent de déstructurer le corpus et d'en déposséder son auteur, il n'est pas de meilleur "remède" que celui proposé par Daniel Ruzo dès 1962, à savoir l'étude du *Testament*, authentique, de Nostradamus, rédigé deux semaines avant sa mort.

Le paragraphe 25 du Testament (selon ma numérotation, cf. CN 175), nous informe sur la remise, à trois exécuteurs testamentaires, de trois clefs - objet métaphorique et connoté s'il en est -, lesquelles symbolisent d'abord, comme l'a montré Ruzo, les nombres du Testament, à savoir **3, 13 et 22**, garde-fous des nostradamistes avertis.

Les 3 clés de décryptage du Testament sont matériellement représentées par les **3 clés** ouvrant **3 coffres**, remises à **3 exécuteurs testamentaires** (Palamède Marcq, Martin Mianson, Jacques Suffren), ainsi que par les **3 types d'objets** compris dans l'héritage, à savoir la maison (dont la jouissance est divisée **en 3 parts**), l'argent, et le mobilier et ustensiles divers, partagés entre **3 héritiers**, Anne Ponsarde et ses aînés César et Madeleine.

Le nombre 3 reflète d'abord l'organisation tripartite de l'oeuvre du prophète de Salon, d'abord bien entendu les **3 éditions** successives des *Prophéties* (1555, 1557 et 1558), mais aussi les **3 "épîtres" en prose** éclairant directement le corpus prophétique, à savoir l'épître à son fils César (qu'il soit son héritier légitime ou son fils spirituel), l'épître au roi Henry, et le *Testament*, signalé comme la "troisième épître" (cf. CN 175), et encore plus largement les **3 séries de textes** publiés par Nostradamus de son vivant, à savoir les Almanachs annuels, les Prophéties "centuriques", et les autres textes et écrits annexes en prose, comme la traduction versifiée de l' *Orus Apollo*, le *Traité des Fardements et des Confitures*, la *Paraphrase de C. Galen sus l'exortation de Menodote*, ou encore *Les Significations de l'Eclipse*, lesquels sont tous des textes codés à des degrés divers.

Ces trois clés sont données **3 fois**, dans les quatrains (par exemple en XII.4, le quatrain aux 13 F figurant au Janus de Chavigny), dans le présent Testament, et dans les **3 chronologies** exposées dans l'épître à Henry et dans l'Almanach pour 1566 ; elles sont données de **3 manières** (dans le texte des quatrains, par le nombre et les numéros des quatrains, par la pagination des éditions successives des Prophéties) ; elles ont **3 fonctions** (le nombre et le choix des quatrains du corpus, à savoir 1130 (cf. CN 169), l'agencement et l'ordre de succession de ces quatrains grâce à des procédés numérologiques de chiffrement, et peut-être la localisation du corpus ou "trésor".

Les Nombres 13 et 22 du Testament

Le nombre 13 est indiqué assez curieusement par Nostradamus, à l'ouverture du texte par les 13 pauvres, ni plus ni moins, auxquels il ordonne de remettre une aumône après sa mort. Il y a 13 destinataires et bénéficiaires du donateur, soit 2 institutions religieuses, à savoir l'église du couvent de Saint Françoys (4 cierges d'une livre chacun) et la chapelle de Nostredame des pénitents blancs (1 écu), et 11 personnes ou groupes de personnes physiques : les 13 pauvres pris collectivement (6 sous chacun), les frères de l'Observance de Saint-Pierre (1 écu), les frères mineurs du couvent de Sainct Françoys (2 écus), Madeleine

Besaudin, ses trois filles Madeleine, Anne et Diane, sa femme Anne Ponsarde, et ses trois fils César, Charles et André.

13 personnes particularisées apparaissent nommément comme bénéficiaires ou engagées dans la mise en application du Testament, soit les 2 protagonistes (le notaire Roche et Nostradamus lui-même), et 11 autres, à savoir Madeleine Besaudin, Anne Ponsarde, César, Charles, André, Madeleine, Anne et Diane Nostradamus, Palamides Marcq, Jacques Suffren et Martin Mianson (Testament, 22 & 25).

Il y a 13 témoins testamentaires, soit 11 témoins présents une fois, et 2 témoins présents aux deux actes (le notaire Joseph Roche et le trésorier Jean Allegret). Parmi ces 13 témoins, 11 ont signé l'un ou l'autre des documents (Jehan Allegret et le notaire les ont signé tous deux), et 2 ne les ont pas signés déclarant ne savoir écrire, à savoir Joseph Raynaud et Jehan Giraud (des noms inventés ?), dont on ne sait rien (Testament, 26 & Codicille, 31). Il y a encore 13 signatures au total dans les deux actes, 8 dans le Testament et 5 dans le Codicille (hormis le signum du notaire), dont 11 différentes et 2 répétées (celles de Nostradamus et de Jehan Allegret).

Ci-suit une liste des noms cités aux Testament et Codicille, notaire, témoins et exécuteurs testamentaires :

Joseph Roche, notaire, assesseur des consuls en 1560 (Gimon, p.222)
Jehan Allegret, trésorier
Joseph Raynaud
Martin Mianson (ou Miausson ?), consul
Pallamides Marcq de Chasteauneuf (Palamède Marck), noble, consul de Salon, assesseur en 1563 (Gimon p.238), ami d'enfance de Nostradamus (Rouvier, 1964, p.80) ?
Arnaud Barthésard Damysane (Balthazar Damizano ou de Damian), noble, consul de Salon en 1565 (Gimon, p.246)
Jaumet Viguier (Jacques de Viguier)
Vidal de Vidal, gardien du couvent Saint-François à Salon, confesseur de Nostradamus (Gimon, p.248) ?

Jehan Giraud de Bessonne
Guilhaume Giraud
Anthoine Paris, docteur en médecine
Guilhen Heyraud, apothicaire
Gervais Bérard, chirurgien à Salon
Jacques Suffren, bourgeois, consul de Salon (absent des actes)

Les biens mobiliers et immobiliers de l'héritage se répartissent en **13 groupes** : la maison (léguée à César), la grande caisse, la petite caisse, le lit et ses accessoires, les pièces de toile, les pièces d'étain, les outres pour le vin, et la pille carrée de la cave (7 items légués à sa femme), la coupe en argent doré, l'astrolabe et l'anneau d'or (3 items laissés à César, qui ne s'intéressera pas à l'astrologie/philie de son père), les deux coffres en noyer avec leur contenu (hérités par sa fille Madeleine). Cependant ni les coffres avec leurs trois clefs (symbole du véritable héritage, c'est-à-dire de l'oeuvre prophétique), ni les livres et la correspondance ne seront attribués à un héritier particulier. On remarquera aussi l'absence du siège d'airain mentionné au premier quatrain des Prophéties ...

Comme le remarque Ruzo qui exclut la maison de son décompte (p.33), les pièces de toile sont au nombre de 22 (6 draps, 4 serviettes, 12 serviettes de table) ainsi que les pièces d'étain (6 plats, 6 assiettes, 6 bols, 2 pichets, 1 aiguière, 1 salière), mais aussi les pièces restantes, si l'on inclut dans le décompte les 3 coffres non explicitement attribués, les 7 pièces qui accompagnent le lit, et les 3 outres pour le vin, comptées individuellement (cf. Ruzo, p.33). Autrement dit, et pour s'en tenir aux biens mobiliers, Nostradamus aurait légué **3 séries de 22 objets**.

Les héritiers ou groupes d'héritiers qui reçoivent des sommes d'argent sont aussi au nombre de 22, soit les 13 pauvres individualisés, les frères de l'observance, les frères mineurs, Magdeleine Besaudin, ses 3 filles, sa femme Anne Ponsarde, ses fils Charles et André. César ne reçoit pas d'argent mais le véritable héritage, comprenant en particulier la maison avec les 3 coffres et leurs 3 clés symboliques, outre l'oeuvre prophétique qui lui est apparemment adressée (cf. *L'épître à César*, 1555).

Les types de monnaies que Nostradamus déclare avoir en sa possession, sont au nombre de 13 : nobles à la rose, ducats, angelots, vieux écus, lions d'or, écu du roi Louis, médaille d'or, florins d'Allemagne, impériales, marionnettes, écus sol, écus pistoles, portugaises.

Les nombres 13 et 22 sont attestés par une ingénieuse mise en page du Testament ... grâce à un notaire complice qui aura accompli lui-même les dernières volontés quelque peu extravagantes du testateur. En effet **13 jours** séparent la rédaction du Testament de celle de son Codicille (17 juin - 30 juin), et dans le fonds 375 E 2 (Giraud) des notaires de Salon, le texte du Testament et du Codicille est soigneusement recopié au registre 676 (folios 507 recto à 512 recto et folios 523 verso et 524 recto), et y apparaît sur un total de 13 pages, soit **11 pages** pour le Testament et **2 pages** pour le Codicille, avec **22 pages** vierges intermédiaires. Au registre 675 (non folioté mais signé), les actes figurent sur 12 et 2 pages après 10 pages blanches intermédiaires (cf. *infra*). On retrouve le découpage précédemment observé dans le document, à savoir **13 = 11 + 2**, et aussi **22 = 11 × 2**. L'ensemble de ces éléments ne peut être dû au hasard, ou au labeur de quelque faussaire éclairé. Ils ont été orchestrés par Nostradamus afin de laisser quelques indices collatéraux quant à l'organisation de son oeuvre prophétique.

Ils expliquent le caractère hermétique du *Testament* et ses singularités autrement inexplicables : Pourquoi l'existence d'un codicille en apparence anodin et inutile, treize jours après la rédacteur de l'acte principal ? Pourquoi l'énumération minutieuse d'ustensiles de cuisine et de pièces textiles alors que les livres et documents qui sont le premier matériau de l'activité du prophète ne sont pas même mentionnés ? Pourquoi convoquer pour le codicille des témoins différents pour la plupart que ceux admis à la lecture du testament ? Pourquoi confier une des clés à un personnage absent des deux actes ?

D'autres nombres sont à prendre en compte, comme l'a fait Ruzo: ceux des pièces d'or qui constituent la fortune léguée par le prophète. Là encore Nostradamus a su prendre toutes les dispositions adéquates avant son décès, et l'organisation des pièces de monnaie constitue un autre pan du codage de son corpus, auquel je consacrerai une prochaine étude (cf. CN 177). Ruzo a fait l'observation liminaire (p.36), évidente, celle qui met la puce à l'oreille, pour ceux qui ont le toucher délicat, à savoir que la somme des ducats simples, au nombre de 101, et des double ducats – à doubler! - au nombre de 126, correspondent aux 353 quatrains de la première édition des *Prophéties*.

Les Chiffres du Testament et le Nombre de quatrains des Centuries

Pour m'en tenir aux trois nombres, à savoir 3, 13 et 22, je dirai qu'ils indiquent d'abord, de manière évidente, le nombre de quatrains publiés dans les 3 éditions successives des *Prophéties*, qui sont :

- 1. Lyon, Macé Bonhomme, 1555
  - exemplaire B. Albi, fonds Henry de Rochegude, cote R 12426 (autre exemplaire à Vienne en Autriche, légèrement différent)
  - achevé d'imprimer le 4 mai 1555
  - épître à César, 353 quatrains (dont 53 à la centurie IV)

- 2A. Lyon, Antoine du Rosne, 1557
  - exemplaire B. Univ. Utrecht, cote Duod 213
  - achevé d'imprimer le 6 septembre 1557
  - 289 nouveaux quatrains, soit au total 642 = 500 + 100 (6e centurie) + 42 (7e centurie)

- 2B. "Lyon, Antoine du Rosne, 1557" (cf. CN 106)
  - édition perdue, mais reproduite par une contrefaçon (exemplaire B. Nat. Széchényl de Budapest, cote Ant. 8192)
  - achevé d'imprimer le 3 novembre [1557]
  - 286 quatrains rajoutés, soit au total 639 = 500 + 99 (6e centurie) + 40 (7e centurie)

- 3. Lyon, Antoine du Rosne (?), 1558 (édition perdue avec 300 nouveaux quatrains précédés de l'épître à Henry, datée de 1558)
  - le contenu de cette édition est repris (?) dans le 2e livre des éditions posthumes Benoist Rigaud (Lyon, 1568 sq.)

Que faire avec les nombres du Testament, 13 et 22, lesquels avec 31 (le 3ème nombre, caché, dont je me suis servi pour la numérotation des paragraphes du document), déclinent les possibilités combinatoires du nombre 4 ?

La somme des carrés des deux nombres est égale à celle des quatrains des première et troisième séries, à savoir: **(13 × 13) + (22 × 22)** = 653,
soit **353** (Qs de l'édition 1) + **300** (nouveaux Qs de l'édition 3)

Le produit des deux nombres égale le nombre de quatrains de la deuxième série : **(13 × 22) = 286** (nouveaux Qs de l'édition 2B),
ou encore **(13 × 22) + 3 = 289** (nouveaux Qs de l'édition 2A)

Il en résulte que la seconde série d'éditions (Lyon, Antoine du Rosne, 1557), dont l'authenticité a été contestée (principalement en raison du fait que le tirage à 642 quatrains aurait précédé chronologiquement celui à 639 quatrains), trouve dans ce dispositif sa justification. On ira même plus loin en remarquant que l'écart entre les dates d'achevé d'imprimer des deux tirages de cette série, probablement contemporains, **à savoir les 3 novembre et 6 septembre 1557, sont espacées de 58 jours, exactement égaux aux 58 quatrains prétendument "manquants" à la septième centurie** (cf. CN 168).

Nous retrouvons ainsi, à l'aide d'opérations triviales et cohérentes, les 939 ou 942 quatrains attestés par les éditions successives des *Prophéties*. En conséquence, il est inutile de spéculer en vain et naïvement sur d'hypothétiques éditions perdues, "à la milliade de quatrains", lesquelles ne sauraient cadrer avec la superstructure numérique organisée par le prophète de Salon dans son *Testament*. Il faut entendre autrement (et notamment ainsi que je l'explique au CN 159) l'indication de Nostradamus figurant dans son *Épître à Henry*.

Confirmation des séries "centuriques" par les nombres de Turrel

Le *Periode* de Turrel (f.A4r) propose quatre périodes auxquelles le destin du monde serait suspendu :

"ET sera ce petit livret en cinq pusilles parties [divisé], La premiere, monstrera la conjecture de la fin du monde, & dernier Periode, par le mouvement des deux petitz cercles qui se feront & accompliront en ***sept mil ans*** *par le premier point du signe de Aries & Libra, fiches [fichés] au firmament alentours des premiers points Daries [d'Aries] & Libra du neufviesme ciel, faisant quatre stations, dont environ la fin de la primiere, vint le deluge universel. A la secunde la perdition des Egiptiens en la mer erithree qu'on appelle Rouge. A la troisiesme la perdition des Iuifz, faicte par Vaspasian & Titus son filz empereur[s] des Romains. A la quatriesme, la pardition de tout le monde.*
LA seconde particule, monstrera la fin du monde par le mouvement & gouvernement des sept planettes qu'on dit estoilles errantes, dont chascune par fois [sic] meine le monde l'espace de ***trois cens cinquantes sept ans*** *[sic : pour 354]* ***quatre mois****, ainsi qu'escript Abrahan avenaza [sic] libro rationum.*
LA troisiesme particule, sera de la triplicite des planettes & de la parmutation d'icelle, d'une triplicite es aultres : qui se faict environ l'espace de ***deux cens quarante ans****.*
LA quatriesme particule, monstrera icelle fin & Periode par les dix revolutions de Saturne qui se font & acomplissent environ l'espace de ***trois cens ans****."*

En voici le texte dans la version plagiée de Roussat (p.34-35) :

"Quant au present opuscule & traicté, il sera divisé en quatre parties: dont la premiere monstrera la conjecture de la fin du Monde, & derniere Periode, par le mouvement de deux petitz Cercles, qui se feront & acompliront en ***sept mil ans****, par le premier poinct du signe d'Aries & Libra, fiché & posé au firmament, à l'entour des premiers poincts d'Aries & Libra du neufieme Ciel, faisant quatre stations: dont, environ la fin de la premiere, vint le deluge universel: à la seconde, la perdition des Egyptiens en la mer Erithree, qu'on appelle Rouge: à la troysieme, la perdition des Juifz, faicte par Vespasian & Titus son filz, Empereurs des Rommains: à la quatrieme, la perdition de l'universel, ou la plus*

part, ou grandes alterations, immutations, & changemens, pour le moins, se feront en cestuy universel Monde: delaissant toutefoys le tout à determiner & juger à la divine clemence & bonté, comme à celle qui seule peut à telz effectz & influences resister.
LA SECONDE PARTICULE declairera & monstrera la fin du Monde par le mouvement & gouvernement des sept Planetes qu'on dit estoilles errantes: dont chascune par soy gouverne & meine le Monde l'espace de ***troys cens cinquante quatre ans, & quatre moys*** *[357 ans 4 mois par erreur chez Turrel], ainsi que descrit Abraam Avenara,* Libro Rationum, *au penultime Chapitre d'iceluy.*
LA TROYSIEME PARTICULE sera de la triplicité des Planetes & de la permutation d'icelles d'une triplicité en aultre: qui se faict environ l'espace de ***deux cens quarante ans****.*
LA QUATRIEME PARTICULE monstrera icelle fin & derniere Periode, par les dix revolutions de Saturne: qui se font & acomplissent environ l'espace de ***troys cens ans****."*

LE PERIODE

CEST A DIRE, LA FIN DV MONDE

Contenant la diſpoſition des chouſes terreſtres,
par la vertu & influence des corps celeſtes,
Compoſé par feu Maiſtre Piere Turrel
Philoſophe & Aſtrologue,
Recteur des eſcoles
de Dijon.

Les nombres annuels de Turrel, 7000, 354, 240 et 300, ont aussi été utilisés pour coder l'organisation des quatrains centuriques. Rappelons qu'un codage ne fonctionne jamais avec une seule clé : il y a toujours une clé référentielle, une clé effective, et souvent aussi une clé annexe.

La clé effective est constituée des trois nombres du *Testament*, découverts par Ruzo, et ayant servi à coder le nombre des quatrains centuriques (comme ne l'a pas vu Ruzo), auxquels s'ajoute probablement un quatrième. Et, comme mentionné précédemment, le nombre 4, représentant numérique du quatrain, est à lire comme suit : 4, c'est 1 + 3 (13), c'est 2 + 2 (22), c'est aussi 3 + 1 (31).

La clé référentielle, ce sont les quatre périodes étudiées par Roussat, après Turrel, Ibn Ezra et Albumasar, dans les quatre parties de son ouvrage qui annonce "la fin du Monde estre prochaine".

La période de sept mille ans, très tôt repérée par les exégètes, a évidemment trait à la fin de la prophétie, clairement au début des années 2240, comme l'ont remarqué nombre d'interprètes. On la retrouve aussi bien dans les quatrains que dans les préfaces, par exemple :

au septiesme nombre de mille qui paracheve le tout, nous approchant du huictiesme (Épître à César)

Vingt ans du regne de la lune passés // Sept mil ans autre tiendra sa monarchie (Prophéties, quatrain I.48.a-b)

passant outre bien loing jusques à l'advenement qui sera apres au commencement du septiesme millenaire profondement supputé (Épître à Henry)

Les trois autres nombres de Turrel/Roussat (**354, 240, 300**) sont à rapporter aux trois éditions successives des Centuries, et dans le même ordre (**353, 286/289, 300**).

Il y a un décalage d'une unité entre la première de ces périodes (354) et le nombre de quatrains (353) de la première série de quatrains, décalage d'une unité (représentée par l'énigmatique quatrain latin, repris de l'italien Pietro Riccio, alias Petrus Crinitus, comme l'a observé Pierre Brind'Amour) qu'on retrouve dans la deuxième livraison de quatrains au décompte des six premières centuries (599/600), c'est-à-dire des deux séries idéales de 300 quatrains.

Mais ce n'est peut-être pas le cycle lunaire de Turrel/Roussat (354 ans), cycle symbolique sans fondement astronomique, qu'utilise Nostradamus, mais un cycle réel, astronomique, celui des révolutions saturniennes ! En effet 29,457 ans × 12 = 353,484 ans (plus proche de 353 que de 354) ! Et les 942 quatrains des Prophéties, soit 353 à la première édition et 589 nouveaux quatrains dans les suivantes, respectivement divisés par 12 et 20, nous ramènent tous deux et assez précisément à la période saturnienne, à savoir : **353 / 12 = 29,4166** et **589 / 20 = 29,45** ! Le cycle saturnien (lié au nombre 353) pourrait occulter un second degré de chiffrement des dates données par Nostradamus dans sa préface à César (les années 2065 et 2242, cf. CN 33, n.33-34). Le grand cycle traditionnel des 21 périodes de 354 ans et 4 mois (soit 7441 ans, de 5200 BC environ à l'an 2242) ne serait chez Nostradamus que de 7413 ans (353 × 21), raccourcissant le temps de 28 ans sur la durée du cycle total et ramenant la fin de la prophétie à l'année 2213 environ (soulignant les Nombres du Testament 22 et 13), au lieu de 2242, et l'anaragonique révolution en 2037, au lieu de 2065.

Il y a un décalage de 46 unités entre la deuxième période (240) et le nombre de nouveaux quatrains (286) de la deuxième série, décalage qu'on retrouve en soustrayant de 400 (4 centuries de quatrains), le nombre de la première période (354).

Ces 240 sont encore les quatrains à ajouter, toujours à 400, pour atteindre le dernier quatrain numéroté de l'édition 2B, à savoir "le 640e", c'est-à-dire le quatrain 40 de la septième centurie. Autrement dit, les 46 quatrains manquants au premier nombre (354) pour atteindre 4 centaines, sont rajoutés par Nostradamus au deuxième nombre (240) de Roussat dans le deuxième lot de quatrains. Le décalage d'une unité entre le premier nombre et le premier lot de quatrains est représenté par le quatrain latin, auquel Nostradamus ajoute 2 quatrains dans l'édition 2A, afin que la totalité des quatrains publiés de son vivant dans les 3 moutures des *Prophéties* reste divisible par 3. Par conséquent la référence aux périodes de Turrel/Roussat explique le décalage de 3 (= 1 + 2) quatrains entre les éditions 2A et 2B, lequel n'a cessé jusqu'à présent d'intriguer les commentateurs.

Ainsi Nostradamus a astucieusement combiné triade et tétrade pour construire ses trois séries de 300 quatrains "plus ou moins", c'est-à-dire ses trois séries moyennes de 314 quatrains.

On a encore : 353 - 314 (édition 1) = (13 × 3) ; 314 - 289 (édition 2A) = (13 × 2) – 1 ; 314 - 300 (édition 3) = (13 × 1) + 1
Et accessoirement : 314 - 286 (édition 2B) = (14 × 2) ; 314 - 300 (édition 3) = (14 × 1)

On retrouve une structure similaire et les mêmes substitutions des nombres 1 et 3, déjà observées dans mon étude consacrée "aux planètes trans-saturniennes" et marquées par les multiplicateurs 3 et 1 s'appliquant respectivement aux éditions 1 et 3, dont le nombre de quatrains sont ainsi logiquement additionnés dans l'équation mettant en jeu les nombres 13 et 22.

On notera aussi que dans la pagination du texte du Testament et du Codicille au registre 675 du notaire Roche, ébauche du registre 676, **10 pages vierges** (5 folios) séparent les **12 pages** du Testament des **2 pages** du Codicille, ce qui implique une substitution des nombres 10 et 14 aux nombres 13 et 22, selon la même opération effectuée précédemment, et confirme le nombre destiné, à savoir 314 ou (3 × 10 × 10) + 14, à la tierce partie du corpus centurique.

Ces nombres 10 et 14 se rapportent aussi aux Présages, autrement dit aux quatrains des Almanachs, dont le nombre a été, pendant quatre siècles, de 141 dans les éditions successives de l'oeuvre de Nostradamus, en réalité de 140 si l'on exclut le quatrain apocryphe de Chavigny (le quatrain numéro 2), avant la redécouverte, récente, du *Recueil des Presages prosaiques de M. Michel de Nostradame*, manuscrit composé par le même Chavigny et achevé en 1589, portant le nombre des présages authentiques à 154 (voir l'ouvrage indispensable de

Bernard Chevignard, *Présages de Nostradamus*, Paris, Le Seuil, 1999). De manière évidente, on observe les équivalences **140 = (14 × 10)** et **154 = (14 × 10) + 14**.

Ainsi le Testament de Nostradamus indique de manière assez claire le nombre des quatrains connus, à savoir 1096, mensuels (154) et centuriques (942), contenus dans l'oeuvre prophétique. Est-ce à dire que le nombre de quatrains prophétiques à prendre en considération dans le corpus doivent se limiter à ce décompte? Je ne le crois pas, et les chiffres du Testament, et notamment ceux se rapportant aux pièces d'or, donnent bien d'autres indications, lesquelles seront développées dans un prochain article.

Les pièces de l'héritage : Un dispositif de codage du nombre de quatrains prophétiques

"Psychologiquement, l'homme ne peut pas trouver ce en quoi il ne croit pas, et encore moins ce dont on lui a appris à douter."
(Daniel Ruzo, *Le Testament de Nostradamus*, 1975)

Peu de temps avant son décès, Nostradamus déclare disposer de la somme de 3444 écus et 10 sous (cf. Testament, 24) : *"lesquelz a exhibés & monstrés realement en presence des tesmoings soubz nommés es especes cy apres especiffiees. Premierement en trente six nobles à la rose, ducatz simples cent & ung, angellotz septante neuf, doubles ducatz cent vingt six, escuz vieulx quatre, lions d'or en forme d'escus vieulx deux, ung escu du roy Loys, une medailhe d'or vallant deux escus, florins d'Allamaigne huict, imperialles dix, marionnettes dix sept, demy escutz sol huict, escus sol mille quatre centz dix neuf, escutz pistolletz douze centz, /11/ troys piesses d'or dictes portugalenses vallans trente six escutz".*

Une telle énumération de monnaies diverses ne peut que surprendre le lecteur : 1200 écus pistoles [écus espagnols] sont comptés, mais aussi -- précisément -- 1419 écus sols (non pas 1400 ou 1420), et 101 ducats ! Ces nombres, comme l'a partiellement montré Daniel Ruzo, dans son article de 1962 puis dans son ouvrage de 1975 (traduit en 1982), se rapportent aux décomptes des quatrains parus dans les éditions successives de son oeuvre prophétique.

36 nobles à la rose
101 ducats
79 angelots
126 double ducats
4 vieux écus
2 lions d'or en forme de vieux écus
1 écu du roi Louis
1 médaille d'or valant 2 écus
8 florins d'Allemagne
10 impériales

17 marionnettes
8 demi-écus sol
1419 écus sol
1200 écus pistoles
3 portugaises valant 36 écus

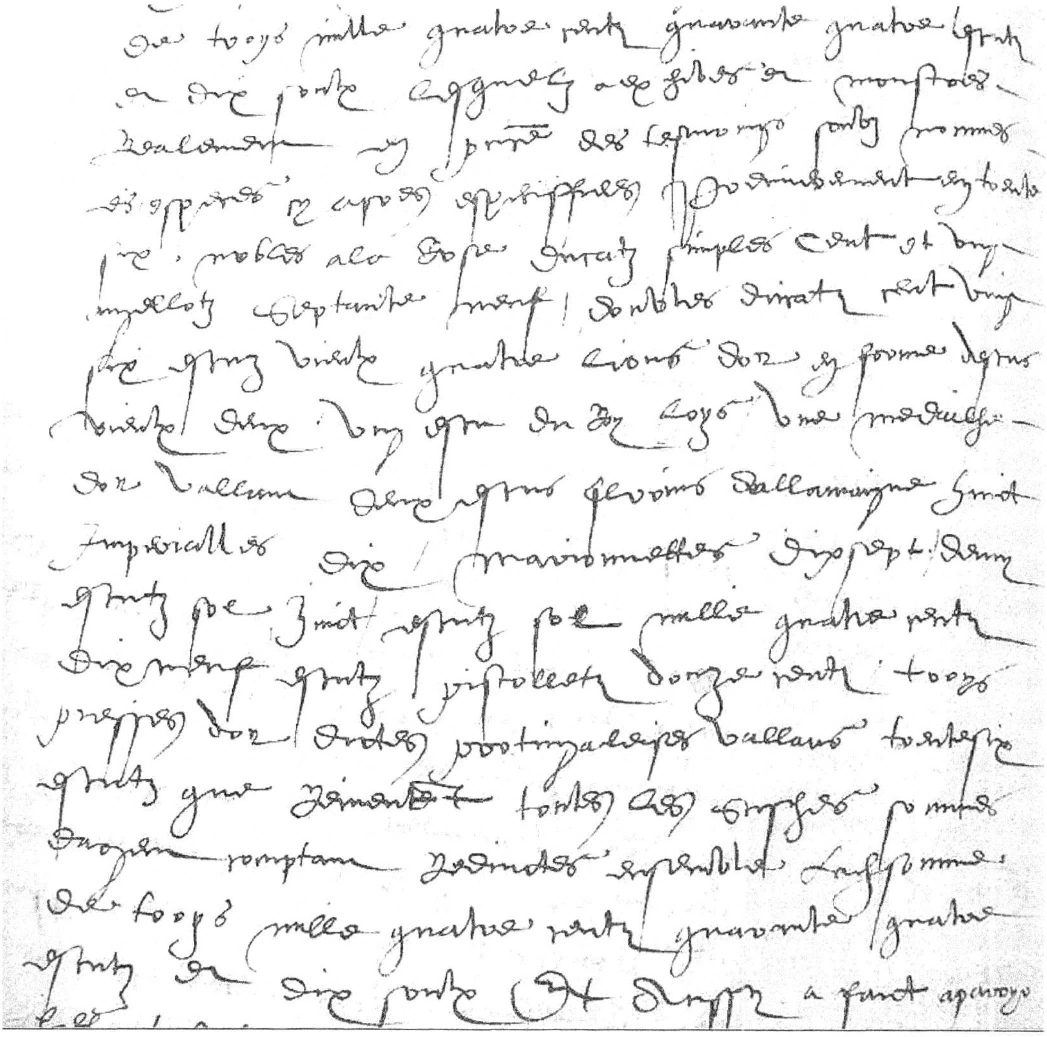

Les **101 ducats** et les **126 doubles ducats** se rapportent immédiatement aux **353 quatrains** de la première édition, parue chez Macé Bonhomme en 1555 (101 + 126 + 126 = 353), et les **1200 écus pistoles** aux **300 nouveaux quatrains** ou 1200 décasyllabes de la troisième édition (1558), comme l'a noté Ruzo (1962, p.77-78 ; 1982, p.36). Les 1419 écus sol devraient symboliser les 286 ou 289 nouveaux quatrains des deux versions de la deuxième édition (1557), et **le reste des pièces, de 11 sortes**, les quatrains des almanachs. Ces dernières font en effet **un total de 169 pièces** (= 36 + 79 + 4 + 2 + 1 + 1 + 8 + 10 + 17 + 8 + 3), et les almanachs contenant théoriquement des quatrains prophétiques ont été publiés par Nostradamus de 1555 à 1567, soit pendant 13 ans, à raison de 13 quatrains par an (un quatrain pour l'année en cours et un quatrain par mois pour chaque almanach).

En rassemblant **les valeurs des écus** restants, en progression numérique de 1 à 8, et en les additionnant aux 1419 écus sol, on obtient la somme de **1430 écus** (1419 + 1 + 2 + 4 + 8/2), qui, divisée par 5 (5 sortes de pièces), ou encore multipliée par 2 (car il s'agit de la deuxième édition) puis divisée par 10 (comme le suggère Ruzo), donne **286**, soit le nombre de nouveaux quatrains de l'édition 2B.

1 écu du roi Louis
2 lions d'or en forme de vieux écus
4 vieux écus
8 demi-écus sol = 4 écus sol
1419 écus sol

TOTAL = 1430 écus

Un second décompte des mêmes pièces, cette fois en tenant compte du nombre de pièces et non de leur valeur en écus, et en leur ajoutant la médaille d'or (valant 2 écus comme le précise Nostradamus, donc assimilable à la série des écus) et les 10 impériales, donne un **total de 1445 pièces**, qui, divisé cette fois encore par 5, vaut exactement **289**, soit le nombre de nouveaux quatrains de l'édition 2A (exemplaire de la B.U. d'Utrecht).

1 écu du roi Louis ; 2 lions d'or en forme de vieux écus
4 vieux écus ; 8 demi-écus sol

1419 écus sol ; 1 médaille d'or valant 2 écus ; 10 impériales

TOTAL = 1445 pièces

Ces **11 pièces de 2 sortes** (la médaille d'or et les 10 impériales) -- et je renvoie au CN 176 pour l'importance de cet agencement (11 et 2) dans l'économie du *Testament* --, dont je me sers avec Ruzo pour le décompte précédent, devraient se retrouver logiquement dans un deuxième décompte, ce que Ruzo n'a pas vu. En effet, quelles sont les pièces restantes ?

36 nobles à la rose ; 79 angelots ; 8 florins d'Allemagne
17 marionnettes ; 3 portugaises

En leur ajoutant les 11 pièces, c'est-à-dire la médaille d'or et les 10 impériales, on obtient **un total de 154 pièces** (36 + 79 + 8 + 17 + 3 + 1 + 11), soit le nombre connu des quatrains des *Almanachs* (cf. l'édition Chevignard de 1999). On notera encore que le nombre de quatrains des Almanachs vaut 11 fois 14, ou encore 14 fois 11, i.e. les 10 impériales et la médaille d'or.

Les 36 nobles à la rose représentent les 12 quatrains parus dans chacun des Almanachs pour les années 1557, 1558 et 1560. Les 79 angelots représentent les 79 quatrains parus dans les Almanachs pour 1562, 1563, 1564, 1565, 1566 et 1567 (le dernier contenant un quatrain terminal). Les 10 impériales et 3 portugaises représentent les quatrains parus dans la *Pronostication pour l'an 1555* (cf. le rôle particulier des quatrains chiffrés pour Mai, Juillet et Août 1555 au CN 169). Enfin les 8 florins, 17 marionnettes et la médaille d'or (le quatrain de l'an 1561) représentent les 26 quatrains des Almanachs pour 1559 et 1561.
Un autre indice concernant ce dispositif reliant les deuxièmes éditions Antoine du Rosne aux quatrains-présages est la mention de 300 quatrains nouveaux au sous-titre des éditions de 1557 : *"dont il en y à* [sic] *trois cents qui n'ont jamais esté imprimées"*. Une coquille volontaire, pour attirer l'attention du lecteur et mettre sa sagacité à l'épreuve ? On peut l'envisager, d'autant plus qu'elle se retrouve dans les deux exemplaires, et que l'utilisation de la préposition accentuée, "à", plutôt

que l'auxiliaire, suggère un but ou une destination: "jusqu'à", "à destination de", "pour atteindre les" ... 300 quatrains. Quoi qu'il en soit, il manquerait 11 quatrains (300 - 289) dans l'édition 2A, et 14 (300 - 286) dans l'édition 2B, pour satisfaire la mention, à moins que la dite mention s'applique d'abord et aussi à la future troisième édition, celle de 1558 qui serait parue chez le même éditeur lyonnais Antoine du Rhône. Or, dans mon précédent texte (cf. CN 176), j'ai montré que les nombres 14 et 11 avaient justement été choisis par Nostradamus pour coder le nombre des quatrains-présages des Almanachs, à savoir 154 = 11 × 14, ou encore **154 = (13 + 1) × (13 - 2)**, ces nombres 1 et 2 illustrant le même décalage que dans les éditions 2A et 2B ! Mais on peut tout aussi bien les évacuer en ne conservant que le nombre 22 du Testament et l'irrationnel π (PI) : 154 = 22 × 7, ou encore **154 = 22 × 22/π**. Ainsi se confirme la liaison cryptée entre les nombres de quatrains des éditions de 1557 et des Almanachs, qui sont les deux pans du corpus laissés volontairement "inachevés".

En conclusion les **1096 quatrains** authentiques et connus des Prophéties et Almanachs, autrement dit les 353, 286 + 3, et 300 quatrains puis nouveaux quatrains des trois éditions successives des *Prophéties*, et les 154 quatrains des *Almanachs*, sont indiqués dans le décompte des pièces de l'héritage, à l'aide d'opérations relativement simples, cependant légèrement plus sophistiquées lorsqu'il s'agit des éditions 2A et 2B des *Prophéties*, elles-mêmes sujettes à d'ardentes controverses. Ce qui est remarquable, c'est que l'organisation structurelle plus ou moins complexe des pièces reproduit celle des éditions des textes, notamment pour les éditions 2 et pour les quatrains en vers parfois nommés Présages dans les Almanachs.

Et en résumé, **les ducats représentent les quatrains de la première édition des Prophéties (Macé Bonhomme, 1555), les écus sol les nouveaux quatrains apparus dans les deux moutures de la seconde édition (1557), les écus pistoles les 300 quatrains de la troisième édition (qui constitue le second livre des Prophéties en 1558), et les autres pièces représentent les quatrains parus séparément dans les Almanachs successifs.**

Pièces du Testament	Nombre	Opération	Total	Nouveaux quatrains	Nombres du Testament
101 ducats	101	101	**353**	Édition 1	**= (13 × 13) + (22 × 22) - 300**
126 **doubles** ducats	126 × 2	252			
1 écu du roi Louis	1	1430 / 5 (5 pièces) (valeur en écus)	**286**	Édition 2B	**= (13 × 22)**
2 lions d'or en forme de vieux écus	2				
4 écus vieux	4				
8 **demi-écus** sol	8 / 2 = 4				
1419 écus sol	1419				
-- les mêmes pièces --	1434	1445 / 5 (nombre de pièces)	**289**	Édition 2A	**= (13 × 22) + 3**
+ 1 médaille d'or	1				
+ 10 impériales	10				
-- 1 médaille + 10 impériales --	1 + 10	154	**154**	Almanachs	**= (7 × 22) ou (22 × 22/π)**
36 nobles à la rose	36				
79 angelots	79				
8 florins d'Allemagne	8				
17 marionnettes	17				
3 portugaises	3				
1200 écus pistoles	1200	1200 / 4 (4 vers par Q.)	**300**	Édition 3	**= (13 × 13) + (22 × 22) - 353**

L'écu valait 50 sous dans les années 1560. **La valeur totale des pièces en écus calculée par Nostradamus, à savoir 3444 écus et 10 sous, vaut 1096 fois le nombre π (PI)**, ce qui justifie par ailleurs, comme l'a vu Ruzo, que les quatrains devront être agencés sur un ou plusieurs cercles dans les étapes ultérieures du décryptage. Plus précisément : 3444.20 / π = 1096.32 (approximation 0.03%). En fait il y a un décalage d'exactement 1 écu (3443.20 = 1096 π), ces nombres 1 (ici, la différence d'un écu) et 10 (ici, la valeur décimale en sous) étant les mêmes que ceux ayant servi au délicat décryptage du nombre de quatrains des éditions 2. (On a aussi, si l'on admet le sou comme valant un centième d'écu, 3444.10 = 31 × 111.1, soit 31 fois "quatre 1", i.e. quatrain). Et cette même somme, 3444.20, divisée par 12, égale 287.017, un nombre intermédiaire entre 286 et 289, le nombre de nouveaux quatrains ajoutés dans les deux versions de la 2e édition.

A moins qu'on nous démontre que le *Testament* de Nostradamus soit un faux, nous voyons dans ce document la confirmation de l'authenticité des éditions successives des *Prophéties* de Nostradamus, celle de 1555, celles de 1557, et celle de 1558, perdue. Et pour répondre aux détracteurs, démolisseurs et déconstructeurs de tous poils, on admettra que, dans ces conditions, soit le *Testament* de Nostradamus est un faux qui s'ajouterait aux supposées fausses éditions des *Prophéties* des années 50-60, soit le *Testament* a été écrit par Nostradamus en complicité avec de supposés faussaires contemporains de son oeuvre, ce qui est absurde.

J'invite le sceptique à tester ces curieuses "coïncidences" à l'aide d'un petit programme susceptible de lui fournir aléatoirement une série de 15 entiers naturels, de préférence par groupes, par exemple de 5 nombres (entre 1 et 5), de 4 nombres (entre 6 et 20), avec répétitions éventuelles, et de 4 encore (entre 21 et 200), enfin de 2 (entre 1000 et 2000). Je gage qu'aucune des mille premières séries générées par cet exercice (que je soumets aux esprits supposés forts, mais stériles, auxquels mes supposées "pirouettes arithmétiques" n'ont pas eu l'heur de plaire ; cf. *Nostradamus: L'éternel retour*, Gallimard, 2003) ne puisse faire apparaître des équations satisfaisantes et relatives aux différents regroupements de quatrains.

L'intelligentsia rétribuée des universités et centres de recherche (cf. Feyerabend, *Science in a free society*, et Guinard, *Astrologie : Le Manifeste*, CURA, 1999) est généralement hostile aux investigations cryptographiques. Ainsi un Jean Céard, directeur d'une thèse de J. Halbronn et préfacier de l'excellent *Répertoire* raisonné de Benazra (1990), même s'il n'a pas tort de vouloir remplacer "infinis" par "infims" dans le vers II 47-B (variante déjà relevée en 1867 par Anatole Le Pelletier, non "Antoine"), prend prétexte des coquilles d'impression constatées dans les premières éditions pour refuser toute indication ou connotation d'ordre cryptographique (p.VIII et VII). Si les *Essais* de Montaigne "désenseignent" la sottise (p.IX), comme le rappelle, après Marie de Gournay, la "fille d'alliance" de Montaigne, le "cruel" Céard (qui nous dira peut-être un jour comment désenseigner la lâcheté ...), il n'est pas certain que Montaigne se faisait de la cryptographie la même idée que nos universitaires modernistes (cf. Guinard, *Mémoire et Extinction dans les 'Essais'*, Mémoire de Maîtrise, Université de Nanterre, 1981), car les figures de style, les métaplasmes, et les procédés cryptographiques, pour les écrivains de la Renaissance, étaient plus que de simples jeux de mots et de langage, mais le principal outil de mise en perspective et d'auto-référencement du texte, à commencer par le quatrain nostradamique, qui est en soi une sorte d'icône, ou de médaillon, non pas de nature commémorative, mais d'inspiration et d'aspiration prospective. La question n'est donc pas de savoir si ces recherches cryptographiques plaisent ou non à nos idéologues, mais si elles étaient familières et pratiquées par les hommes de la Renaissance, et *hic* en l'occurrence par Nostradamus.

Le nombre final des quatrains du Corpus

Nous n'avons pour l'heure retrouvé que ce qui était connu, à savoir le nombre des quatrains publiés par Nostradamus dans ses différentes éditions des *Prophéties* et des *Almanachs*. Je vais désormais essayer de cerner, à l'aide des mêmes outils, procédés et raisonnements, ce qu'il a réussi à voiler pendant près d'un demi-millénaire. Il n'y a vraisemblablement jamais eu d'édition à 1000 quatrains, solution simplissime pour esprits paresseux. La mention par Antoine Du Verdier, en 1585, de l'existence d'une édition de *"Dix Centuries de*

Propheties par Quatrains" n'implique absolument pas que ces Centuries aient été toutes "complètes".

Le péruvien Daniel Isaac Ruzo suppose que le corpus prophétique nostradamique est composé exclusivement de quatrains (1982, p.235) et qu'il est entièrement édité du vivant de l'auteur entre 1554 (Almanach de 1555) et 1566 (Almanach de 1567), y compris les *Prophéties*, soit en l'espace de 13 ans (1982, p.245). En outre il admet l'existence d'éditions lyonnaises des *Prophéties* en 1556 et en 1558, celle d'éditions jumelles avignonnaises, et celle encore de 13 quatrains prophétiques, perdus, inclus dans l'Almanach de 1556, très improbable à mon avis.

Or, je ne me satisfais pas du nombre total de quatrains connus, à savoir 1096, que Ruzo lui-même a tenté de "raboter obscurément" (et à ramener à 1080), afin de corroborer son idée d'une projection circulaire des quatrains en relation avec les supposées ères précessionnelles. Son élimination d'un certain nombre de quatrains me semble extrêmement spécieuse et sa répartition des quatrains est injustifiée (Ruzo, 1982, p.52-54). Je pense au contraire qu'il faut ajouter un certain nombre de quatrains aux 1096 parus.

En effet, un double détail a été laissé à l'écart au cours de ces analyses : les équivalences de valeur données pour la médaille d'or (valant 2 écus) et pour les portugaises (valant globalement 36 écus). Il s'agit de valeurs globales, autrement Nostradamus l'aurait spécifié comme il a ordonné de le faire pour les 36 nobles à la rose (valant chacun 11 florins), puis de le biffer au registre 675. Au total 4 pièces (1 médaille et 3 portugaises) en valent 38 (2 écus et 36 écus), ce qui incite à ajouter cette **différence de 34** au nombre de quatrains du corpus. Ainsi le total de quatrains à prendre en compte ne serait pas de 1096, mais de **1130**, à savoir 1096 + 34. On retrouve encore ce total de **1130 quatrains** en soustrayant au nombre 1419 se rapportant à la deuxième édition, le nombre total de nouveaux quatrains de cette édition, à savoir 289. Soit **1419 – 289 = 1130**.

Dans son article de 1962, Ruzo a calculé le montant des mandats et legs laissés par Nostradamus dans son *Testament* : 4 cierges d'une livre chacun pour ses obsèques, 10 sous pour 13 pauvres, 1 écu aux Frères de l'Observance de Saint-Pierre, etc. soit, avec l'écu à 50 sous ou encore à deux livres et demi, la somme totale de 2217 écus et 8 sous (Ruzo, 1962, p.76 ; 1982, p.59-60). A la somme totale des pièces d'or (3444 écus 10 sous), Ruzo a ajouté le montant des crédits et gages à son actif (1600 écus), soit un total de **5044 écus 10 sous**, soit environ 12.610 livres. Nostradamus, qui s'est fait continuellement dépouiller par ses éditeurs compte tenu du succès colossal de ses publications annuelles, reste en possession d'une fortune modeste, comparée à celle de Montaigne par exemple (30.000 livres auxquelles s'ajoutent les 60.000 livres de sa propriété ; cf. Payen, 1856, p.35) ou même celles d'un habile négociant ou d'un notable ayant rentabilisé sa charge.

Puis Ruzo a soustrait le montant des mandats et legs (3444 écus 10 sous + 1600 écus – 2217 écus et 8 sous = **2827 écus 2 sous**) et remarqué que ce montant final, à partager entre ses trois héritiers principaux, sa femme Anne Ponsarde et ses aînés César et Magdeleine, donc à diviser par trois, donne un résultat de **942 écus**, soit le total des quatrains des *Prophéties*, **à 1 écu et 2 sous près**, qui représentent assurément la différence de 3 quatrains des éditions 2A et 2B, c'est-à-dire le quatrain latin et les deux quatrains supplémentaires 41 et 42 de la centurie VII de l'exemplaire d'Utrecht, et non comme le croit Ruzo, les quatrains dits 43 et 44 de la centurie VII publiés dans l'édition Jean Didier (Lyon) de 1627 (voir Benazra, *Répertoire*, p.188). Ruzo les suppose apparus dans les éditions d'Avignon, à l'existence discutable, et les retient d'ailleurs à contre-coeur, justement parce qu'ils corroboreraient son hypothèse de décryptage.

[Il subsiste encore deux décomptes auxquels je n'ai pas tenté de trouver une interprétation "numérologique" : premièrement le nombre marquant la différence entre la valeur totale des pièces de l'héritage donnée par Nostradamus (3444 écus 10 sous) et leur valeur réelle dans les années 1560 (faute de connaissance numismatique suffisante), deuxièmement le nombre total des pièces d'or, à savoir 3015. Je me contenterai de noter pour l'heure que ce dernier est immédiatement divisible par 15, c'est-à-dire par le nombre de pièces de différentes espèces, et le résultat est de 201 (= **1130 – 942 + 13**). Autrement dit, le quotient du nombre total de pièces par le nombre d'espèces de pièces vaut, à 13 unités près, la différence entre le nombre total de quatrains du corpus, et le nombre de quatrains des *Prophéties*. Mais il n'y a que **13 types de monnaies différentes**, en rassemblant ducats et double ducats, écus sol et demi-écus sol.]

J'étais parvenu à cette intuition que le nombre 1130 (soit 4520 vers ou encore 4521 vers en comptant le titre du quatrain latin à la fin de la centurie VI) devait être **le nombre final** des quatrains prophétiques dès le 1er juillet 1995 par un calcul très simple. Le nombre théorique de quatrains d'une Centurie, à savoir 100, ajouté au nombre théorique de quatrains d'un Almanach, à savoir 13, le tout multiplié par le nombre théorique de Centuries (et aussi celui des almanachs contenant des quatrains décasyllabiques) est égal à 1130. Soit **(100 + 13) × 10 = 1130**.
Le nombre 1130 est encore atteint en utilisant les seuls nombres du Testament 13 et 22, à savoir **1130 = (13 × 13) + (13 × 13) + (22 × 22) + (13 × 22) + 22** !
Et on a encore 1130 = (13 × 100) / (2 × (10 - 3 π)), avec PI (= 3.1416), 13 (= nombre du Testament et nombre de quatrains d'un almanach), 100 (= nombre de quatrains d'une centurie), 2 (= aux 2 livres des Prophéties et aux 2 corpus principaux de quatrains, Prophéties et Almanachs), et 3 (= nombre du Testament, et nombre des trois éditions successives des Prophéties).

Un curieux relevé des positions planétaires figure dans l'épître à Henry, datée du 27 juin 1558 : *"apres quelque temps & dans iceluy comprenant depuis le temps que Saturne qui tournera entrer à sept du moys d'Avril jusques au 25 d'Aoust, Iupiter à 14 de Iuin jusques au 7 d'Octobre, Mars depuis le 17 d'Avril jusques au 22 de Iuin, Venus depuis le 9 d'Avril, jusques au 22 de May, Mercure depuis le 3 de Fevrier, jusques au 24 dudit. En apres du premier de Iuin jusques au 24 dudit & du 25 de Septembre jusques au 16 d'Octobre"* (texte de l'édition B de Benoist Rigaud datée de 1568, ca. 1572).

Ces relevés des périodes de rétrogradation planétaire (et Nostradamus écrit : "qui *tournera* entrer") étaient usuels dans la confection des almanachs, par exemple au début *de La grande et vraye pronostication nouvelle pour l'an 1543* de Maistre Seraphino Calbarsy, un pasticheur qui s'affuble d'une anagramme de 'Phrançoys Rabelais' (cf. Rabelais, *Oeuvres complètes*, éd. Mireille Huchon, Gallimard, 1994, p.951-952). Pierre Brind'Amour (1993, p.256) a montré, après l'allemand Christian Wöllner (1926), que ces périodes de rétrogradation correspondent à l'année 1606, et que les jours de rétrogradation ont été empruntés à l'*Ephemeridum novum* de Cyprien Leowitz, paru à Augsburg en mars 1557. Pour la première période mercurienne, Leowitz indique bien les 3 et 24 février, mais pour la période martienne, il mentionne le 23 et non le 22 juin.

L'idée m'est venue de calculer le nombre de jours restitués pour chacune des sept périodes mentionnées, car les 140 jours séparant pour l'intervalle saturnien le 7 avril du 25 août, quelle que soit l'année considérée, rappellent les 140 présages authentiques en vers publiés par Chavigny. En poursuivant le décompte, on obtient pour Jupiter 115 jours, pour Mars 66 jours (du 17 Avril jusqu'au 22 Juin), pour Vénus 43 jours, et pour Mercure 21, 23 et 21 jours, soit 65 jours cumulés. En multipliant chacun de ces nombres par les 7 premiers entiers, dans leur ordre d'exposition, on obtient une nouvelle fois la somme de 1130. Soit : **(140 × 1) + (115 × 2) + (66 × 3) + (43 × 4) + (21 × 5) + (23 × 6) + (21 × 7) = 1130**

En effectuant la même opération, mais en comptant globalement la période mercurienne, soit 65 jours qu'on multipliera par 5, on obtient la somme de 1065, soit 1000 + 65. Ce nombre 65, qui vaut **13 fois 5** (planètes), est bien le nombre clef de ce dispositif, puisqu'en l'additionnant au nombre 1065 nouvellement obtenu, on obtient à nouveau le nombre 1130.

En reprenant maintenant les nombres du Testament, et notamment 13, son inverse 31, et 22, on obtient l'équation triviale : **(13 × 13) + (31 × 31)** = 169 + 961 = **1130**, à rapprocher de mes précédentes observations, à savoir : **(13 × 13) + (22 × 22) = (353 + 300) et (13 × 22) = 286.**

Il y aurait donc **15 quatrains** (169 - 154) à ajouter aux 154 que contiennent les Présages, et **19 quatrains** (961 - 942) aux 942 des *Prophéties* (sur cette question, cf. aussi le chiffrement au TFC dans l'édition de 1555 : CN 19, chap. 5). On notera que les variétés de pièces sont au nombre de 15 et que le nombre très particulier d'écus sol, à savoir 1419, répètent évidemment ces nombres. On a encore -- une curiosité --, avec les dates du Testament et du Codicille et les 13 jours de juin qui les séparent : 17 (juin) × 2 (deux actes) = 34 ; 30 (juin) / 2 (deux actes) = 15 ; 13 (écart entre les deux actes) + 6 (juin) = 19 (cf. CN 169).

Le dernier quatrain des Centuries : *"Le pempotam des ans"*

Mon attention a été attirée par le nombre "trois cens" (300) figurant au deuxième vers du dernier quatrain des Prophéties.

Le grand empire sera par Angleterre,
Le pempotam des ans plus de trois cens:
Grandes coppies passer par mer & terre,
Les Lusitains n'en seront pas contens.

Le quatrain X 100 des *Prophéties* est généralement interprété comme indiquant la durée de l'hégémonie britannique sur le monde, depuis Le Pelletier (1867) qui interprète le néologisme *pempotam*, du grec *pan* et du latin *potens*, comme signifiant "tout-puissant". Cette interprétation classique n'a guère varié, puisqu'on la retrouve sans aucune modification notoire ni explication vraiment convaincante du néologisme problématique, par exemple chez Max de Fontbrune en 1938, chez Vlaicu Ionescu en 1987, ou encore chez David Ovason en 2001.

Le terme "pempotam" n'a pas fini de réserver des surprises puisqu'il apparaît encore, différemment orthographié, dans des contextes très divers, et semble désigner, un homme, un peuple ou une région : au second vers du présage pour Août 1558, *"Les Razes pris : esleu le Pempotan"* ; au premier vers du quatrain VIII 97, *"Aux fins du VAR changer le pompotans"* (cf. mon *Nostradamus* de 2011, p.156-157) ; dans la préface à Henry, *"comprenant le Pempotam la mesopotamie de l'Europe"*.

L'année 1588, date de la destruction par le vice-amiral Francis Drake de "l'invincible Armada" de Philippe II d'Espagne, marque le début de la suprématie anglaise, militaire (*copies*) et maritime (cf. Le Pelletier, Ionescu et Ovason). Max de Fontbrune préfère l'année 1603 qui marque la création de la Grande-Bretagne par Jacques Ier d'Écosse. En effet la réunion de l'Écosse et de l'Irlande à l'Angleterre peut être légitimement interprétée comme le début politique du futur "grand empire".

On peut aussi admettre la date de 1585. Dès le début du XVIe siècle, espagnols et portugais commencent à se partager le "nouveau monde" et certaines régions de l'ancien: c'est le début de l'européanisation du globe. L'Angleterre, en débarquant ses premiers colons sur l'île Roanoke (en Virginie) le 17 août 1585 et en y fondant sa première et éphémère colonie, brise l'hégémonie des "Lusitains" (du latin *Lusitania*, l'une des trois provinces de la péninsule ibérique, aujourd'hui le Portugal), terme employé par Nostradamus, par synecdoque, pour désigner l'ensemble des conquistadors et colonisateurs ibériques. On peut encore retenir l'année 1600, date de la fondation de la fameuse Compagnie des Indes (East India Company).

Le lecteur du XVIe siècle, à l'idée d'un grand empire, songe à l'Espagne ou au Portugal, implantés au-delà des frontières européennes, éventuellement à la France, mais certainement pas à l'Angleterre. Il n'est pas d'indice justifiant en 1558, date de la parution du quatrain, la constitution d'un vaste empire anglais, et il n'existe encore, à la fin du siècle que deux empires coloniaux, l'espagnol aux Amériques et le Portugais organisé autour de ses comptoirs côtiers au Brésil, en Afrique, en Inde et en Extrême-Orient. En 1607, après plus de vingt ans de déboires, les anglais réussissent à installer "la colonie" de Virginie autour de la ville de Jamestown qui ne compte alors qu'une centaine d'habitants. Dans l'édition d'Amsterdam de 1668, il n'est fait allusion qu'à deux quatrains présents dans les esprits, illustrés au frontispice de l'édition : l'un évoquant l'exécution du Stuart Charles 1er en 1649, l'autre la peste et l'incendie de Londres de 1665-1666. Rien sur le quatrain X 100. Et en 1672, même le médecin d'origine parisienne Théophile Garencières (1610-1680), le second traducteur anglais des Prophéties, indique pour le quatrain X 100 : *"This is a favourable one for England, for by it the Empire, or the greatest Dominion of Europe is promised to it"*, sans bien se rendre compte alors qu'il est en fait question de l'Empire colonial britannique en formation (p.444). Non seulement l'existence de cet Empire britannique ne saurait être soupçonné au milieu du XVIe siècle, mais ce n'est toujours pas une évidence plus d'un siècle après, contrairement à ce qu'assènent les interprètes négationnistes du prophète saint-rémois. Le quatrain X-100 qui atteste indiscutablement du caractère visionnaire des Prophéties, est placé à dessein pour clore le corpus centurique. Mais le sens, devenu évident pour le lecteur moderne, en cache un autre.

Quoi qu'il en soit du début et du terme de l'empire britannique, le second vers reste obscur et délaissé par les exégètes. En effet *pempotam*, n'est pas *pan-potens* ni même *pampotent*, et Nostradamus n'écrit pas *Le pempotam [sera ou durera] plus de trois cens ans*, mais *Le pempotam des ans [est ou sera] plus de trois cens*. Ces 300 pourraient désigner les quatrains de la dernière partie des *Prophéties*, parue avec une pagination séparée, auxquels doivent être ajoutés quelques unités, et Nostradamus est cohérent en indiquant l'existence de ce supplément isolé, cette "Angleterre", précisément dans le dernier quatrain de son oeuvre publiée. Si l'on retient avec le premier Fontbrune et selon un critère politique, la date de 1603, on admettra que 1922, année de la proclamation de l'État libre d'Irlande, marque la fin symbolique de cet empire. Soit un total de 319 ans.

Ainsi un peu plus de 300 quatrains, en l'occurrence 319, composeraient la dernière partie des *Centuries*. Mais quel est ce *pempotam des ans* ? Peut-être une anagramme de *mappemot*, un équivalent historique du globe géographique, cette mappemonde de vocables agencés en quatrains décasyllabiques que sont les *Prophéties*, et qui déroulent les années dans un schéma circulaire, selon une idée chère à Ruzo. Ainsi l'expression "pempotam/mappemot" (ou encore *"mappetom(e)"*, du grec "tomos" ou du latin "tomus", soulignant les divisions ou portions du corpus), choisie par le salonnais pour désigner son oeuvre prophétique, indique sa toute puissance, celle d'une *cartographie de l'histoire*, qui reste encore aujourd'hui à l'état de puzzle.

Les *copies* peuvent s'entendre dans leur sens moderne, et les lusitains au sens du verbe latin *lusitare* (jouer souvent, se moquer). Ainsi peut-on risquer cette interprétation du quatrain, qui double la précédente (grâce au deuxième vers du quatrain) : *Le corpus prophétique sera complet grâce à un supplément de quelques quatrains. Cette fidèle cartographie chronologique comprendra plus de 300 quatrains dans sa dernière section. Et des exemplaires en seront diffusés sur tous les continents, ce qui fâchera les moqueurs.*

Le quatrain X.100 est remarquable par son double sens et son double contexte référentiel. Il se pourrait que chaque quatrain ait été bâti sur ce modèle. Comme je l'ai signalé au Congrès du CURA en décembre 2000, chaque quatrain serait un texte à deux faces -- un *Janus* selon l'image de Chavigny --, l'une tournée vers le passé, l'autre vers le futur, ou bien même toutes deux tournées vers le futur, comme dans le cas présent. C'est peut-être ce que le fanatique Daguenière avait compris, dès 1558, qualifiant le prophète de "fol à double rebras". Ainsi pourrait s'expliquer la divergence des interprétations, le léger décalage existant entre une interprétation donnée et son objet, et aussi qu'on puisse retrouver la chronique des événements passés, notamment de l'histoire romaine, comme l'annonce des avènements futurs.

Les derniers quatrains de Nostradamus

Dans mon précédent article (CN 176), j'avais fait observer que l'écart de 58 jours séparant *les Achevés d'imprimer* des deux éditions Antoine du Rhône de 1557, loin d'être aléatoire, symbolisait le nombre de quatrains manquants aux *Prophéties* pour atteindre la milliade. Considérons à présent l'écart entre les Achevés d'imprimer des deux premières moutures de l'ouvrage, l'édition de Macé Bonhomme et la première parution Antoine du Rhône, c'est-à-dire entre le 4 mai 1555 et le 6 septembre 1557. Il est de **2 ans et 125 jours** ; les deux ans symbolisent les deux éditions, et 125 est égal à 5 élevé au cube, soit 5 × 5 × 5 (cf. aussi, sur le chiffrement des achevés d'imprimer et des dates des deux épîtres, CN 90).

Le nombre 3, utilisé pour ce codage, est bien évidemment l'un des trois nombres du *Testament*, et la répétition des trois '5' se retrouve dans l'année de parution de la première édition. Mais il y a plus : l'écart en jours est de 855, soit **3 × 15 × 19**, ces deux derniers nombres indiquant les quatrains à rajouter aux trois groupes de quatrains publiés. [En réalité l'écart est de 856 jours, car l'année 1556 est bissextile. Le décompte précédent ne vaut donc qu'à une unité près.]

En effet, les *Prophéties* ont connu trois moutures ; les quatrains publiés peuvent être répartis en trois "livres" (les premières centuries assemblées en un premier livre, les centuries VIII, IX et X assemblées en un second livre, à pagination distincte, et les quatrains des almanachs et pronostications) ; et l'ensemble des quatrains du corpus appartiennent désormais encore à trois groupes : ceux des Centuries, ceux des Almanachs, et le groupe des quatrains additionnels, précisément au nombre de 15 et de 19.

[On retrouve les nombres 15 et 19 en rapport avec le dernier quatrain des Prophéties, le quatrain aux "plus de trois cens", avec les dates 1585 (première colonie anglaise) et 1600 (fondation de la Compagnie des Indes), soit 1585 + 15 = 1600, et 1600 + 300 + 19 = 1919 -- fin de la première guerre mondiale et déclin de l'Angleterre.]

Quels seraient ces 34 quatrains supplémentaires ? Il y a plus d'une cinquantaine de candidats dans les écrits annexes et dans les textes parus postérieurement, parfois sur les indications données par Nostradamus lui-même, notamment à son jeune secrétaire Chevigny, lequel, en 1594, fera paraître *La premiere face du Janus françois* sous le nom de Jean-Aimé de Chavigny. On peut penser notamment aux 13 quatrains, 2 à la "centurie XI" et 11 à la "centurie 12" (sur l'importance de ce découpage '11 / 2', voir mon précédent article), reproduits dans son *Janus Gallicus*.

Or il existe précisément 34 quatrains, répartis en 10 quatrains autobiographiques et 24 quatrains prophétiques, dans un étrange document intitulé *Voicy l'Histoire veritable de l'ouverture du Tombeau de Michel Nostradamus, lequel a esté ouvert le 5e. jour de janvier 1688 avec son Epitaphe ...* (Paris, Veuve Charmot), non signalé par Benazra dans son *Répertoire* mais disponible sur le site *Gallica* de la BNF. Ce seraient, d'après l'éditeur, les derniers quatrains de Nostradamus, ceux qu'il aurait emportés dans sa tombe et qui auraient été découverts lors de l'ouverture de sa sépulture, soit un siècle avant les événements des années 1790.

Il est curieux que ce texte donne précisément 34 quatrains, présentés comme une sorte de supplément *post mortem* au corpus prophétique. Leur ou leurs auteurs auraient-ils percé certaines intentions du prophète, ou plus vraisemblablement, auraient-ils suivi des exégèses et hypothèses de décodage perdues ou détruites ? Un échantillon de ces quatrains :

II
Auparavant que je déduiray ma vie
Ma naissance & ma condition
Si j'ay eu dans mon temps bon renom,
Les envieux m'ont porté grande envie.

XX [X]
Les rebellez de la Foy Catholique
Auront grand peur de l'ardeur du Soleil,
Ils causeront un tres-grand appareil
De gros canons ; de mousquets & de piques.

XXXIV [XXIV]
Je reconnois chose certaine
Que les Turcs auront tres grandes peines
Le Grand Seigneur sans maladie
Un jour il finira sa vie.

Selon toute vraisemblance, ces quatrains sont des faux, composés de rimes embrassées sauf pour les deux derniers (les 23e et 24e de la deuxième série), alors que les quatrains de Nostradamus ont des rimes croisées. Les vers ne sont pas décasyllabiques et ne respectent pas la césure après quatre temps. Quant au style et à la sémantique, d'une banalité extrême, ils sont le produit d'un imitateur maladroit. On ne fabrique pas des quatrains "nostradamiques" si aisément. N'est pas Nostradamus qui s'en accapare le nom et les fonctions. Les théoriciens d'une conspiration de faussaires et leurs émules feraient bien de s'attacher un peu plus à la poétique et à la prosodie avant de divulguer leurs élucubrations.

Il en va de même pour le quatrain au frontispice de la *Prognostication pour l'an 1567* du plagiaire et faussaire Mi. de Nostradamus (ci-dessous à gauche) comme pour celui d'un faux *Almanach pour l'An 1565* paru au nom du prophète de Salon (ci-dessous à droite). Halbronn note en page 105 de son ouvrage sur Crespin (2002) que le premier n'a pas été retenu "par la suite" : preuve qu'on ne confondait pas les écrits de Michel Nostradamus avec ceux de ses imitateurs.

La forte race Bazanée
Veut ouvrir les portes d'arein:
Mais une heureuse destinée
Rompt le fil de son vain dessein.

L'annee de grace sera à plusieurs peuples,
En amitié seront les paysans,
La terre aura en soy beaucoup de meubles
Dont en maintz lieux en seront suffisans.

Le système de codage du *Traité des Fardements et des Confitures* dans l'édition de 1555

Ce texte fait suite à mes précédentes études sur le codage numérologique du *Testament* (1566) et de l'*Orus* (1541), qui est la traduction manuscrite des *Hiéroglyphes* d'Horapollon (cf. Le système de codage de l'*Orus Apollo* dans mon précédent ouvrage : *Nostradamus traducteur : Horapollon et Galien*, éd. BoD, février 2015). Le TFC (Traité des Fardements et des Confitures) se rattache au manuscrit de l'*Orus* par divers indicateurs : "*en Arabie la felice*" [p.59], expression traduite du grec mais néanmoins usuelle à l'époque, et surtout "*la hyene, cynocephale, & crocodille, & hippopotame*" [p.116], quatre animaux dont les hiéroglyphes sont explicités dans le manuscrit, introduit par un prologue de 116 vers décasyllabiques.

Il est possible que toutes les corrélations explicitées ci-après n'aient pas toutes été intentionnelles : cependant le grand nombre de coïncidences repérées à partir des mêmes méthodes que pour les précédents textes, confirme l'existence d'un codage. En outre je n'ai pas totalement exploré les possibilités du TFC, à la structure très complexe, et il se pourrait qu'une "seconde clé" cryptographique (que je n'ai pas trouvée et qui pourrait avoir rapport au nombre d'or et à la suite de Fibonacci, puisque les nombres 5, 8, 13, 34 et 89 sont apparents : cf. *infra*), ait été mise en place avec ce traité, en plus de celle confirmant le nombre de quatrains du corpus. Le format de l'ouvrage, à savoir environ 12 cms de haut pour 7,5 cms de large (118 x 75 pour l'exemplaire de Lyon), respecte les proportions du nombre d'or.

Le TFC comprend 240 pages dont 228 sont numérotées :

p.1 : titre : 1 page
p.2 : blanc
p.3 : épître au lecteur (Prooeme) : 22 pages + lettrine A

p.25 : première partie (Préparations cosmétiques) : 100 pages + lettrine P
p.125 : épître à Jean de Nostredame (Prooeme) : 8 pages + lettrine P
p.133 : seconde partie (Recettes culinaires) : 89 pages + lettrine V
(au chapitre 28, p.205, lettrine C)
p.222 : hexastichum (Sizain) : 1 page
p.223 : lettre d'Hermolaus Barbarus à Pierre Cara : 6 pages + lettrine L
[p.229] : table (non paginée) : 11 pages
[p.240] : blanc

	Chapitres	Décomposition	Pages	Décomposition
Épître I	1		22	**11** x 2
Livre I	34	**15** + **19**	100	
Épître II	1		8	
Livre II	30 [ou 31]	(**15** x 2) = (**11** + **19**)	89	100 - **11**
Annexe	1		6	
Table	1		**11**	
Total paginé/numéroté	64	8 x 8	228	**19** x 2 x 6
Total réel	65	5 x 13	240	**15** x 2 x 8

Les nombres pilotes de ce dispositif sont **11, 15 et 19**. Les autres nombres, 2, 6 et 8, sont des nombres codants intermédiaires. Le multiplicateur 2 se justifie en raison de la division du traité en 2 parties, comme dans l'*Orus*. Les nombres 6 et 8 sont rappelés dans le traité par la présence de deux pièces versifiées : un huitain traduit de

Lucilius (à la page 19), et une épigramme de six vers en hommage à l'auteur (à la page 222).

Les deux parties du traité totalisent 64 chapitres numérotés, correspondant aux 34 préparations cosmétiques de la première partie et aux 30 recettes culinaires de la seconde. Curieusement cette organisation rappelle celle du principal traité divinatoire de la littérature mondiale, à savoir le *Yi King* chinois, également divisé en deux parties de 30 et de 34 chapitres, chacun d'eux traitant d'un hexagramme qui illustre une situation possible de la vie intérieure. Les voyages de Marco Polo datent de la fin du XIIIe siècle, et il se peut que Nostradamus, qui aimait l'Italie comme la plupart des humanistes de son siècle et des siècles suivants, ait eu accès à certains documents relatifs au *Yi King*, lesquels ont véritablement commencé à circuler dans les cercles érudits à partir du XVIIe siècle. On connaît l'intérêt de Leibniz pour le *Livre des Transformations*.

En réalité le TFC comprend 65 chapitres (recensés dans la table), soit 34 dans la première partie et 31 dans la seconde : n'est pas numéroté le chapitre "7 bis" de la seconde partie, en réalité le huitième : *"La façon pour clarifier la cassonade, ou le succre qui est noir, ou gasté tant pour la presente confiture, que pour toutes autres"*. Aux pages 151-152-153 du traité (à rapprocher avec la date de sa composition, à savoir 1552), ce chapitre général, puisqu'il traite du sucre lui-même, ingrédient de base de la plupart des préparations, serait en fait le chapitre 41 bis, indiquant une affiliation avec l'*Orus* de 1541, rédigé précisément 11 ans avant le TFC, et par conséquent la continuation du codage.

La pagination du texte et les nombres 11, 15 et 19

Nous avons déjà eu l'occasion de constater que les années de composition des ouvrages n'étaient pas laissées au hasard, et que le double de ces années, pour l'*Orus* et pour les *Prophéties*, était significatif. De même pour le TFC : le double de l'année 1552, à savoir 2114, doit se lire 2 fois 114 (= 228) et indique le nombre de pages du traité, hormis la table, non paginée.

Un grand soin a été apporté à la mise en page du traité, au contraire de l'orthographe et de la syntaxe du texte. Or la page 191 est numérotée 19, et le chapitre 19 de la première partie "n'existe pas" et est numéroté 20 comme le suivant, ainsi que le chapitre 11 de la seconde partie, numéroté 12. Ce qui autorise à relier ces nombres selon la formule (11 + 19) = 30 (qui est le nombre de chapitres numérotés de la partie culinaire) = (15 x 2), et au nombre de quatrains du corpus : 1130 = (100 x 11) + (11 + 19), ou encore 1130 = (100 x 11) + (15 x 2).

Les nombres 19 et 15 (ou encore leur somme valant 34, qui est le nombre de chapitres de la partie cosmétique) sont à rajouter aux 942 quatrains des *Prophéties* et aux 154 quatrains des *Almanachs*, ce qui confirme les résultats de mes articles précédents.

Le nombre 15 est encore souligné dans le nombre de villes mentionnées par le médecin itinérant, dans la description du banquet donné par l'italien Trivulcius en 1488 : Ermolao Barbaro énumère les 15 mets qui se succèdent, et mentionne l'écrivain grec Athénée (IIe siècle), lequel a composé son D*ipnosophistarum* (Le banquet des érudits) en 15 livres, ouvrage édité à Venise en 1514 et à Bâle en 1535. On notera encore que 64 ans (1552 - 1488), qui est le nombre de chapitres du TFC, plus 1 mois et 5 jours (équivalents ici à 15 ?), séparent la date de la lettre de Barbaro de celle de la composition du TFC.

L'interprétation numérologique des relations entre les nombres **11, 15 et 19** d'une part, et les nombres de chapitres **30 et 34** d'autre part, est donc triviale : il manquerait **34** quatrains (à savoir **15 + 19**) aux 1096 quatrains imprimés (942 dans les *Prophéties*, et 154 dans les *Almanachs*) pour atteindre le total des **1130** quatrains de l'oeuvre prophétique

La leçon des lettrines

Cinq ou six lettrines, de très belle facture, introduisent les deux épîtres, les deux parties du traité, la lettre de Barbaro, et le chapitre 28 du second traité : 6 lettrines au total, mais 5 grandes et une plus petite (la lettrine C), et 5 différentes et une redoublée, la lettrine P, comme pour souligner ces nombres 5 et 6. La lettrine C, à la page 205 (= 5 x 41) est un marqueur intermédiaire qui souligne une fois de plus la relation à l'*Orus* (composé en 1541).

En outre la position de ces lettrines dans le texte et les pages qui leur correspondent semblent obéir à un dispositif intentionnel : lettrine A à la page 3, lettrine P à la page 25, autre lettrine P à la page 125, lettrine V à la page 133, lettrine L à la page 223.

La lettrine A se situe à la page 3, de la lettrine A à la lettrine P on compte 22 pages, de la lettrine A à la lettrine V 130 pages (= 13 x 10), de la lettrine A à la lettrine L 220 pages (= 22 x 10), et de la première lettrine P à la seconde, on compte 100 pages (= 10 x 10).

Outre la dizaine (10), on retrouve les nombres principaux du Testament, à savoir 3, 13 et 22. On a aussi les relations (22 - 3) = 19 et (22 + 13 + 10) / 3 = 15, et par suite les relations triviales, car en rapport à la fois avec les nombres précédents et le nombre de lettrines (5 ou 6) :

13 + 6 = 19
10 + 5 = 15

Ces sommes, correspondant à 4 suppléments, indiquent les groupements de quatrains supplémentaires à ajouter aux 1096 quatrains connus des *Prophéties* et des *Almanachs*. Le supplément du *Janus* de Chavigny (les 13 quatrains des "centuries" XI et XII) correspond vraisemblablement au premier de ces nombres. Un second supplément pourrait recouvrir les 10/11 quatrains transmis par François Gallaup de Chasteuil (ms 386 de la bibliothèque

Inguimbertine de Carpentras ; cf. mon texte "*Les 34 quatrains supplémentaires de l'oeuvre prophétique*", CURA, à paraître).

La leçon des épigrammes

Les deux épigrammes du traité, l'une de 8 vers et traduite du grec de Lucilius (pp.125-132), l'autre de 6 vers et adressée à Nostradamus (pp.223-228) occupent dans le traité un emplacement qui peut paraître significatif. En effet :

La somme des pages 125 à 132, soit 1028, vaut aussi [(4 x **289**) + (3 x **300**)] / 2
La somme des pages 223 à 228, soit 1353, vaut encore 1000 + **353**

Et 353, 289 et 300 sont les nombres de nouveaux quatrains publiés dans les différentes éditions des *Prophéties* : celle de Macé Bonhomme en 1555, celles d'Antoine du Rosne en 1557 et 1558.

Credis sum Pythiovera magis tripode

La traduction de cette sentence n'est pas aisée : en premier lieu, le néologisme *Pythiovera* devrait compter deux mots : *Pythio vera*, "semblable à Apollon Pythien", ce qui réduit à 5 les 6 mots de la sentence (à mettre en parallèle avec le nombre de lettrines).

On peut avancer la traduction suivante : "Je suis, tu le crois, comme Apollon Pythien (et) les sorciers à trépied".
Ou celle-ci, sans doute meilleure, avec *magis* adverbial : "**Le crois-tu, je suis une Pythie plus sincère qu'un oracle**"
Claude Lecouteux, dans l'adaptation Kosta-Théfaine du *Traité des Confitures* (oct. 2010, p.127), propose la traduction suivante que je crois incorrecte : "Fie-toi à moi qui suis la véritable Pythonisse au trépied magique" ; et Crouzet traduit Nostradamus comme se disant "possesseur de vérités plus vraies encore que celles proférées à partir

du trépied pythique" (2011, p.158).

Cette formule tout-à-fait surprenante à la fin du livre des confitures montre que Nostradamus a d'autres objectifs que la seule publication de recettes : une formule de 30 ou 31 lettres (30 selon l'alphabet grec avec un *thêta*, ou 31 selon l'alphabet latin), qui rappelle les 30 ou 31 chapitres de ce second livre, avec 15 lettres utilisées : A C D E G H I M O P R S T U Y.

Imaginons l'inscription des lettres de cette formule, deux fois sur l'espace d'un trépied, auxquelles seront ajoutées deux lettres justifiant la double-inscription et parce que la formule apparaît dans le second livre du traité. Ainsi :

credis	**sum**	**Pythiovera**	**magis**	**tripode**
credis	**sum**	**Pythiovera**	**magis**	**tripode**
		M N		

ou encore, en remplaçant les lettres par leurs nombres associés et en décalant deux des termes centraux afin d'obtenir l'image d'un trépied :

6	3	10	5	7
6		10		7
3		2		5

On obtient à nouveau les nombres 15 (1e colonne), 30 (colonnes centrales), 19 (dernière colonne), 11 (nombres utilisés), et 64 (total de tous les nombres). En conclusion, j'ai le sentiment d'avoir effectué un premier déchiffrement d'un texte qui recèle probablement d'autres mystères...

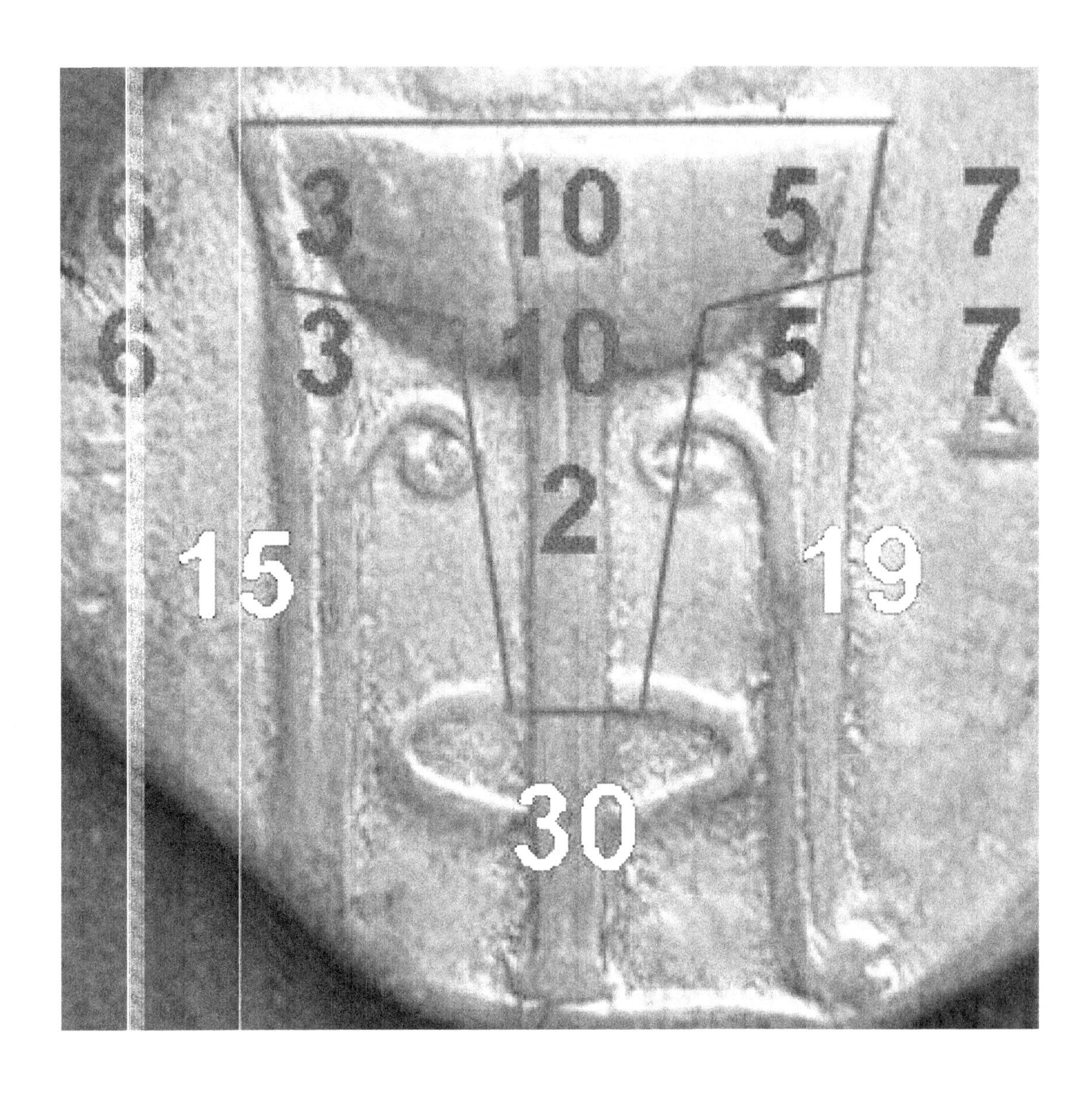
3
10
5
7
6
3
10
5
7
2
15
19
30

L'Isle à Cumes : Les quatrains perdus de l'almanach pour 1556 et la milliade de quatrains

"j'ay esté en doubte longuement à qui je viendroys consacrer ces trois Centuries du restant de mes propheties, parachevant la miliade" (Préface à Henry II, p.4)

Une dizaine de quatrains figurent deux fois au manuscrit 386 de l'Inguimbertine de Carpentras (in-fol. de 138 ff.), aux feuillets 1, 1bis et 2 recto. Ils ont été signalés dans le catalogue de la Bibliothèque de Carpentras en 1862 : *"Dix quatrains des prophéties de Michel de Nostredame, en tête desquels on lit :* 'Feu mon père avait entre les mains quelques centuries de Michel de Nostradamus, escrites de sa main, etc.' " (C.-G.-A. Lambert, *Catalogue descriptif et raisonné des manuscrits de la Bibliothèque de Carpentras*, Carpentras, impr. E. Rolland, 1862, vol. 1, n.382, p.217). Le provençal Pierre Rollet en a donné une version passable en 1968 (p.169-71) et Ruzo une autre en 1975, à peine meilleure (trad. franç. de 1982, p.295-96). On se reportera à ces textes pour l'intégrale de leurs lectures fautives.

Incipit du manuscrit : *"Feu mon pere avoit entre ses mains quelques centuries de Michel de Nostradamus escrites de sa main et que le feu roy Louis le eusse vouleu avoir. Je les luy remis volontiers entre ses mains et sont à present en la bibliotheque royalle. En voicy quelques centuries* [sic : pour quatrains] *dont on avoit gardé la copie, le restans s'estant egaré."*

Comme le note Lambert, cette note est de la main de Jean de Galaup, procureur général à la cour des comptes de Provence, décédé en 1646 (trois ans après Louis XIII), et l'aîné des fils de Louis de Galaup. Son frère François (1588-1644), dit le solitaire du Mont-Liban, était un ami de Peiresc. Jean a recopié les quatrains sur trois pages, à partir d'une version plus ancienne, peut-être celle de son père, jointe au manuscrit (feuillet 1 bis). C'est à partir de cette version datant de la fin du XVIe siècle que la transcription doit être entreprise. Ruzo souligne que Rollet ne s'est pas donné la peine de comparer les deux versions. Il semblerait que Louis Galaup, l'auteur de la première copie, ait eu du mal à déchiffrer par endroits l'écriture du texte original de Nostradamus, laissant en blanc quelques termes (aux quatrains 3, 4, 6 et 9 notamment : cf. *infra*). Le manuscrit nostradamien, offert à Louis XIII, existe-t-il encore en collection privée, ou quelque part parmi des pièces non classées de la BnF ?

Louis de Galaup, Sieur de Chasteuil, né à Aix en 1555 et décédé le 5 mai 1598, historien de sa ville natale, poète, généalogiste, érudit et antiquaire, était l'ami de César de Nostredame et de Louis Bellaud de La Bellaudière (1532-1588). Son père Antoine (ca. 1500-1576) était de la génération de Nostradamus. On peut penser que les quatrains ont été retrouvés par César qui les aura transmis à Louis Galaup, ou qu'ils furent confiés directement à son père Antoine par Nostradamus avant sa mort. J'opine pour cette dernière hypothèse, compte tenu des procédés malicieux de Nostradamus déjà attestés (cf. son Testament, et sa prédiction sur les Villayer au CN 151). A son secrétaire Chevigny, Nostradamus aura confié 13 quatrains (2 + 11) avec des numéros centuriques que plus tard le re-nommé Chavigny transcrira sans broncher ni se poser de question dans son *Janus*. Parallèlement il aura confié à Antoine Galaup cette série de quatrains authentiques sans numérotation. L'un d'eux, le fameux quatrain aux 13 F (*Feu flamme faim furt farouche fumée*, etc.), numéroté XII 4 dans le *Janus* (p.252), commun aux deux séries, atteste de leur authenticité.

QC 1 [1]

Par les Espaignes SILADMCV retourner
Passer les Gades et les monts Pyrenées
D'Arno Punique la calpre detourner
Gailhac Carcas. à Toulouse emmenées.

vers 1 (variantes) : SILADMER (Rollet, recopié par Benazra, 1990, p.138) ; SILEDMCV (Ruzo)
vers 1 (anagramme) : SILADMCV est une anagramme de ISLADCUM, i.e. **ISL(e) AD CUM(as)**. Cette île près de Cumes (*ad Cumas*) serait l'une des îles Phlégréennes, peut-être celle d'Ischia.
vers 2 (toponymie) : Gades (latin pour Cadix)
vers 4 (variantes) : j'ajoute un point à "Carcas", accentue "a" et capitalise "toulouse"
vers 4 (toponymie) : Gaillac à l'ouest d'Albi ; Carcas pour Carcassonne

QC 2 [2]

Deux cens soixante en Espaigne regner
Departira son Ost en deux grands parts
Paris en Aphrique Renaria saigner
Le Mauritain affoibly par l[i]eparts.

vers 1 (interprétation) : règne des Bourbon : environ 255 ans depuis

Philippe V (1720-24) jusqu'à l'actuel Juan Carlos (1975- ...
vers 2 (lexique) : Ost (armée)
vers 3 (variantes) : "Part", "Romanie" (Rollet et Ruzo)
vers 3 (prosodie) : "Paris en" : élision de la finale devant "en"
vers 3 (prosodie) : "Renari-a" (diérèse)
vers 4 (variante) : lire "lieparts" plutôt que "leparts" au manuscrit

QC 3 (un vers isolé) [3] :

Corduba encore recouvrera son siegge

vers (prosodie) : "Corduba encore" : élision de la finale devant "en"

QC 4 [4]

Changer le siege du sceptre monarquique
*Ne se pouvant, de ** [Paris ?] eloigner*
*Proche Avignon Lion Aigle ** [bellique ?]*
Non loin des Alpes un peu l'aigle roigner.

vers 1 (variante) : "monarquique" au premier manuscrit : lire "monarchique" ?
vers 2 (texte) : il manque deux syllabes non déchiffrées : lire "Paris", comme au QC 2 ?
vers 3 (prosodie) : Li-on (diérèse)
vers 3 (texte) : il manque deux syllabes non déchiffrées : lire "bellique" ?

QC 5 [5]

De la Champaigne à Rome grand regner
Et les obstacles du millan tous tollus
Avant grand monde de toutes parts singler
*Hais de Venus de tous biens *** [depourvus ?]*

vers 1 (variante) : j'accentue "a"
vers 3 (variante) : "Avand" au premier manuscrit
vers 4 (texte) : il manque trois syllabes non déchiffrées : lire "depourvus" ?
vers 4 (prosodie) : "Ha-is" (diérèse) et élision de la finale de "Venus"

QC 6 [6]

Feu flamme faim furt farouche fumée
Faira faillir froissant fort foy faulcher
Fils d'edenté toute Provence humée
Chassé de regne enraisgé sang cracher.

vers 1-4 (variantes) : "Fera", "faucher", "Fils", "Denté", "Provence", "Chassé", "enragé" (Chavigny, *Janus*, p.252)
vers 3 (variantes) : "Fis", "de dente", "Provene" (1er manuscrit)
vers 4 (variantes) : j'accentue "edente", "Chasse" et "enraisge"
vers 4 (remarque) : le copiste du 1er ms avait initialement lu "le confort" pour "sang cracher" (mais n'a raturé que le mot "confort")

QC 7 [3]

Dedans Tolose se faira l'assemblée
Trois fois seront dechassés de leur fort
*Apparants * * [la] maison accablée.*

vers 3 (texte) : il manque deux syllabes non déchiffrées, avant et après la césure : lire "la" ?
vers 4 manquant (complétant, mais sans rime, le vers isolé du QC 2 bis ?)

QC 8 [7]

Du lieu non loin de fantastique secte
Ce qui sera acquis de loin labeur
Gaulle Braccata par la Bergique beste
Corps bien en proye du larron et robeur.

vers 3 (toponymie) : Braccata : pour les Romains, la Gaule narbonnaise
vers 3 (prosodie) : élision de la finale de "Braccata"
vers 3 (variante) : "Bergique" aux deux versions manuscrites (lire "Belgique" ?)

QC 9 [8]

Non loin du port pillerie et naufrage
De la Cieutat frapté Isles Stecades
De St Troppez grand marchandise nage
Classe barbare au rivage et bourgades.

vers 2-3 (variantes) : j'accentue "frapte" (lire "frappe" ?) et "Troppe"

QC 10 [9]

*Unis en temple * [le ?] conseil spatieux*
Toict, Arche, dessus et misere et conflict
Plus apparens, ornements precieux
*Tout Tout le crime de femmes ****

vers 1 (prosodie) : malgré "spati-eux" (diérèse), il manque une syllabe (lire "le" ?)
vers 3 (prosodie) : preci-eux (diérèse)
vers 4 (texte) : il manque trois syllabes non déchiffrées

QC 11 [10]

En Syracuse nouveau fils figulier
Qui plus sera inhumain et cruel
De non latin, et francois singulier
Noir et farouche, et plus sec que gruel.

vers 1 (variante) : "fis" (comme au QC 5)
vers 4 (texte) : sur le "noir farouche", cf. IV-47a

Ces 11 quatrains ne contiennent en réalité que 40 vers et sont équivalents à 10. Malgré l'absence de rime, j'estime qu'il faut rattacher les trois vers du quatrain 7 au vers isolé du quatrain 3 et renuméroter l'ensemble en conséquence (entre crochets). Le quatrain des 13 F, commun au manuscrit et au *Janus* de Chavigny, reste au manuscrit le quatrain numéro 6, équivalent au quatrain 4 de la supposée "centurie

XII" du *Janus*, c'est-à-dire le quatrain 1104 (1 + 1 + 0 + 4 = 6). A noter aussi que ce fameux quatrain des 13 F est le seul des 13 quatrains rapportés par Chavigny dont le numéro ne contient qu'un chiffre ...

La milliade de quatrains

Nostradamus écrit en juin 1558 qu'il achève avec les centuries VIII, IX et X une milliade de quatrains : une aporie insoluble pour les interprètes exigeants, ceux qui ne se contentent pas d'accepter à moindre frais le terme "miliade" pour un générique. Ruzo s'est approché de la solution en comptant **940 quatrains** (pour 939 publiés dans l'édition "Antoine du Rosne" de novembre 1557, ou plutôt dans sa contrefaçon de ca. 1560 ; cf. CN 106) + **60 quatrains**, soit 12 par almanach pour chacune des années 1555, 1556, 1557, 1558 et 1559 (*Le Testament de Nostradamus*, 1982, p.38-9 et 235).

L'almanach pour 1558 est paru à l'automne 1557 et celui pour l'année 1559, paru à l'automne suivant, porte au faciebat la date du 27 avril 1558 (selon une traduction anglaise : cf. CN 74), soit quelques mois avant la dédicace au roi Henri II datée du 27 juin 1558. Nostradamus aurait achevé 1000 quatrains à cette date, même si tous ne furent pas publiés. En effet l'almanach pour l'an 1556 dont Chavigny nous a laissé des extraits (cf. CN 35), ne contenait **pas de quatrain**, les quatrains pour les années 1555 et 1559 étaient au nombre de **13 et non 12**, et la première édition Antoine du Rosne de septembre 1557 contenait **942 quatrains** (et non 940).

Néanmoins, par un décompte astucieux, se retrouve le nombre de 1000 quatrains, compris comme suit : **940,5 quatrains des Prophéties** (soit la moyenne entre 939 et 942) + les **50 quatrains des almanachs** pour 1555, 1557, 1558 et 1559, + **les 9,5 quatrains** ici consignés (soit 9 ou 10 selon que l'on retienne ou non le quatrain que Nostradamus confiera à Chevigny et apparu dans son *Janus*). Quoique je doute que Nostradamus ait imaginé cet autre décompte qui suit, on peut aussi compter, plus simplement, 940 quatrains (numérotés dans la seconde édition Du Rosne) + 50 quatrains des quatre almanachs (1555, 1557, 1558, 1559) + ces 10 quatrains présents.

Reste à vérifier que cette dizaine de quatrains, non publiés avec l'almanach pour l'an 1556, étaient bien destinés à figurer pour la dite année, en donc à rejoindre les 154 édités par Chevignard en 1999, entre les numéros 13 et 14.

Dans le terme curieux SILADMCV, souligné par des majuscules au premier vers du premier quatrain, figurent la plupart des nombres romains habituels : I (1) L (50) D (500) M (1000) C (100) et V (5). En soustrayant deux à deux les trois premiers 1, 50, 500 comme le veut l'usage selon lequel les nombres inférieurs se soustraient lorsqu'ils sont placés avant de supérieurs (50 - 1 = 49 et 500 - 49 = 451) et en additionnant ce total aux trois nombres restants (451 + 1000 + 100 + 5), on obtient la date indiquée par Nostradamus, i.e. **1556**. Mais que signifient alors les lettres S et A me demande mon fils le jour de son anniversaire qui est celui où je découvre le dispositif ? Je n'en ai trouvé la réponse que le lendemain, au moment où je rédige l'article : **S pour Soustraire, A pour Additionner** !

Autre solution qui explique que c'est le terme **S** I L **A** D M C V qui a été choisi, et non **S** I L D **A** M C V : il faut soustraire (S) **I à L** et soustraire leur total à l'addition (A) **de D, M, C, et V**, soit 1605 - 49 = 1556. Cette série de quatrains sont bien ceux pour l'année 1556, et le subtil chiffrement du terme SILADMCV, représentant à la fois l'année 1556 et par anagramme l'île située près de l'antique Cumes, la patrie de la célèbre Sibylle, indique que son héritier a voulu les destiner à son corpus des 1130.

Les 1130 quatrains du corpus oraculaire (ou 34 quatrains supplémentaires à l'oeuvre prophétique)

J'avais annoncé la parution de ce texte il y a plus de sept ans le 19 avril 2006 (cf. CN 19) :

"13 + 6 = 19 et 10 + 5 = 15. Ces sommes, correspondant à 4 suppléments, indiquent les groupements de quatrains supplémentaires à ajouter aux 1096 quatrains connus des Prophéties et des Almanachs. Le supplément du Janus de Chavigny (les 13 quatrains des "centuries" XI et XII) correspond vraisemblablement au premier de ces nombres. Un second supplément pourrait recouvrir les 10/11 quatrains transmis par François Gallaup de Chasteuil (ms 386 de la bibliothèque Inguimbertine de Carpentras ; cf. mon texte "Les 34 quatrains supplémentaires de l'oeuvre prophétique", CURA, à paraître)."

Le voici donc sous un autre titre. La figure terminale montrant l'agencement des 1130 quatrains sur un carré et huit cercles date du 13 mars 1998 (cf. *infra*).

Au CN 159 j'ai montré que Nostradamus s'était arrangé, de manière ambiguë, pour proposer 1000 quatrains, éparpillés à des endroits divers, à la date du 27 juin 1558, conformément à son affirmation dans la seconde épître à ses *Prophéties* : "ces trois Centuries du restant de mes propheties, parachevant la miliade", à savoir les quatrains des sept premières centuries, les quatrains mensuels des almanachs pour 1555, 1557, 1558 et 1559 (faciebat du 27 avril 1558 aux deux versions anglaises partielles qui ont été sauvegardées : cf. CN 74), et la dizaine de quatrains manuscrits destinés à l'almanach pour 1556. Ce calcul n'est qu'approximatif, comme le terme employé, "miliade" (ou millier, environ mille).

Il est temps de parachever ma découverte que le corpus oraculaire est bien constitué de 1130 quatrains, qui sont :
- les 942 quatrains des Prophéties
- les 154 quatrains des Almanachs
- un surplus de 34 quatrains qui sont :

- les 10 quatrains manuscrits destinés à l'Almanach pour 1556 (cf. CN 159)
- les 5 quatrains à extraire de la Paraphrase de Galien, dont l'épître est datée du 17 février 1557 (cf. CN 68)
- les 6 quatrains insérés à la lettre 36 de sa correspondance manuscrite (20 janvier 1562)
- les 13 (2 + 11) quatrains des "centuries" XI et XII conservés par Chavigny dans son *Janus*

Mais comme rien n'est simple avec Nostradamus, ces quatrains ne sont en réalité que 33 puisque l'un d'entre eux, le fameux quatrain aux 13 F (1er quatrain de la "centurie XII" et 3e des 13 quatrains des "centuries XI et XII") est commun aux 10 quatrains manuscrits et aux 13 quatrains du *Janus*, ce qui est le moyen, par ailleurs, d'en garantir l'authenticité. Il manque donc un quatrain qui n'est autre que celui apparu deux fois dans le Janus sous les numéros VI 109 et aussi VI 100 (doublant ainsi le quatrain latin non numéroté) et commençant par "Fille de l'Aure" (cf. CN 115).

C'est avec les éditions troyennes Pierre Du Ruau (à partir de 1627) qu'on atteint un maximum de 1100 quatrains authentiques (942 des Prophéties, 140 + 4 des Almanachs mais pris dans Chavigny, 14 du Janus de Chavigny), entachés d'une quantité non négligeable de quatrains controuvés. De nombreuses éditions ultérieures reprendront ce corpus maximal (p. ex. l'édition Hutin parue chez Belfond en 1966, y ajoutant encore les deux quatrains apocryphes de l'édition Didier de 1627). Une édition sérieuse des quatrains oraculaires, si ce n'est du corpus entier, devrait tenir compte des 34 quatrains authentiques s'ajoutant à ceux des Prophéties et des Almanachs. Au jour d'hui, il n'en existe toujours pas, ni en Académie, ni aux bouges mercantiles (cf. CN 94).

Les quatrains et pièces versifiées exclues de ce dispositif, et qui traînent d'édition en édition depuis quatre siècles sont :
- les sizains apocryphes dont un manuscrit de la BnF n'en donne que 54 (au lieu des 58 introduits ultérieurement dans les éditions des Prophéties)

- les 6 quatrains apocryphes introduits dans les éditions ligueuses parisiennes et qui n'existent pas dans l'édition datée de 1561 (cf. CN 65 et CN 129)
- les quatrains circonstanciels introduits à partir du XVIIe siècle dans diverses éditions (quatrains du Fourchu, des Licornes, du Bour Bon, de la Mer Tyrrhene, du Juste Roy, les deux quatrains de Mazarin, etc.)

Le texte des quatrains est à rechercher aux sources les plus anciennes, les meilleures, car le texte s'est dégradé au cours des rééditions successives (cf. CN 71), à savoir pour les Almanachs les éditions authentiques (à distinguer de leur nombreuses contrefaçons, notamment parisiennes) et pour les Prophéties : les deux tirages Bonhomme (1555), l'édition Du Rosne datée du 6 septembre 1557, la première édition Benoist Rigaud de 1568 (l'édition X) et éventuellement les retirages portés à la même date mais parus dans les années 70 (cf. CN 40).

Je regroupe ci-dessous le texte des 34 quatrains additionnels, à commencer par les 10 quatrains du manuscrit de Carpentras dans la transcription que j'ai donnée au texte précédent :

QC 1

Par les Espaignes SILADMCV retourner
Passer les Gades et les monts Pyrenées
D'Arno Punique la calpre detourner
Gailhac Carcas. à Toulouse emmenées.

QC 2

Deux cens soixante en Espaigne regner
Departira son Ost en deux grands parts
Paris en Aphrique Renaria saigner
Le Mauritain affoibly par l[i]eparts.

QC 3

Corduba encore recouvrera son siegge

Dedans Tolose se faira l'assemblée
Trois fois seront dechassés de leur fort

Apparants * * [la] maison accablée.

QC 4
Changer le siege du sceptre monarquique
Ne se pouvant, de * * [Paris ?] eloigner
Proche Avignon Lion Aigle * * [bellique ?]
Non loin des Alpes un peu l'aigle roigner.

QC 5
De la Champaigne à Rome grand regner
Et les obstacles du millan tous tollus
Avant grand monde de toutes parts singler
Hais de Venus de tous biens * * * [depourvus ?]

QC 6
Feu flamme faim furt farouche fumée
Faira faillir froissant fort foy faulcher
Fils d'edenté toute Provence humée
Chassé de regne enraisgé sang cracher.

QC 7
Du lieu non loin de fantastique secte
Ce qui sera acquis de loin labeur
Gaulle Braccata par la Bergique beste
Corps bien en proye du larron et robeur.

QC 8
Non loin du port pillerie et naufrage
De la Cieutat frapté Isles Stecades
De St Troppez grand marchandise nage
Classe barbare au rivage et bourgades.

QC 9
Unis en temple * [le ?] conseil spatieux
Toict, Arche, dessus et misere et conflict
Plus apparens, ornements precieux
Tout Tout le crime de femmes * * * [d'Italie ?]

QC 10
En Syracuse nouveau fils figulier
Qui plus sera inhumain et cruel
De non latin, et francois singulier
Noir et farouche, et plus sec que gruel.

Où l'image se substitue au texte ou le désigne : les 5 quatrains à extraire de la Paraphrase de Galien, symbolisés chacun par une vignette insérée au texte (cf. CN 68) :

QG 1
Volventur saxa litteris & ordine rectis,
Cùm videas Occidens & Orientis opes :
Ganges indus, tagus, erit mutabile visu,
Merces commutabit suas uterque sibi.

QG 2
Qui recevra par dons tout maintenant
Vaguant Oedipus banny & exilé :
De son pays ce jour humainement,
Que par nauphrage tout à esté pillé.

QG 3
Assavoir mon si on viendra prelire,
Par Mars ouvert contre ses ennemis,
Par main que plat vient getter & plier,
Ou par aspic vibree il sera mis.

QG 4
Des pieds legiers la n'y sera commis,
Nul sur ma foy pour bien le vray deduire
Toutes ses choses sont bien vaines ormis,
Lors que le fer commencera de luire.

QG 5

Ne viendra l'on donner l'aspre bataille,
Ou faire guerre comme ennemis, par main :
Sus platz pourtans ne fraperont de taille,
Tout cela n'est pour fraper que cas vain.

Les 6 quatrains non numérotés de la lettre 36 (6 x 6) adressée à Dominique de Saint-Etienne et Jammot Pathon (20 janvier 1562), transcrits par Lhez (1961, p.211) puis Dupèbe (1983, p.123) recopié par Amadou (1992, p.135) y compris l'erreur de transcription "palomero" pour "palamero", figurent au feuillet 104 du manuscrit latin 8592 de la BNF. Les adverbes "où" (et "là" au quatrain 5) ne sont pas accentués ; les finales de "palamero" au quatrain 1, de "Falzes" au quatrain 3, de "Cesaraugusta" et de "racine" au quatrain 6 sont à avaler.

Dans cette lettre, Nostradamus mentionne deux trésors, l'un au lieu de Batestan près de Sarragosse, l'autre à la pile ou colonne de Falzes (Falzet ?) près de Tarragone.
Aux quatrains, il est question du "pegno palamero" (pour peño palomero ?) qui désignerait l'un des trois lieux suivants : le bourg de Palomera à l'est de Cuenca, la sierra Palomera à l'ouest d'Ayora dans la région de València, ou la sierra Palomera au sud-ouest d'Argente dans la région de Teruel, toujours en Espagne. Tous ces lieux sont situés dans un quadrilatère Zaragoza, Cuenca, Almansa, Tarragona. Le trésor serait peut-être à retrouver près des ruines d'un bâtiment de style ionique : en effet "à mi-mot" est une anagramme probable de Iammot, l'un des deux correspondants de cette lettre, et "D. M. ionique" de l'autre, Dominique.

QJ 1

Aux latomies le rocher voulant fendre
En la plaineur del pegno palamero,
Foudre tombant, ou deux se viendront rendre
L'or en l'argille, qui du rocher est mere.

QJ 2

Proche aux palombes ou viennent pernocter,
Bas ou Typhon jadis feit ouverture,
Nombre si grand qu'on ne sçaura compter.
Quant à Iammot entrer ne s'avanture.

QJ 3

De S. Martin hors temple de Rapitc
Qui est de Falzes, pres d'un lieu mal froissé,
Iammot aura par fortune subite,
Ou il verra de loin l'arbre baissé.

QJ 4

Aux chams herbuz d'Arragon Batestan
Lors treuvera, quand le pied du taureau
Pied beuf de marbre d'or luisant si tres tant
Dessoubs le quadre enfermé, seur barreau.

QJ 5

Le grand thresor d'oeba charbonnera
De Belzet proche, de la sera plus bas
Quand rets tendus prendre l'arbanera
Ouvrir couvrir de Iammot les debas.

QJ 6

Proche au fozal de los moros n'approche
Cesaraugusta du temple demoli
A my chemin d'or reluisant la broche
Le percera, racine, herbe, moly.

Suivent les 13 quatrains des "centuries" XI et XII (2 + 11) recopiés par Chavigny dans son Janus avec des numéros énigmatiques, précédés du quatrain additionnel VI 109 (ou VI 100) :

VI 109 (p.106-108) ou VI 100 (p.218)
Fille de l'Aure, asyle du mal sain,
Ou jusqu'au ciel se void l'amphitheatre,
Prodige veu, ton mal est fort prochain,
Seras captive, & des fois plus de quatre.

XI 91 (pp.40, 106 et 250)
Meysnier, Manthi, & le tiers qui viendra
Peste & nouveau insult, enclos troubler:
Aix & les lieux fureur dedans mordra,
Puis les Phocens viendront leur mal doubler.

Un autre quatrain consacré au carnage des Vaudois, récents réfugiés provençaux d'abord d'origine lyonnaise puis alpine, organisé par le président du parlement d'Aix Jean Maynier [Meysnier], baron d'Oppède, lequel convoitait pour son compte les terres du Lubéron, avec la complicité des archevêques d'Arles et d'Aix (cf. le quatrain III 99, CN 126, déjà consacré à ce massacre), et de l'avocat du roi François Ier au parlement d'Aix, Guillaume Guérin, qui sera tardivement jugé, convaincu d'avoir produit des faux et condamné à la pendaison par le Parlement de Paris le 26 avril 1554. Aux deux corps d'armée, l'un commandé par Oppède, l'autre par le baron de La Garde (innocenté semble-t-il ici comme dans le quatrain III 99 et à qui Nostradamus dédie sa traduction de Galien) et son lieutenant Manthi (d'après Chavigny, p.106, qui cite Pigu., VI 13) se joindra le 19 avril 1545 les troupes papales [le tiers qui viendra].

XI 97 (p.108)
Par Villefranche Mascon en desarroy:
Dans les fagots seront soldats cachez,
Changer de temps en prime pour le Roy,
Par de Chalon & Moulins tous hachez.

XII 4 (p.252)
Feu, flamme, faim, furt, farouche, fumée
Fera faillir, froissant fort, foy faucher,
Fils de Denté, toute Provence humée,

Chassé de regne, enragé sang cracher.

(La version du manuscrit reste préférable à celle de Chavigny, notamment "edenté" !)

XII 24 (pp.104 et 186)
Le grand secours venu de la Guienne
S'arrestera tout aupres de Poitiers,
Lyon rendu par Montluel & Vienne,
Et saccagez par tout gens de mestiers.

XII 36 (p.194)
Assault farouche en Cypre se prepare,
La larme à l'oeil, de ta ruine proche:
Byzance classe, Morisque si grand tare,
Deux differents, le grand vast par la roche.

XII 52 (p.252)
Deux corps, un chef, champs divisez en deux:
Et puis respondre à quatre non ouys,
Petis pour Grands, à Pertuis mal pour eux,
Tour d'Aigues foudre, pire pour Enssouis.

XII 55 (p.248)
Tristes conseils, desloyaux, cauteleux,
Advis meschant, la loy sera trahie,
Le peuple esmeu, farouche, querelleux:
Tant bourg que ville toute la paix haie.

XII 56 (p.242)
Roy contre Roy & le Duc contre Prince,
Haine entre iceux, dissension horrible,
Rage & fureur sera toute province:
France grand guerre & changement terrible.

XII 59 (pp.228, 234 et 242)
L'accord & pache sera du tout rompu:
Les amitiez pollues par discorde,
L'haine enviellie, toute foy corrompue,
Et l'esperance, Marseille sans concorde.

XII 62 (p.272)
Guerres, debats, à Blois guerre & tumulte,
Divers aguets, adveux inopinables,
Entrer dedans chasteau Trompette, insulte:
Chasteau du Ha, qui en seront coulpables.

XII 65 (p.190-192)
A tenir fort par fureur contraindra,
Tout cueur trembler, Langon advent terrible,
Le coup de pied mille pieds se rendra,
Gyrond. Garon. ne furent plus horribles.

XII 69 (p.274)
EIOVAS proche, eslongner lac Leman:
Fort grands aprests, retour, confusion,
Loin des nepveux, du feu grand Supelman,
Tous de leur suite, * * * * * *

EIOVAS est un palindrome de SAVOIE comme l'a noté Chavigny (p.276) qui n'a probablement pas osé transcrire la fin du quatrain, comme "Peste à l'eglise" au quatrain I 52 (cf. CN 98). Il faut imaginer par exemple : "à l'eglise corruption" ou quelque chose de semblable.

XII 71 (pp.112 et 210-212)
Fluves, rivieres de mal seront obstacles,
La vieille flame d'ire non ap[p]aisée,
Courir en France, ceci [cecy] comme d'oracles:
Maisons, manoirs, palais, secte rasée.

Agencements des 1130 quatrains

Chronologiquement, les quatrains de Nostradamus s'organisent en 19 groupes qui suivent :

13 Qs parus dans la Pronostication pour l'an 1555 (Brotot, dédicace janvier 1554)
353 Qs parus dans la 1e édition des Prophéties (Bonhomme, mai 1555)
10 Qs manuscrits inédits et destinés à l'Almanach pour 1556 (cf. CN 159)
12 Qs parus dans l'Almanach pour l'an 1557 (Brotot / Kerver, octobre 1556)
5 Qs à extraire de la Paraphrase de Galien (Du Rosne, dédicace février 1557 ; cf. CN 68)
12 Qs parus dans l'Almanach pour l'an 1558, perdu (Brotot, juillet 1557)
289 nouveaux Qs parus dans la 2e édition des Prophéties (Du Rosne, septembre 1557)
13 Qs parus dans l'Almanach pour l'an 1559, perdu (Brotot, avril 1558)
300 nouveaux Qs parus dans la 3e édition des Prophéties (Du Rosne, dédicace juin 1558)
12 Qs parus dans l'Almanach pour l'an 1560 (Brotot / Lenoir, dédicace mars 1559)
13 Qs parus dans l'Almanach pour l'an 1561 (Brotot / Lenoir, avril 1560)
13 Qs parus dans l'Almanach pour l'an 1562 (avril 1561)
6 Qs insérés à la lettre 36 de sa correspondance manuscrite (janvier 1562)
13 Qs parus dans l'Almanach pour l'an 1563 (juillet 1562)
13 Qs parus dans l'Almanach pour l'an 1564, perdu (1563)
13 Qs parus dans l'Almanach pour l'an 1565 (avril 1564)
13 Qs parus dans l'Almanach pour l'an 1566 (octobre 1565)
14 Qs parus dans l'Almanach pour l'an 1567 (juin 1566)
13 Qs (= 2 + 11 - 1 + 1) confiés à son secrétaire Chevigny et parus à titre posthume dans le Janus de Chavigny (1594 ; cf. supra)

Par ailleurs, Nostradamus s'est appuyé sur les "nombres de Roussat" (cf. *"Les Nombres du Testament comme fils d'Ariane au Corpus nostradamique"*, CURA, 2002), ou plutôt sur ces mêmes nombres donnés dans *Le periode* (ca. 1532) de Pierre Turrel (cf. CN 160), pour l'organisation et la répartition des quatrains dans les éditions successives de ses Prophéties : les cycles de 354.33 ans (des périodes planétaires), de 240 ans (des triplicités) et de 300 ans (des dix révolutions saturnales) sont à rapprocher du nombre de quatrains nouvellement imprimés dans les trois éditions successives des

Centuries, et dans le même ordre (353, 286/289, 300).

"Il y a un décalage de 46 unités entre la deuxième période (240) donnée par Roussat [Turrel] et le nombre de nouveaux quatrains (286) de la deuxième série, décalage qu'on retrouve en soustrayant de 400 (4 centuries de quatrains), le nombre de la première période (354) de Roussat [Turrel]. Ces 240 sont encore les quatrains à ajouter, toujours à 400, pour atteindre le dernier quatrain numéroté de l'édition 2B, à savoir "le 640e", c'est-à-dire le quatrain 40 de la septième centurie."

C'est bien le bourguignon Turrel, et non Roussat, Albumasar, Ibn Ezra ou Trithemius, que Nostradamus prend pour modèle, comme en témoignent l'iconographie choisie (en D4r) dans le premier opuscule en date contenant des quatrains, la *Pronostication pour l'an 1555*, et la mention de Dijon en majuscules, D Y I O N, au quatrain pour août 1555 dans le même opuscule (cf. CN 101).

Les nombres de nouveaux quatrains introduits par ces éditions successives (353, 286/289, 300) vérifient les équations triviales suivantes : 353 + 300 = (13 x 13) + (22 x 22) et (13 x 22) + 3 = 289, lesquelles font apparaître les nombres 3, 13 et 22 qui sont aussi précisément les nombres mis en valeur par Nostradamus dans son Testament notarié. En outre les 154 quatrains laissés dans ses Almanachs vérifient l'équation 154 = 7 x 22. A ce total de quatrains des Prophéties et des Almanachs (1096 = 942 + 154) s'ajoutent les 34 quatrains transcrits dans ce texte, sous forme de deux doubles suppléments : 13 (Janus) + 6 (lettre de 1562), et 10 (manuscrit de Carpentras) + 5 (traduction de Galien). **Le supplément de 19 quatrains serait à rattacher aux Prophéties, lesquelles totaliseraient 942 + 19, ou 961 (= 31 x 31) quatrains ; le supplément de 15 quatrains serait à rattacher aux "Présages" versifiés des Almanachs, lesquels totaliseraient 154 + 15, ou 169 (= 13 x 13) quatrains.**

On peut les répartir structurellement en 2 ensembles de 6 et 13 groupes (dont 6 singletons), comme suit (mais d'autres distributions sont possibles) :

600 Qs des centuries I à VI (y compris le quatrain latin non numéroté)
1 Q = VI 100 ou VI 109 (d'après le Janus)
42 Qs de la centurie VII
6 Qs à rajouter à la centurie VII laissée incomplète (lettre de 1562)
300 Qs des centuries VIII à X
12 Qs (= 2 + 10) des dites centuries XI et XII (portant des numéros spécifiques dans le Janus, hormis le quatrain aux 13 F à rattacher au second ensemble)

13 Qs parus dans la Pronostication pour l'an 1555
10 Qs manuscrits inédits et destinés à l'Almanach pour 1556 (dont le quatrain aux 13 F qui devient le 19e de cet ensemble)
1 Q de la Paraphrase de Galien, i.e. Q1 en latin (pour compléter ceux de l'almanach pour 1566)
1 Q de la Paraphrase de Galien, i.e. Q2 (pour compléter ceux du même almanach)
12 Qs parus dans l'Almanach pour l'an 1557
1 Q de la Paraphrase de Galien, i.e. Q3 (pour compléter ceux de l'almanach précédent)
12 Qs parus dans l'Almanach pour l'an 1558
1 Q de la Paraphrase de Galien, i.e. Q4 (pour compléter ceux de l'almanach précédent)
13 Qs parus dans l'Almanach pour l'an 1559
12 Qs parus dans l'Almanach pour l'an 1560
1 Q de la Paraphrase de Galien, i.e. Q5 (pour compléter ceux de l'almanach précédent)
78 Qs parus dans les Almanachs pour 1561, 1562, 1563, 1564, 1565 et 1566
14 Qs parus dans l'Almanach pour l'an 1567

Mis à part les **6 singletons**, les groupes de quatrains du premier ensemble sont tous **divisibles par 6** (600, 42, 6, 300, 12) et ceux du second ensemble équivalent à **8 groupes de 13 quatrains** et **5 groupes de 12** (ou 1 de 10, 3 de 12 et 1 de 14). Ces nombres (6, 6, 8, 13, 5, 12) figurent tous, en lettres ou chiffres arabes, aux premiers vers des trois quatrains énigmatiques (et jamais interprétés, malgré les tentatives non convaincantes de Du Vignois) de la *Pronostication pour l'an 1555*, les quatrains pour Mai, Juillet et Août (cf. CN 15), mois probablement choisis en correspondance avec les années de parution programmées des trois éditions des Prophéties (1555, 1557 et 1558) :

Le cinq, six, quinze tard & tost l'on subjourne [5, 6, 15]
Huit, quinze & cinq quelle desloyauté [8, 15, 5]
6, 12, 13, 20, parlera la Dame [6, 12, 13, 20]

Les quatre nombres restants (5, 15, 15, 20) totalisent 55, un nombre qui symbolise l'année de l'opuscule (1555) et qui est aussi rappelé en chiffres romains au dernier vers du quatrain pour Mars : *"l'amy à L. V.* [55] *c'est* [s'est] *joinct"*. Ce délicat dispositif (et qui m'intrigue depuis de nombreuses années) aurait pour fonction de justifier les suppléments de quatrains, c'est-à-dire, en prenant les nombres au milieu des trois séries qui précèdent, de 6, 15 et 12/13 quatrains (selon que l'on compte ou non le quatrain VI 109).

En excluant le "20" du troisième quatrain (car appartenant au second hémistiche du vers et d'ailleurs transcrit "vint" à la page 80 du *Janus*), les six nombres uniques, 5 / 6 / 8 / 12 / 13 / 15, s'ordonnent dans une progression arithmétique +1, +2, +4, +1, +2 laissant supposer un nombre caché, 19, qui parachèverait la série et qui est celui des groupes de quatrains des deux arrangements présentés ici. En outre les trois nombres répétés, 5 / 6 / 15, sont ceux du quatrain de mai.

Ce dispositif admet encore deux autres nombres au quatrain de Mai, **23 et 5** (cf. CN 15), lesquels, contrairement aux nombres du premier vers, sont indiqués par des chiffres arabes : ce qui permettrait de représenter l'ensemble des 12 nombres mentionnés dans les 3 quatrains sous forme de trépied, sans doute à rapprocher de celui construit avec la formule *"Credis sum Pythiovera magis tripode"* au *Traité des Fardements et Confitures* de 1552 (cf. au bas de CN 19). Avec cette formule du TFC et les trois quatrains de la fameuse Prognostication (dont la BM de Lyon a récemment acheté l'unicum retrouvé), nous sommes au coeur du dispositif de chiffrement imaginé par Nostradamus, et ce dès le début des années 50, avant même qu'une seule édition des Prophéties soit encore parue !

Le troisième nombre du Testament, outre **3 (quatrains) et 13** déjà repérés, se déduit deux fois, par la série symétrique suivante : 3 / 4 / 5 / 5 / 6 / 6 / 7 / 8, soit **22** la somme des nombres doublés et **22 encore** la somme des nombres uniques, en comptant 5 nombres pour

Mai (5), 3 nombres pour Juillet (7), 4 nombres pour Août (8), et au total 6 nombres en lettres et 6 nombres en chiffres. Par ailleurs les trois mois concernés (mai, juillet, août) sont globalement agrégés dans le nombre 578 qui vaut deux fois 289 (le nombre de nouveaux quatrains apparus en 1557), ou encore la moitié du carré de 34 (le nombre de quatrains des suppléments).

Dans un texte déjà mentionné (cf. *"Les pièces de l'héritage"*), intitulé (Voicy) *"l'histoire véritable de l'ouverture du tombeau de M. Nostradamus"* (Paris, Veuve Charmot, ca. 1688), deux suppléments de 10 et 24 quatrains, soit au total 34 quatrains, sont présentés comme une sorte d'héritage laissé par Nostradamus dans son tombeau et retrouvé à son ouverture. La publication de ce document, même si les quatrains présentés sont des faux, permettent de croire qu'à la fin du XVIIe siècle, on était peut-être parvenu à la question de cet article : l'existence d'un supplément de 34 quatrains.

Démonstration graphique

On peut encore répartir l'ensemble des quatrains (Prophéties, Présages versifiés et supplément) sur une figure : c'est l'objet de la démonstration qui suit. Il est aisé d'observer que le nombre de quatrains des Prophéties, soit 942 dans les premières éditions complètes (Benoist Rigaud), est divisible par le nombre Pi. Il s'ensuit que les seuls quatrains des Prophéties pourraient se répartir sur un cercle de rayon 150, ou sur deux cercles de rayon 75, ou trois cercles de rayon 50 (à raison de 314 quatrains par cercle), ou encore sur six cercles de rayon 25 (à raison de 157 quatrains par cercle).

Dans les éditions Benoist Rigaud datées de 1568 apparaissent des fleurons bien spécifiques en clôture des deux livres des Prophéties, après les derniers quatrains des centuries VII et X : les fleurons 3, 4, 5 et 6 présentés au CN 39. Ils sont absents de la toute première édition, dite X, mais figurent dans les suivantes (A, B, et C) imprimées vers 1571, 1572 et 1574, dans deux ouvrages imprimés ultérieurement par Guillaume Rouillé en 1577 et 1578, et probablement ailleurs. J'ignore leur origine, leur existence possible dans les imprimés avant la date hypothétique de 1571, et si des consignes précises les concernant ont été laissées à Antoine du Rosne, l'imprimeur des Prophéties du vivant de Nostradamus, ou à Ambroise son frère et héritier en 1562, lequel aurait négocié avec Benoist Rigaud les droits de diffusion des Prophéties en 1567, à moins que Nostradamus se soit directement entendu avec les deux imprimeurs lyonnais, au premier semestre de 1566, au sujet des modalités de la diffusion de son ouvrage. Reste que ces fleurons corroborent le corpus nostradamien versifié des 1130 quatrains, et en suggère un début d'organisation. Le fleuron 3 fait apparaître quatre cercles tangents et le fleuron 6 quatre cercles sécants, distribués autour d'un carré central illustré par le fleuron 5 qui en donne les diagonales. L'ensemble de ces tracés peuvent être regroupés en une figure unique.

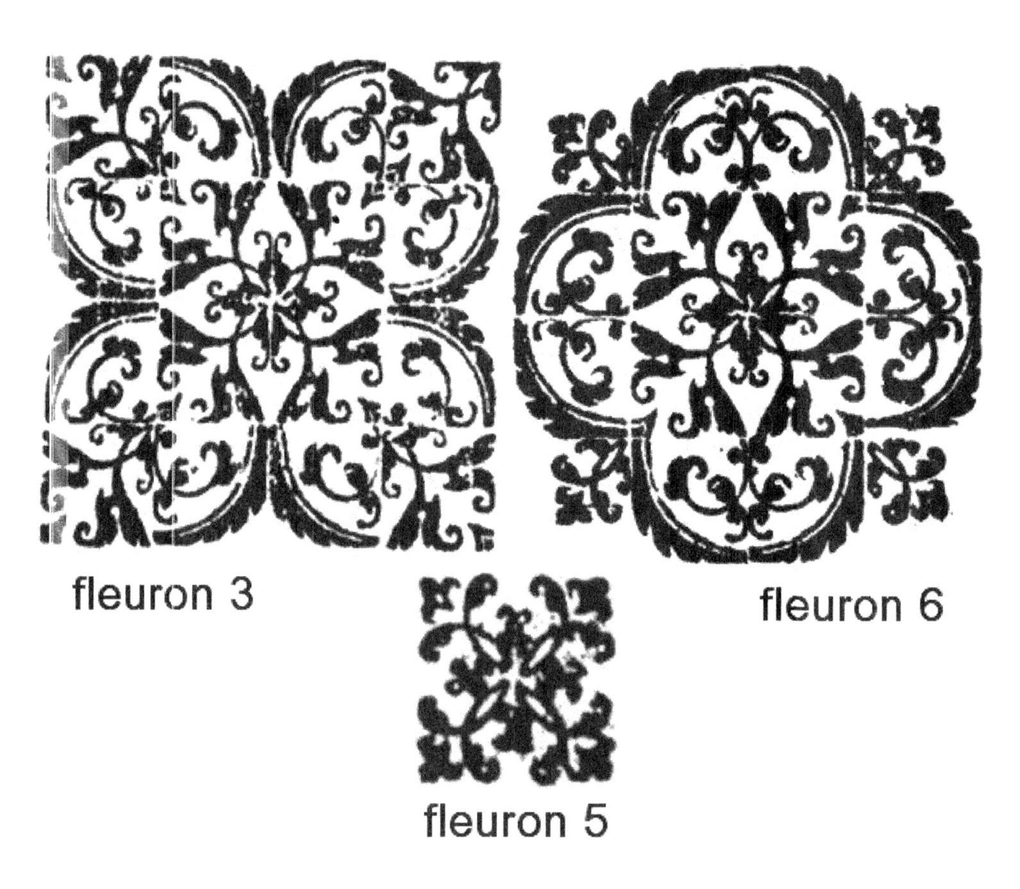

Calculons la longueur totale de ces différents tracés (8 cercles, 1 carré et ses diagonales) en donnant à la longueur des deux diagonales la valeur 100 (millimètres par exemple, mais peu importe). La diagonale vaudra alors 50, le côté du carré 50 / √2, le périmètre du carré 200 / √2, le périmètre d'un cercle 50 π / √2 et celui des 8 cercles 400 π / √2. **Le périmètre total de la figure vaut 100 (diagonales) + 141.42 (carré) + 888.58 (cercles), soit exactement 1130 !**

La figure peut être reconstituée à partir du seul côté du carré, valant 50 / √2 (= 35.35 ou plus exactement 35.355), **avec 35 = 13 + 22, les nombres du Testament !** Elle contient 29 points d'intersection correspondant à 45 croisements. Le nombre 141 (périmètre du carré) est à rapprocher des 141 présages versifiés laissés par Chavigny dans son Janus, et le nombre 888 aux **8 siècles traversés par la Prophétie**, du XVIe au XXIIIe, sur une durée de 687 ans, allant de 1555 à 2242 (cf. CN 33 et CN 69). En attribuant un quatrain et demi (1.5) en moyenne à chacune de ces 687 années, on obtient un total approximatif de 1030 (en réalité 1030.5) auxquel s'ajouteraient les 100 quatrains des diagonales : les quatrains généraux ou codants. En effet, quel que soit le code étudié, par exemple le code génétique, il existe un certain nombre de "codons" appartenant à la structure et au fonctionnement du code.

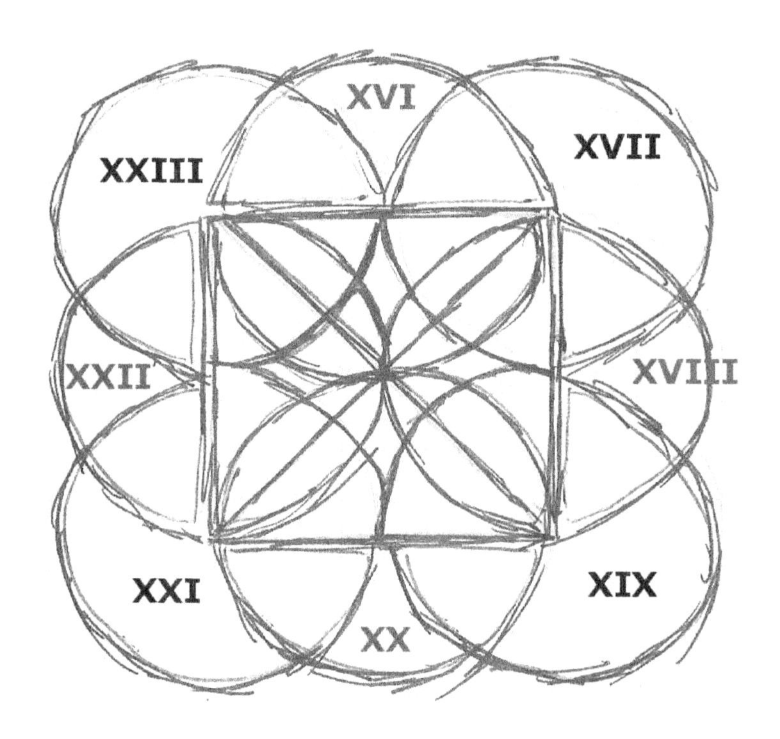

D'autres hypothèses sont possibles dans l'attribution des quatrains à chacun des 8 siècles, en considérant les côtés des carrés comme appartenant aux cercles concernés (leurs diamètres), ce qui donnerait 111 quatrains pour un siècle sur deux (par exemple les XVIIe, XIXe, XXIe et XXIIIe) et 146.5 quatrains pour les autres (les XVIe, XVIIIe, XXe et XXIIe), avec toujours 100 quatrains codants. Ou encore avec 1 ou 2 quatrains par année, selon le même dispositif, on obtient 341 quatrains pour 4 siècles et 682 pour les 4 autres, avec 107 quatrains codants. Et avec 1.5 et 1.618 (Phi) quatrains par année, toujours selon le même dispositif, on obtient 511 quatrains pour 4 siècles et 560 pour les 4 autres, avec 59 quatrains codants. Avec 1.618 quatrains par année, quel que soit le siècle, on obtient un peu plus de 1111 quatrains "événementiels" (1111.566) et 19 quatrains codants. **Enfin avec π (PI) / 2 quatrains par année (soit 1.57) sur 687 ou 688 ans** (selon qu'on compte ou non l'année terminale), **on obtient 1080 quatrains** (entre 1079.14 et 1080.71), **à replacer sur 3 cercles de 360°, avec 50 quatrains codants.** On pourra préférer cette solution, très esthétique, sachant qu'on peut imaginer bien d'autres distributions encore, notamment progressives et diminuant dans le temps.

L'organisation des premières éditions des *Prophéties* et le chiffrement des dates des deux préfaces

"Vous (en) prendrez en guise de figues de prophetie. Car nous avons esperance que les ayant avallees, vous nous appellerez non seulement bons Medecins, mais aussi prophetes."

Nostradamus a prévu que des esprits chicaneurs et spirituellement limités finiraient par remettre en cause l'authenticité de ses *Prophéties*. Aux temps de l'adversité et de la réprobation (Couillard, Videl, Bèze, etc), de l'imitation et du plagiat (NOstradamus le jeune, Crespin Archidamus, Florent de Crox, Coloni, etc), de la falsification et de la reconstruction du corpus centurique entre 1588 et 1650, puis de l'indifférence des siècles suivants, succède désormais celui du soupçon, voire de la mystification. Parce que l'ignorance du sujet est endémique depuis plusieurs siècles, parce que la critique philologique est quasi nulle en université et dans les officines apparentées, certain drôle, attardé dans une conception rationaliste étriquée -- à la Voltaire --, a su exploiter la disparition de quelques textes et les déficiences de la critique, pour mieux endosser le rôle du bouffon iconoclaste. Parce que les bibliographes spécialisés (Klinckowstroem, Chomarat & Laroche, Benazra, et même Ruzo) se sont contentés de reproduire les titres et intitulés sans s'interroger sur leur fonction, leurs conséquences, leur organisation, et les liens unissant les éditions entre elles, la brèche était ouverte pour que s'y engouffrent des spéculations révisionnistes. Mais pour espérer succéder aux maîtres du révisionnisme culturel (par exemple au russe Anatoly Fomenko qui prétend que le Christ a vécu au XIIe siècle et que l'ensemble de la littérature gréco-romaine est une invention de lettrés médiévaux), encore faudrait-il être en mesure de fournir une tout autre argumentation que du bricolage sans incidence sur des éditions tardives, ou des amalgames farfelus ignorant le contexte de parution des éditions examinées, sans distinguer ce qui relève du sérieux de ce qui est le produit de la parodie et du commerce. Cette farce nostradamique, rachitique eu égard à l'envergure du canular russe, continue à faire des vaguelettes sur les blogs et forums internet livrés à l'opinion de béjaunes qui n'ont pas pris la peine de consulter l'ensemble du corpus, malgré les études que j'ai consacrées à la cinquantaine d'éditions parues entre 1555 et 1615.

L'authenticité des premières éditions : le dédoublement des textes

Nostradamus a imaginé plusieurs stratagèmes pour déjouer les tentatives de falsification ultérieure de ses textes, à commencer par le dédoublement des impressions. Les premières éditions des *Prophéties* sont parues à Lyon en 1555 chez Macé Bonhomme, et en 1557 puis 1558 chez Antoine du Rosne -- cette dernière édition étant introuvable. Elles sont publiées en trois fois et en deux livres séparés -- les 353 quatrains de l'édition Bonhomme ayant été intégrés dans l'édition Du Rosne de 1557.

Mais ces éditions de 1555, 1557 et 1558 ont elles-mêmes été redoublées. Un retirage de l'édition Bonhomme du 4 mai 1555 paraît peu de temps après et porte la même date d'achevé d'imprimer. Quelques quatrains ont été retouchés, mais la préface est volontairement laissée à l'identique. Les éditions Du Rosne des *Prophéties*, deux en 1557 (premier livre), une en 1558 (second livre), sont couplées les mêmes années de parution avec une traduction par Nostradamus d'un traité de Galien. Le style de ce traité est *nostradamien*, exagérément amphigourique. La vignette au frontispice est la même que celle parue dans l'édition des *Prophéties* de 1557, et probablement de 1558 (cf. CN 27).

L'existence de deux éditeurs, de trois livraisons pour deux livres de centuries, chacun accompagné d'une épître-préface (l'une à son fils qui venait de naître, l'autre au roi de France qui allait mourir), et du dédoublement de ces éditions par des textes témoins, a pu inciter le pamphlétaire de 1558 à qualifier l'organisateur du dispositif de "triboulet a triple marotte" ou de "vray fol a double rebras." (*Le monstre d'abus*, f.B4v, cf. CN 76).

L'authenticité des premières éditions : le matériel iconographique et les données orthotypographiques

Je renvoie ici à mes études consacrées à ces questions (cf. CN 26, 27, 31 et 71). Parmi les quatre tirages retrouvés des éditions Benoist Rigaud datées de 1568, seule l'édition X, la plus ancienne, orthographie "cents" dans l'expression "*Dont il en y à trois cents qui n'ont encores iamais esté imprimées*" portée au frontispice de l'édition lyonnaise de 1557 (cf. CN 38). Mais aucune des éditions Rigaud ne reprend l'inversion des pronoms adverbiaux, ni l'accentuation de l'auxiliaire.

Or cette accentuation, présente dans de nombreux autres passages de la préface, est une marque typographique de Lyserot, sa signature en quelque sorte. Elle constitue une preuve irréfutable de l'authenticité des éditions Du Rosne alias Lyserot (cf. Baudrier 1, 1895, p.388), celles de la *Paraphrase de Galien*, comme celles des *Prophéties*, publiées aux mêmes dates.

Par exemple, dans la *Remonstrance faicte aux trois Estatz, du pays & duché de Savoye & Bresse, touchant la guerre qui est audict pays*, un acte royal signé Laubespine (Antoine du Rosne, 1557), l'adjectif numéral est orthographié "cents" et l'auxiliaire "avoir" est systématiquement accentué à la troisième personne :

"certain mandement, que le prince Emanuel Philibert de Savoye, à indiscrettement & temerairement envoyé semer esdictz pays" (f.A2v)
"quatre ou cinq cents chevaulx, qu'il à faict ramasser" (f.A3v)
"les brigans, qu'il à envoyé par dela" (f.A4v)
"un peu d'heur que Dieu à donné ces jours passez a son maistre" (f."D"1r)

Deux éditions tardives (Rouen 1589 et Anvers 1590) reprennent l'inversion pronominale au frontispice, mais pas l'accentuation de l'auxiliaire, ni au titre, ni dans le texte, et l'édition Chevillot (c. 1615) qui répète l'accentuation de l'auxiliaire au titre, ne la reproduit pas dans le texte (cf. CN 70 et 31).

L'authenticité des premières éditions : leur incomplétude calculée

Des mentions spécifiques apparaissant dans les trois éditions de 1555, 1557 et 1558 semblent contredire l'incomplétude apparente des centuries. Ce stratagème, imaginé par Nostradamus pour déjouer les tentatives de fraude, est la marque structurelle de l'authenticité de ces éditions.

"*j'ay composé livres de propheties contenant chascun cent quatrains astronomiques de propheties*" (éd. 1555, *Préface*, § 26, cf. CN 33).
Or la quatrième centurie ne contient que 53 quatrains, mais Nostradamus précise : "*lesquelles j'ay un peu voulu raboter obscurement*" (*ibid.*) -- une mention qui s'applique non seulement à la centurie IV dans le cas présent, mais aussi à la centurie VII.

"*Dont il en y à trois cents qui n'ont encores iamais esté imprimées*" (éd. 1557, frontispice)
Or l'édition de 1557 n'ajoute que 289 quatrains à la précédente.

"*ces trois Centuries du restant de mes propheties, parachevant la miliade*" (éd. 1558, *Préface* ; p.4 de l'édition Rigaud de 1568)
Or le total de quatrains des dix centuries n'est que de 942.

Comment les faussaires supposés -- mais redisons ici qu'il ne s'agit que d'un canular -- auraient ils pu inventer de telles mentions en contradiction avec un nombre de quatrains qui n'atteint jamais le millier ? Et les auteurs et commanditaires des sizains controuvés, dont 58 sont ajoutés dans les éditions Chevillot après l'assassinat de Henry IV, n'ont pas même réussi à en faire des quatrains, ni même osé les insérer à la suite de la centurie VII !

Une preuve de l'existence du second livre des *Prophéties* avant 1563

J'ai montré que le quatrain VIII-60 était attesté dans un ouvrage ligueur écrit entre l'assassinat du duc de Guise et celui de Henry III (entre décembre 1588 et août 1589), *Contre les fausses allegations que les plus qu'Achitofels, Conseillers Cabinalistes, proposent pour excuser Henry le meurtrier de l'assassinat par luy perfidement commis en la personne du tresillustre Duc de Guise*, au moment où paraissaient à Paris des éditions facétieuses amputant le corpus centurique de plus de trois centuries (cf. CN 70).

Certains continuent à douter de l'existence de l'édition lyonnaise de 1558 et à ignorer les trois dernières centuries supposées posthumes, tout en donnant une version de la première épître-préface d'après une édition Rigaud imprimée vers 1571 (par exemple un Bruno Petey-Girard en 2003) !

Prenons le quatrain IX-44 : "*Déguerpissez de Genève, tirez-vous de là, ou vous y serez exterminés*". Ce n'est pas là un propos qui s'adresse à un auditoire des années ligueuses, ni qui soit particulièrement favorable à la cause protestante. L'avertissement n'aura pas échappé à la perspicacité des partisans de la cause évangélique, par profession les meilleurs philologues de ce temps-là.

C'est ainsi qu'au début des années 1560, au cours de la fameuse querelle opposant Ronsard, fervent admirateur de Nostradamus, aux ministres calvinistes, se trouve le joyau suivant. En juillet 1563, le jeune et brillant Jacques Grévin (1538-1570), poète et médecin, entre dans la querelle contre Ronsard, autrefois son ancien ami et protecteur, mais que leurs engagements religieux respectifs opposent désormais. En épilogue à sa diatribe contre le poète royal, Grévin salue le "*pauvre patient Messire Pierre de Ronsard*" mis à la diète par de "*bons & fidelles Medecins*" qui lui prodiguent divers conseils et remèdes contre la syphilis. Parmi ces derniers, des pilules : "*lesquelles vous prendrez en guise de* ***figues de prophetie****. Car nous avons esperance que les ayant avallees, vous nous appellerez non seulement bons Medecins, mais aussi prophetes.*" (in *Le Temple de Ronsard ou la legende de sa vie est* *briefvement descrite*, [Orléans, Eloy Gibier], 1563, f.B2v).

Texte du quatrain IX 44 (édition X, Rigaud, 1568, exempl. Grasse)

Migres migre de Genesve trestous,
Saturne d'or en fer se changera,
Le contre RAYPOZ exterminera tous,
Avant l'a ruent le ciel sigues fera.

XLIIII.

Migres migre de Geneſue treſtous,
Saturne d'or en fer ſe changera,
Le contre RAYPOZ exterminera tous,
Auant l'a ruent le ciel ſigues fera.

L'écrit satirique fait visiblement allusion au quatrième vers du quatrain IX 44 qui avait chatouillé la susceptibilité des calvinistes. Or dans l'édition "X" de Benoist Rigaud, datée de 1568, la version la plus proche du texte de 1558, figure pour ce quatrain, une accumulation d'erreurs typographiques, et en particulier au quatrième vers : "*Avant l'a ruent* [sic] *le ciel sigues* [sic] *fera*" pour "*Avant l'advent le ciel signes fera*". L'erreur typographique "*figues*" pour "*signes*" devait figurer dans l'édition de 1558 : elle a été partiellement corrigée dans la première édition Rigaud, et totalement dans les suivantes (cf. CN 87). Par l'ordonnance "*vous* [en] *prendrez en guise de figues de prophetie*", Grévin se gausse de Ronsard et de Nostradamus, via une faute typographique ayant existé dans une édition qui ne peut qu'avoir été imprimée avant 1563.

L'identification de l'imprimeur de l'ouvrage a été établie par Eugénie Droz (*Chemins de l'hérésie*, vol. 4, 1976, p.109 sq.) [cf. image in CN 60]. Pour le commentateur du texte Jacques Pineaux (*La polémique protestante contre Ronsard*, Paris, Marcel Didier, 1973, p.317), qui l'attribue à Florent Chrestien, il s'agit d'une "expression obscure" -- et pour cause ! -- que le dit Chrestien aurait "laissé passer [sic] sans la corriger" dans une édition postérieure (1564) ! -- Pourquoi supposer qu'il faille corriger un texte quand on s'avère incapable d'en comprendre les allusions ? ... Brind'Amour abuse de ce procédé dans son édition critique des premières centuries (cf. aussi mes remarques sur l'édition 2005 des *Satyres Chrestiennes de la cuisine Papale*, CN 23).

Le chiffrement des dates-clés des deux préfaces

Note : C'est entre les 22 et 27 avril 2008 que j'ai découvert les maillons qui me manquaient pour le déchiffrement des dates dans les deux épîtres qui accompagnent les quatrains versifiées des centuries de Nostradamus.

1. La date du décès du roi Henry

J'ai montré, après Daniel Ruzo (1962), que le Testament de Nostradamus, déposé devant témoins le 17 juin 1566 chez son notaire Joseph Roche, faisait apparaître les nombres **3, 11, 13 et 22** (cf. mes *"Pièces de l'héritage : Un dispositif de codage du nombre de quatrains prophétiques"*). Mais le nostradamiste péruvien est bien loin d'avoir tiré toutes les conséquences de son observation. En effet des combinaisons triviales entre ces nombres permettent d'obtenir le nombre de nouveaux quatrains présents dans chacune des trois éditions successives de son texte (1555, 1557, 1558) :

353 (quatrains de l'édition de 1555) + **300** (quatrains de l'édition de 1558) = **(13 × 13) + (22 × 22)** et **289** (quatrains inédits de l'édition Du Rosne de septembre 1557) = **(13 × 22) + 3**.

Les nombres de quatrains des différentes éditions ont aussi été choisis en rapport avec les cycles historiques de Roussat (354 ans, 240 ans et 300 ans) avec quelques décalages que j'ai expliqués (cf. *"Les Nombres du Testament comme fils d'Ariane au Corpus nostradamien"*).

Mais ils sont utilisés par Nostradamus en d'autres occasions, et notamment pour montrer qu'il connaissait la date exacte du décès du roi Henry II, et pas seulement son destin tragique, annoncé à mots couverts au quatrain I 35 et dans les indications annexes de son *Almanach pour l'an 1557* : *"En ce moys [de juin 1558] la France sera [fera] perte par quelques Princes estrangiers, par la mort inopinée, & d'estrange langue qui seront grandement a plaindre. Par les hebdomades de Democrite en met un sub ariete [sous le signe du Bélier], zoroastre le met a 1559 puis felicité."* (cf. CN 51).

Nostradamus, qui a vécu la plus grande partie de sa vie sous François Ier, a dû être impressionné par la mort accidentelle de son fils dans des circonstances extraordinaires, d'autant plus que la mort signe l'existence d'un homme et lui donne un sens, comme l'estime Montaigne dans ses *Essais*, et que l'éternel recommencement du spectacle politique n'a plus les mêmes attraits passé la cinquantaine, voire la quarantaine, que pour un esprit en formation. Et les aléas des conflits de pouvoir et les illusions de puissance ont un goût insipide pour tout homme de connaissance.

Nostradamus n'a pas choisi au hasard les dates et périodes de ses préfaces. Son ingéniosité voire son intelligence surclassent celle de ses ennemis de l'époque (dont certains ont commencé à comprendre l'enjeu du projet prophétique, notamment le pseudo Daguenière et les responsables de l'édition Regnault de 1561 : cf. CN 76, et CN 25 et 65), et plus encore celle de leurs successeurs modernes, sceptiques, mystificateurs, handicapés cérébraux ou railleurs ignorants, qui ne leur arrivent pas "à la cheville". Et à parcourir certains débats sur les forums internet, force est de constater que l'idiotie de la (pseudo)-critique moderne semble incommensurable, exponentielle, incurable, voire définitive.

Résumons les principales dates des premières et authentiques éditions des *Prophéties*.

1er mars 1555 : datation de la préface à César
177 ans 3 mois 11 jours : période donnée dans la préface à César (cf. CN 33)

27 juin 1558 : datation de la préface à Henry
14 mars 1557 : date interne de composition de la préface à Henry ("*depuis le temps present, qui est le quatorziesme de Mars 1557*")

Une première observation, somme toute triviale mais que je ne crois pas avoir lue nulle part, est que la préface en apparence destinée au fils du prophète, comme celle en apparence destinée au roi de France, sont datées d'environ un an, l'une après la naissance de César, l'autre avant le décès du roi.

18 décembre 1553 : naissance de César de Nostredame
10 juillet 1559 : décès de Henry II

Mais plus précisément, la préface à César est datée d'1 an, 2 mois et 11 jours après sa naissance, celle à Henry d'**1 an et 13 jours avant son décès**, comme sont séparées d'**1 an et 13 jours** la datation de la préface à César (1er mars 1555) de la date interne de composition de la préface à Henry (14 mars 1557). Réapparaissent ainsi les nombres du Testament mis en évidence à d'autres occasions : 11, 13 et 22 (= 2 "mois" × 11 jours).

Les aveugles et les sceptiques outragés de la confédération anti-nostradamique diront : "encore un effet du hasard ..." -- mais même dans cette hypothèse, il faudra reconnaître que le "hasard" porte bien mal son nom --, "... ou un effet de l'ingéniosité de Patrice Guinard" ...

Poursuivons. La date interne de la préface à Henry, le 14 mars 1557 (dont aucun exégète n'a proposé d'explication) précède la date de la préface d'exactement 1 an 3 mois 13 jours. Cette troisième période confirme le dispositif mis en place, et prouve que le prétendu hasard n'y a rien à faire. **Ainsi Nostradamus s'est servi de la date de naissance de son fils aîné et des nombres 3, 11, 13 et 22 de son Testament, pour indiquer qu'il connaissait avant 1555 le jour précis du futur décès du roi de France.**

2. Le jeu sur les calendriers

J'ai montré que la période de "*177 ans 3 mois et 11 jours*", restée lettre morte pour tous les exégètes à commencer par Brind'Amour, annonçait à la fois l'échéance la plus importante de l'ensemble de son oeuvre, à savoir l'année 2065 -- sur laquelle je reviendrai car les ruses de Nostradamus sont "*à double rebras*" comme l'a compris le pseudo Daguenière --, et sa connaissance des réformes calendaires de 1563-1567 et 1582 (cf. *Préface à César*, 34, CN 33).

Cette période (qui contient elle aussi les nombres 3 et 11) montre que les deux calendriers lui sont connus, celui qui commence à Pâques (dit ancien style) et celui qui commence en janvier. La datation de la première épître (1er mars 1555) précède de deux mois et trois jours l'achever d'imprimer des éditions de 1555 (4 mai 1555), et la date interne de composition de la seconde épître précéderait d'un an 3 mois et 13 jours sa datation.

En 1555 comme en 1557, le lundi de Pâques qui détermine le début de l'année, tombe en avril, respectivement les 15 et 19 avril. Il est peu vraisemblable que Nostradamus ait mis plus d'un an à composer sa seconde préface, mais plus probable qu'il ait voulu s'exprimer dans les deux styles de calendrier : en nouveau style en 1555 et en ancien style en "1557" [= 1558] : c'est-à-dire que la date interne de composition de la seconde épître est effectivement le 14 mars 1558.

Comment en serait autrement, puisque la première édition Du Rosne, datée de septembre 1557, précède logiquement l'édition introuvable de 1558 (reproduite par les éditions Rigaud datées de 1568), qui donne le second volet du corpus centurique accompagné de la seconde préface ?

3. Les dates des achevés d'imprimer

La période de "177 ans 3 mois et 11 jours" vaut approximativement la moitié du cycle historique que Roussat a trouvé chez Pierre Turrel et ses prédécesseurs (354 ans 4 mois). L'observation est triviale. Mais ici comme ailleurs, Nostradamus ne suit que partiellement ses modèles : il aura remarqué que l'écart de temps séparant la naissance de son fils du décès du souverain (des dates qui lui sont imposées par les faits) est de 5 ans 6 mois et 22 jours, et **que la fraction de cette durée, à savoir 6 mois et 22 jours valait exactement le double du reliquat du cycle précédemment évoqué**.

Il ne lui restait donc qu'à marquer d'une façon ou d'une autre les nombres étrangers à ceux qu'il a consigné dans son Testament, à savoir **5 et 177**, ce qu'il a vraisemblablement fait avec la complicité de ses éditeurs, ou tout au moins avec l'un d'entre eux, à savoir Antoine du Rosne dit Lyserot, responsable des impressions de 1557 et 1558, celles des *Prophéties* comme de la *Paraphrase de Galien* (cf. CN 27). Il n'est pas certain qu'il ait pu influencer la date de l'achevé d'imprimer des éditions Bonhomme, mais il est vraisemblable qu'il ait exigé d'Antoine du Rosne, son imprimeur pour les textes de 1557 et 1558, d'apposer la date sollicitée pour les achevés d'imprimer. Cette complicité entre Nostradamus et Lyserot expliquerait pourquoi Nostradamus, alors à l'apogée de sa gloire en 1557, aurait sollicité les services d'un imprimeur en qui il avait une totale confiance, comme en témoigne un acte notarié daté du 11 novembre 1553 (cf. CN 8), plutôt que ceux d'un imprimeur plus prestigieux.

Examinons ces dates.

4 mai 1555 : Achevé d'imprimer des deux éditions Bonhomme de 1555
6 septembre 1557 : Achevé d'imprimer de la 1ère édition Lyserot de 1557

Je ne tiens pas compte de la seconde édition "Lyserot" du 3 novembre parce qu'elle ne porte aucune indication d'année (ce qui indiquerait son exclusion du dispositif).

Entre les deux achevés d'imprimer s'inscrit une durée de 2 ans 4 mois et 2 jours (indiquant la seconde livraison du corpus centurique en 1557), exactement égale à 2 ans et 125 jours (125 étant égal à 5 élevé au cube, soit 5 × 5 × 5).

Enfin entre le 14 mars 1557, la fameuse date interne de la rédaction de l'épître à Henry, et le 6 septembre 1557 s'écoule une période **de 177 jours exactement**. La boucle est fermée, et les nombres 5 et 177 s'inscrivent eux-aussi logiquement dans le dispositif, ce qui permet en passant de comprendre pourquoi Nostradamus utilise en ce cas le style de Pâques, et non le nouveau calendrier comme il le fait habituellement, en avance sur tous ses contemporains, dans ses publications annuelles.

[Notons encore cette heureuse coïncidence : la troisième mouture des *Prophéties* dédiée au roi Henry dont Nostradamus prévoit précisément le jour du décès en l'an 59, est illustrée par l'équation triviale : 177 = 3 × 59]

4. Tableau récapitulatif du chiffrement des dates des *Prophéties*

Je marque en italiques les événements factuels, point de départ du dispositif, et vecteurs de l'intention cryptographique de Nostradamus. Pour la date de l'achevé d'imprimer des éditions Bonhomme de 1555, le débat reste ouvert, encore que l'achevé d'imprimer du retirage, vraisemblablement paru quelques jours après la première impression mais indiquant la même date que la première impression, laisse entendre qu'on est là encore en présence d'une date symbolique et cryptée.

événement	**date**	**écart avec la date précédente**
naissance de César de Nostredame	18 décembre 1553	---
datation de la préface à César	1er mars 1555	1 an 2 mois **11** jours
achevé d'imprimer (Bonhomme, 1555)	4 mai 1555	2 mois **3** jours
achevé d'imprimer (Lyserot, 1557)	6 septembre 1557	2 ans 125 jours (= 5 × 5 × 5)
composition de la préface à Henry	14 mars 1557 [1558]	- 177 jours [du 14 mars au 6 septembre inclus]
datation de la préface à Henry	27 juin 1558	(1 an) **3** mois **13** jours
décès de Henry II	10 juillet 1559	1 an **13** jours
Et entre les 1er mars 1555 et 14 mars 1557 :		2 ans **13** jours
nombres du Testament (cf. Ruzo, Guinard)	**3, 11, 13, [22]**	(en gras et bleu)
période clef (préface à César, # 34)	177 ans **3** mois et **11** jours	(= environ la moitié du cycle de Turrel-Roussat)
période totale du dispositif	5 ans et 2 × (**3** mois et **11** jours)	(de la naissance de César à la mort de Henry)

[Précision sur la méthode utilisée : le décompte se fait du quantième d'un mois

au même quantième du mois suivant, auxquels mois décomptés s'ajoutent les jours restants.
Par exemple du 18 décembre 1553 au 10 juillet 1559 : 5 ans, plus 6 mois du 18 décembre 1558 au 18 juin 1559, plus 22 jours du 18 juin 1559 au 10 juillet 1559].

En conclusion je peux parier, en raison de la cohésion de ce dispositif, que la fameuse édition perdue des *Prophéties* (Du Rosne, 1558) ne mentionnait aucune date d'achevé d'imprimer, à l'instar par ailleurs des deux impressions de la *Paraphrase de Galien.*

Par les 3 fils de Michel : une nouvelle preuve de l'organisation codée du corpus centurique

(Le premier livre des Prophéties « dédié » à ses 3 fils)

Pourquoi aura-t-il fallu trois éditions (Bonhomme 1555, Du Rosne 1557, Du Rosne 1557) pour faire imprimer le premier livre des Prophéties à 639/642 quatrains, alors que vraisemblablement tous les quatrains de ces sept centuries étaient prêts pour l'impression dès 1555 et sans doute avant ?

Nostradamus a dédié la première édition (Bonhomme) des Prophéties à son fils César, et s'est servi de la date de sa naissance pour l'organisation de ses centuries (cf. CN 90). J'ai noté en 2002 que l'écart entre les dates d'impression des deux éditions suivantes (Antoine du Rosne alias Lyserot), à savoir les 3 novembre et 6 septembre 1557, vaut 58 jours équivalents aux 58 quatrains prétendument "manquants" à la septième centurie, laquelle s'achève au quatrain VII 42 (cf. CN 176).

J'ai montré que les exemplaires conservés de l'édition de novembre relèvent d'une contrefaçon, mais que l'édition authentique portait bien la date du "troisiesme de Novembre" (CN 106). On sait par ailleurs que les deux éditions jumelles, l'une achevée d'imprimer le 6 septembre 1557, l'autre le 3 novembre mais sans indication d'année, contiennent 2 ou 3 quatrains de différence (deux français et un latin), mais que l'édition "complète" (à 642 quatrains) a précédé l'édition incomplète (à 639 quatrains).

Que sait-on du cadet et du dernier des fils Nostradamus ? Charles est né en 1556 et décédé en décembre 1629. Il a vécu 73 ans. André est né le 3 novembre 1557 et décédé le 2 décembre 1601. Il a vécu 44 ans, soit 29 de moins que son frère (cf. CN 131).

Nostradamus se serait arrangé avec son imprimeur pour que les dates d'impression correspondent à celles de l'anniversaire et de la naissance de ses deux puînés. Ainsi les trois fils Nostradamus se retrouvent impliqués et réunis dans le premier livre des Prophéties. Le second livre, qui rassemble 300 nouveaux quatrains, sera imprimé l'année suivante, en 1558. On ne connaît pas la date d'impression de cette édition perdue, comme on ne connaît ni le jour ni même l'année exacte de naissance de sa fille aînée Madeleine, née vers 1551 (cf. CN 131).

Le 6 septembre serait le jour anniversaire de la naissance de son fils Charles. Les 2 ou 3 quatrains de différence entre les éditions parallèles de 1557 correspondent au rang des fils de Michel (le cadet et le troisième). L'édition de novembre, attribuée à André, sera rabotée en raison de son décès prématuré, 29 ans avant son frère cadet. Notons encore que ces 29 ans d'écart pourraient avoir été doublés pour correspondre aux 58 quatrains dits manquants de la centurie VII, ce qui suppose que Nostradamus a vu les dates ou moments du décès de ses fils. **Et les 58 quatrains "manquants" (qui seront ultérieurement complétés par des sizains apocryphes) symboliseraient les dates séparant des deux achevés d'imprimer, les dates d'anniversaire de ses deux fils, et deux fois l'écart de durée de leur existence.**

Ainsi le 6 septembre 1557, Nostradamus fait imprimer son édition à 642 quatrains, "dédiée" à son fils Charles né le 6 septembre 1556, et le 3 novembre 1557 (mais sans précision d'année) son édition à 639 quatrains, "dédiée" à son fils André né le 3 novembre 1557, dont il avait déjà prédit qu'il "porteroit sept pans de corde", ceux de la ceinture bouclant son habit de capucin. **Autrement dit il fait imprimer l'édition "complète" (642 Qs) au premier anniversaire de Charles, et l'édition rabotée de trois quatrains à la naissance d'André.**

Il en résulte que le premier livre des Prophéties a été publié en 3 éditions successives, chacune "attribuée" à l'un ou l'autre des fils de Nostradamus, dont les dates de naissance lui ont servi de canevas. On peut penser, dans une telle logique, que chacune de ses trois filles recevront symboliquement l'une des trois centuries du second livre, et pour résumer : César 353 quatrains, Charles 146, André 143, Madeleine 100, Anne 100, Diane 100 (quoiqu'un autre dispositif soit plus crédible avec l'ensemble des 1130 quatrains du corpus). Pourquoi une telle démonstration d'ingéniosité (en sus des dispositifs déjà expliqués ici même : au Testament, à l'Orus, au traité de Galien, etc.) ? D'abord, je crois, pour signer l'oeuvre, comme il était assez courant à cette époque. Le texte porte en lui-même les marques de son organisation, et prévient ainsi toute falsification ou corruption ultérieure. Aussi, j'en suis convaincu, parce que Nostradamus savait que la démonstration de ses visions par le texte et contenu des quatrains ne serait pas suffisante pour guider la raison moderne obscurcie et rongée par le doute. Il fallait d'autres démonstrations, d'autres agencements, ici numérologiques, "mathématiques" -- et ce n'est pas fini --, pour ébranler les enracinements des esprits rigides et obtus. C'est seulement par le nombre que la fureur poético-prophétique pourra triompher.

À 1566 jours, une Déclaration pré-testamentaire, ou le premier acte notarié chiffré

En 1561, Nostradamus a dû subir divers déboires (l'ordonnance d'Orléans de janvier interdisant les prédictions et pronostications astrologiques, les émeutes des Cabans de Salon en avril l'obligeant à se réfugier à Avignon, la visite plus ou moins forcée à Marguerite de Savoie pour la naissance de son fils Charles-Emmanuel en novembre, enfin sa mise sous protection de son ami le Comte de Tende en décembre).

Le 18 mars 1562, Nostradamus, s'apprêtant à voyager, se présente devant le notaire Joseph Roche pour une déclaration en faveur de sa femme Anne Ponsarde, qui est une donation conditionnelle d'une certaine somme de pièces d'or, non spécifiée, qu'elle pourra réclamer s'il lui arrivait quelque chose. Il y convoque deux témoins, l'écuyer Antoine Viguier, et son ami Palamède Marck qui sera aussi témoin de son Testament en juin 1566. Il laisse à sa femme une moitié de feuille de parchemin, et l'autre moitié, divisée en deux parts, est confiée à son frère Jean et au notaire. Anne est ainsi placée en situation de dépendance par rapport à son beau-frère (en apparence seulement : cf. un autre acte de donation en sa faveur en 1565).

Ce procédé typiquement nostradamien a pour objet de symboliser les trois parties de son ouvrage principal, les *Prophéties*. En effet elles sont divisées en deux livres, chacun précédé d'une préface, et le premier livre a été publié en deux éditions successives : en 1555 avec un privilège pour deux ans, puis en 1557 chez l'imprimeur lyonnais Antoine du Rosne.

Mais il y a plus : Nostradamus a lié cette Déclaration à son Testament et à son Codicille actés chez le même notaire et dont les dates ont donc été décidées dès 1562 !

En effet 1552 jours séparent la Déclaration de 1562 et le Testament de 1566, auxquels il faut ajouter les 13 jours courant du Testament (17 juin) au Codicille (30 juin), soit au total 1565 jours (ou 1566 jours dans un décompte large incluant les deux journées des actes). **1552, c'est**

l'année de la parution de son premier ouvrage, en partie autobiographique, *Le vray & parfaict embellissement de la Face, & la maniere de faire des confitures* (Lyon, Jean Pullon de Trin ?, 1552 ; édition perdue : cf. CN 9) ; et **1566 est l'année de son décès**.

On peut encore compter plus précisément : **1566 jours et demi séparent l'acte notarié de 1562 du moment de son décès (le 2 juillet au petit matin), survenu au milieu de l'année 1566 !**

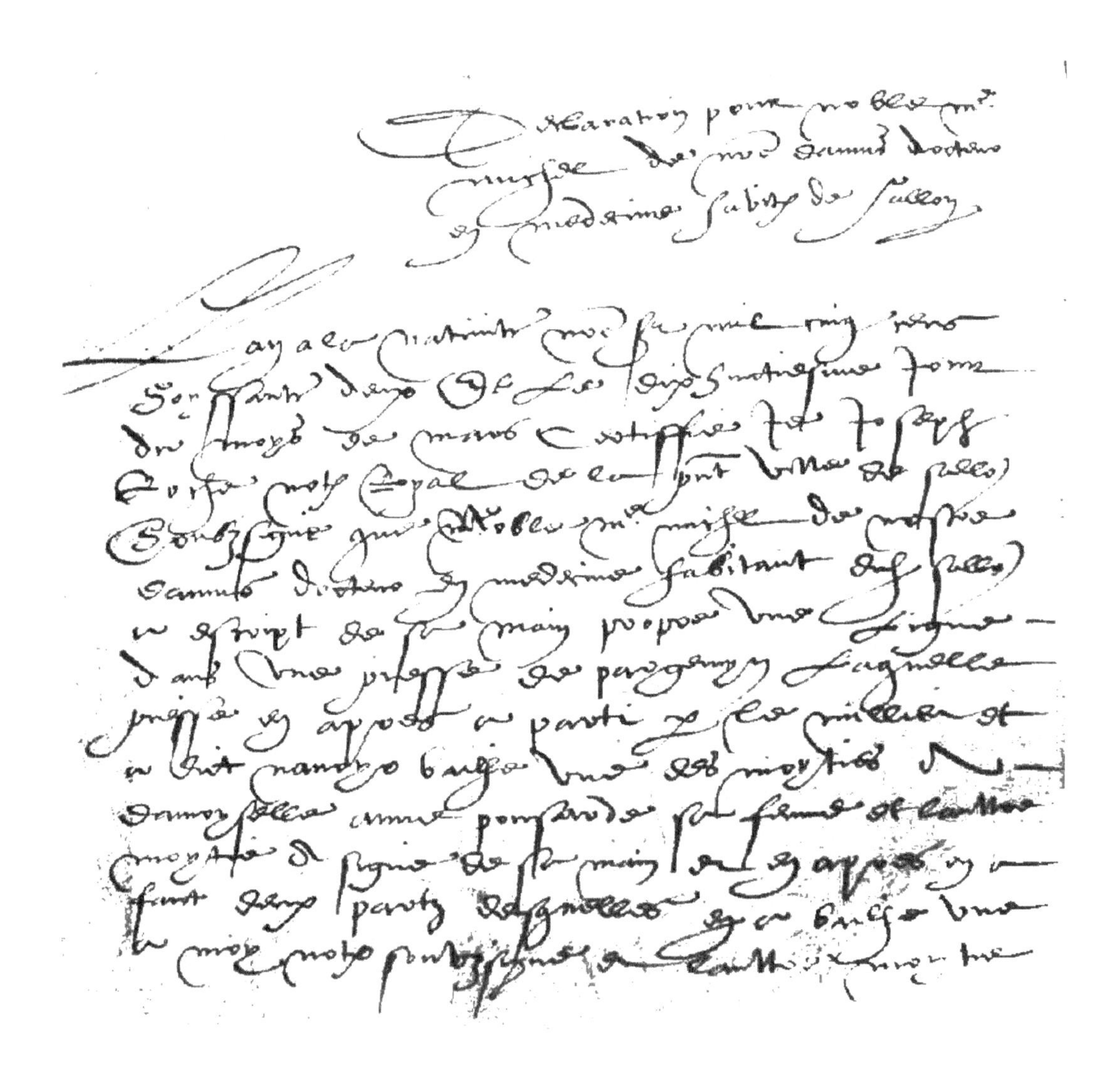

La Déclaration serait la première pièce "testamentaire", précédant le Testament et le Codicille, à participer au pénultième dispositif de chiffrement imaginé par Nostradamus (cf. CN 174). Par ces trois actes passés devant le même notaire Joseph Roche, avec un témoin en commun pour les deux premiers (Palamède Marck) comme pour les deux derniers (Jean Allegret), Nostradamus, en sus des indications chiffrées et relatives à son oeuvre versifiée (cf. mes trois articles sur le Testament : CN 175, 176 et 177), démontre qu'il connaît dès 1562 la date future de son décès, survenu moins de deux jours après la signature du codicille à son Testament.

J'ai pu déchiffrer ce précieux document (AD13 Salon, notaire Joseph Roche, 375 E 676 f.235v-236r ; signalé par Camille Rouvier, 1964, p.64-65) mais inédit, grâce à l'aide non moins précieuse de la généalogiste provençale Marianne de Bernardi. J'ai accentué dans la transcription les /é/ et /és/ terminaux et la préposition /à/.

Declaration pour noble Maistre Michel de Nostradamus docteur en medecine habitant de Sallon

1.... L'an à la nativité nostre Seigneur mil cinq cens
2.... soixante deux et le dix huitiesme jour
3.... du moys de mars certifie je Joseph
4.... Roche notaire royal de la presente ville de Sallon
5.... soubzigné que Noble Maistre Michel de Nostra-
6.... damus docteur en medecine habitant dudit Sallon
7.... a escript de sa main propre une ligne
8.... dans une piesse de parchemin laquelle
9.... piesse en apres a parti par le millieu et
10... a dit n'avoir [sic] baillé une des moytiés à
11... damoyselle Anne Ponsarde sa femme et l'aultre
12... moytié a signé de sa main et en apres en a
13... faict deux partz desquelles en a baillé une

14... à moy notaire soubzsigné et l'aultre moytié [235v]

15... de ladite moytié dict voloyr bailler et envoyer
16... à Me Jehan de Nostradamus procureur en parlement
17... à la ville d'aix lesquelles deux piesses
18... faictes de une desdites parties ledit Maistre Michel
19... de Nostradamus a voleu que si cas estoit
20... de quoy dieu ne veuille qu'il vint à mourir au
21... voyage qu'il pretend fere & que ladicte
22... damoyselle Anna sa femme le requise [requiert] qu'il
23... veult que ladite moytié mise en deux
24... piesses luy soit confondue pour icelles
25... assemblees et icelles avoyr assemblé en
26... presence dudit maistre Jehan son fraire, prandre
27... ce qu'est contenu audit escript qu'est
28... certaine somme de piesses d'or qu'il a-
29... surre en foy de quoy jedit Joseph
30... Roche ay escript & soubz escript la
31... presente au consentement dudit Maistre Michel
32... de Notradamus en presence de nobles
33... Palamides Marc escuyer seigneur de Chasteau-
34... neuf & Anthoyne Viguier escuyer dudit
35... Sallon tesmoingz à ce requis & appelés
36... lesquelz tesmoingz ensemble ledit Nostradamus
37... jedit notaire ay requis soy sygner suyvant
38... l'ordonnance du Roy nostre sire qui se sont soubzsignes
39... ainsi signés par Marc tesmoing, Anthoyne Viguier
40... tesmoing, M. Nostradamus. [236r]

La découverte d'un nouvel acte notarié de 1565

L'acte notarié d'octobre 1565 est inconnu des spécialistes, et bien sûr inédit. Il précède d'environ 8 mois le testament (et le codicille) de Nostradamus en faveur de sa femme et de ses enfants. Il succède d'environ 3 ans et 7 mois une donation conditionnelle d'une certaine somme de pièces d'or à sa femme Anna Ponsarde, tributaire en la circonstance de son beau-frère Jean de Nostredame (cf. CN 178). Il s'agit cette fois d'une donation inconditionnelle à sa femme de la somme de 200 écus d'or pistoles en date du 24 octobre 1565, acte passé auprès du notaire Baptiste Laurent de Salon dans la maison de Nostradamus en présence de sa femme et de trois témoins, Pierre Testoris, Raymond Suffren et Berenguier Gaudin (AD13 Salon, 375 E 701 f.668r-669r). L'essentiel de la transcription du texte est dû à mesdames Marianne de Bernardi-Allard et Josie Bolander que je remercie. Le document ne me semble pas chiffré, pas plus que sa date, contrairement à celui de mars 1562. Il n'est pas passé chez le notaire habituel de Nostradamus, mais chez un confrère.

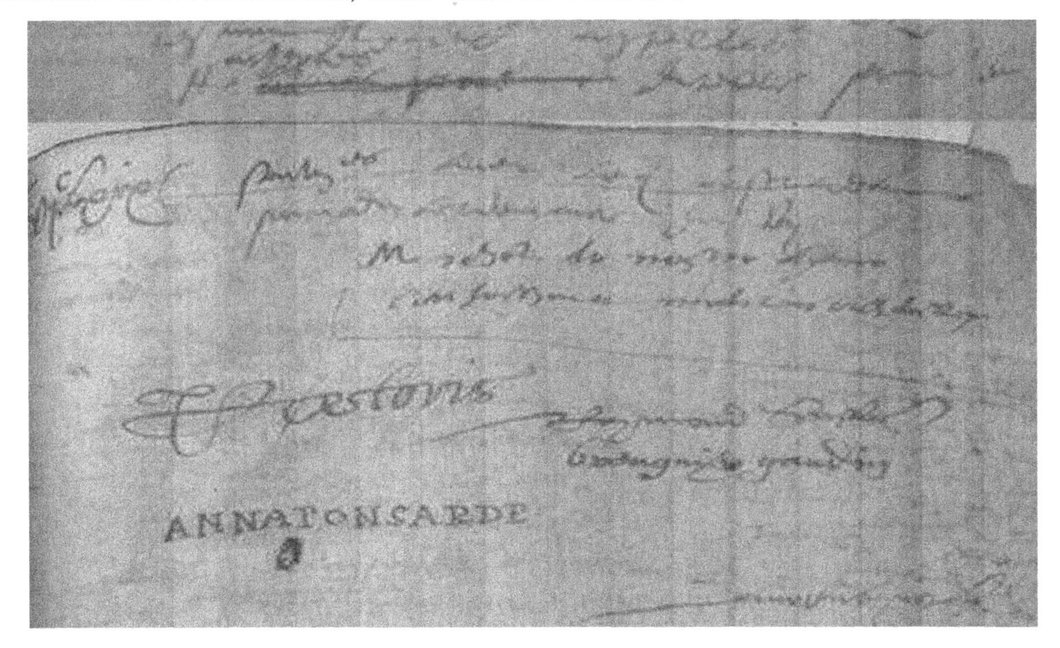

Donation gratuite de deux cents escus pour demoiselle Anne Ponsard
Du 24 e octobre

Monsieur Me Michel Nostradamus docteur
en medecine et astrophile de la ville de
Salon conseiller du Roy et medecin ordinaire
de sa majesté lequel de son bon gré par
luy et les siens presents et futurs successeurs
quelconques a donné et donne gratuitement
et pour ce que ainsi luy plait à demoiselle
Anne Ponsard de la dite ville de Salon
sa femme bien aymee presente
et stipulant pour elle et les siens à savoir
la somme de deux cents escus d'or pistolletz
pour d'iceulx acheter des biens immeubles
tels que bon luy semblera desdits biens
prendre et parchevoir [percevoir] *les fruits ou*
rente sa vie durant et laquelle
somme de deux cents escus d'icelle demoiselle
Ponsard a reçu comptant dudit
maistre Nostradamus d'or en or en la
presence de moy notaire et temoin dont
leur aquitté et les siens
à la condition toutesfois que la dite [668r]

Anne Ponsard ne pourra lesdits
deux cents escus donnés par donation
testament ne aultrement que comme soit
à autres que aux enfants procréés
dudit monsieur Nostradamus
promettant pource icelui Nostradamus
par s'en foy du serment presté aux
saintz evangiles de dieu et soubz
l'obligation et hypotheque de tous ses
biens presents et advenir qu'il
a soubmis obligés et hypothequés aux
cours des submissions et senechaussees

de ce pays de Provence et d'ailleurs
où juridiction se trouvera avoir
agreable forme et establi le contenu
en ses [ces] presentes et n'y contrevenant en
aulcune maniere à peyne de paier tous
despens dommages et interets renonce
à tous droit à ce contraire fait et
passé audit Salon dans la maison et
domicile de Nostradamus en presence
de egrege personne Me Pierre
Testoris, Sire Raymond Suffren et
noble Berenguier Gaudin dudit Salon
temoins à ce appelés et [668v]

soussignes avec ledit Nostradamus
suivant l'ordonnance du Roy.
[signataires]
Michel de Nostradamus
conseilhier et medicin ordinaire du roi
P. Testoris
Raymond Suffren
Berenguier Gaudin
Anna Ponsarde
Baptiste Laurent [669r]

22 décembre 1565, La Lettre de Nostradamus à Catherine : moins un an plus un jour avant son anniversaire climatérique

Letre à la Royne mere du Roy
Lyon, Jean d'Ogerolles pour Benoist Rigaud, 1566, in-8, 6 [+ 2] p.

LETRE DE
MAISTRE MICHEL
NOSTRADAMVS,
de Salon de Craux
en Prouence,
A la Royne mere du Roy.

A LYON,
Par Benoiſt Rigaud,
1566.
Auec permiſsion.

On connaît deux exemplaires de cette lettre datée de Salon, le 22 décembre 1565, et adressée à la reine régente Catherine de Médicis :

° Aix Musée Arbaud: R 734 (10.5 x 16.5 cm ; exemplaire probable de l'abbé Rigaux) ; Moscou, Bibliothèque d'État de Russie (relié à un texte imprimé par Jean Saugrain en 1565)

> CAT Le Tellier, 1782, n.3023 (in Recueil de pieces concernant les règnes d'Henry II, François II & Charles IX, depuis 1562 jusqu'en 1571)
> Baudrier 3, 1897, p.240 (d'après l'exemplaire de Rigaux)
> Cioranescu 1, 1959, n.16609, p.529
> Chomarat, 1989, n.72
> Benazra, 1990, p.78
> Brind'Amour, 1993, p.486
> Chomarat (éd.), Lyon, 1996, 28 p. (fac-similé et transcription)
> Morisse, papier de colloque, 2004, p.4 (imprimé par Jean d'Ogerolles)

Transcription de la lettre avec mes notes et remarques entre crochets :

Letre de maistre Michel Nostradamus, docteur en Medecine, de Salon de Craux en Provence, A *La Royne mere du Roy.*

L'expression "Royne mere du Roy", quoique commune, rappelle l'inscription d'Apianus rajoutée à la traduction d'Horapollon (cf. CN 28) : "Isis reine d'Égypte et mère du roi Horus" (f.10v).

Madame, ayant entendu que s'approchoyent Comitia [latin *comitia* ou *comitiae* : comices, assemblée] *de vostre Royaume, bien que vostre Majesté par quelques autres en puisse estre advertie, * toutesfois selon le scavoir que Dieu m'a donné, & faisant mon devoir pour mon Roy, comme serviteur tresobeissant & suject* [p.3, f.A2r]

* Nostradamus annonce à Catherine une importante réunion dont elle n'est peut-être pas encore informée. Les futurs états généraux n'auront lieu qu'en décembre 1576 à Blois. En revanche l'édit de Moulins (15 février 1566), préparé au cours d'une assemblée de Grands du royaume et rédigé par le chancelier Michel de L'Hospital, est une importante

réglementation du domaine royal qui établit définitivement son inaliénabilité (et qui est considérée comme le fondement de la législation actuelle sur le domaine public).

& jouste [jouxte] *la charge de mon estat, que vostre majesté me donna, Que si par les Astres se pouvoit scavoir & entendre * le futur, j'en advertisse vostre Majesté. Et pource par aucunes figures celestes, erigees en cest endroit, je treuve quelque briefve prorogation de temps & de lieu, & le tout estre en paix, amour, union & concorde, sans dissimulation, ne* [ni] *simultés* [du latin *simultas* : querelles] *: combien qu'il y aura de grandes contradictions & differens.*
Mais à la parfin un chascun s'en retournera content de bouche & de coeur : ceux mesmes, à qui le retour dependra de vuyder [évacuer, i.e. les terres qui seront passées dans le domaine royal !].
Mais au reste, ceste assemblee sera cause d'une grande paix, & contentement, par tout vostre Royaume. I'en ay fait un petit discours, que je ne me fuis voulu aventurer de l'envoyer à [p.4, f.A2v]

* La prescience de l'avenir est d'abord chez Nostradamus clairaudience, plus que clairvoyance (cf. la première préface à ses Prophéties, CN 33, paragr. 12).

vostre Majesté, jusques à ce(,) que je aye entendu le vouloir plus ample d'icelle. Ce que vostre Majesté dira & fera, sera promptement dit, fait & executé. Plaise aussi à vostre Majesté me faire envoyer la figure celeste, Astronomique, de l'an x v i j [du 17e anniversaire] * *du Roy treschrestien, vostre fils, pour faire l'explication bien au point : pour ce que je trouve en icelle annee, quelque grande & tresfelice fortune de paix longue, en son Royaume.* *
Mais qu'elle soit exactement calculee, pour la conferer [comparer] *avec la mienne : & je me parforceray* [m'efforcerai] *de faire ce que je suis tenu, pour mon Roy, mon souverain seigneur & maistre : apres que j'auray prié le Createur de tout le monde, vous donner, Madame, vie longue, en santé, & toute constante prosperité, accompagnee* [p.5, f.A3r]

* Le jour du XVIIe anniversaire de la naissance de Charles IX, baptisé Charles-Maximilien, est le 27 juin 1567. Nostradamus aurait écrit "x v i" et non "x v i i" car le texte date de décembre 1565 et que le prochain

anniversaire du roi est pour 1566. Par ailleurs, en septembre 1567, c'est la reprise de la guerre entre factions religieuses, ce qui contredit la période pacifique annoncée au texte. Ce décalage d'une année, ignoré par Brind'Amour (1993) comme par Chomarat (1996), me semble intentionnel, et imaginé afin de voiler un autre décalage (cf. *infra*).

de l'entier accomplissement des Royaux desirs de vostre Majesté.
De vostre ville de Salon de Craux, en Provence, ce x x i j [22] *jour de Decembre 1565.*
Avec la souscription en ces mots :

Vostre treshumble & tresobeissant serviteur & sujet, Michel Nostradamus.

Et au dessus d'icelle :

A la Royne, nostre souveraine dame & maistresse.
[p.6, f.A3v]

La présente lettre à Catherine, écrite **une année environ après** son passage à Salon avec son fils le roi Charles IX (17 octobre 1564) et sa rencontre avec Nostradamus, est importante à plus d'un titre. Ce n'est plus la dernière lettre connue de Nostradamus depuis ma découverte en juillet 2008 d'une lettre à Joachim de Cléron, Seigneur de Saffres, datée du 25 février 1566 (cf. CN 100), soit dix jours après l'assemblée annoncée dans la présente lettre. C'est en revanche la seule lettre imprimée de Nostradamus. Elle est importante car parue à Lyon chez Benoist Rigaud, le futur éditeur de la première version complète et posthume de ses *Prophéties*. A cette occasion Nostradamus aura négocié avec l'éditeur de la *Lettre* et futur éditeur des *Prophéties* les conditions de leur diffusion.

L'erreur intentionnelle d'une unité (une année) dans la *Lettre* (au sujet du prochain anniversaire du roi, dont Nostradamus n'ignorait pas la date de naissance) renvoie à un autre décalage d'une unité (un jour) entre d'une part les deux dernières lettres imprimées ou ayant vocation de l'être (la présente datée du **22 décembre**, et la dernière lettre manuscrite de sa correspondance adressée à Jean Lobbet (Johannes

Lobetius) et datée du **13 décembre** de la même année) et d'autre part ses dates de naissance calculées des deux versions de son épitaphe. Outre le fait qu'on retrouve les nombres codants **13 et 22** du *Testament* (cf. mes articles consacrés à cette question), ce sont aussi les jours, **à une année près**, des dates concurrentes (cette fois **à un jour près**) de son 63e anniversaire, à savoir les **14** (au lieu de 13) ou **21** (au lieu de 22) décembre 1566 (cf. CN 10). Je crois que ce dispositif, cette fois encore, n'est pas un effet du hasard.

Les lettres échangées entre Catherine et son astrologue ont dû être nombreuses. Mais passés la censure, la "raison d'État" et l'activisme zélé des idéologues, il n'en reste rien, si ce n'est une lettre datée de novembre 1564 et adressée par Catherine à Anne de Montmorency (1493-1567) le connétable de France, laquelle lettre, ignorée par Chomarat en 1996 (qui croit ingénument que c'est Catherine qui aurait fait disparaître une partie de sa correspondance), mentionne le nom de Nostradamus : *"et pasant par Salons, avons veu Nostradamus, qui promest tou playn de bien au Roy mon filz, et qu'il vivera aultant que vous, qu'il dist aurés avant mourir quatre vins et dis ans. Je prie Dieu que dis vroy ... etc."* (BNF ms. fr. 3205, f.1 ; in *Lettres de Catherine de Médicis (Supplément 1537-1587)*, vol. 10, éd. Hector de La Ferrière, Imprimerie nationale, 1909, p.145 ; passage cité par Leoni en 1961, p.814). Ni Montmorency ni Charles IX (1550-1574) ne sont décédés à cet âge, et c'est sans doute pourquoi cette lettre a survécu au naufrage de la correspondance, à supposer que Catherine ait correctement interprété la formulation énigmatique de l'astrophile saint-rémois -- ce qui est improbable. **Car Charles IX est bien décédé dans sa 24e année (quatre + vingt) et en 1574, soit environ dix ans ("et dis ans") après l'entrevue de Catherine à Salon en octobre 1564, et Montmorency a vécu 74 ans, équivalent à 1574 ("aultant que vous"), l'année du décès de Charles !**

La prescience de Nostradamus ne pose pas problème, sauf parmi les jocrisses et les cocardiers de la raison moderne ; et l'accumulation des indices, preuves et démonstrations reste hélas sans effet sur leur infirmité chronique.

Quinze Quatrains éclaircis

Le premier quatrain du corpus oraculaire (1555)

(de la *Prognostication nouvelle, & prediction portenteuse, pour l'An 1555*, Lyon, Jean Brotot, C4v)

P 55.0 (1) Quatrain de l'AN 1555

L'ame presage d'esprit divin attainte,
Trouble, famine, peste, guerre courir,
Eaux, siccité, terre mer de sang tainte :
Paix, trefve à naistre : Prelats, Princes mourir.

C'est la version conforme à la transcription de Ruzo pour le premier vers. Chavigny ajoute des majuscules à "esprit" et inverse les prédicats afin de rendre l'inspiration prophétique plus conforme à l'orthodoxie catholique : *D'ESPRIT divin l'ame presage atteinte.* Ruzo croit que Chavigny transcrit ainsi le texte d'une autre édition qui aurait été imprimée en Avignon, ce qui est fort improbable, d'autant plus qu'aucun almanach ou pronostication de Nostradamus n'a jamais été signalé comme paru en Avignon, si ce n'est la contrefaçon imprimée par Pierre Roux en 1562 ou 1563.

Notes
vers 1 (variantes) : *Janus* p.36 & *Pléiades* p.121 : atteinte ; toutes les versions suivent l'inversion de Chavigny.
vers 2 (variante) : *Janus* p.36 & *Pléiades* p.121 : guerres
vers 3 (variante) : *Janus* p.36 : siccitez, teinte ; *Pléiades* p.121 : teinte
vers 4 (ponctuation) : virgule après "trefve" (éd. Brotot)
vers 4 (prosodie) : élision du -e de "trefve"

Ce quatrain inaugural s'inspire, comme les deux premiers quatrains des *Prophéties*, de la théurgie de Jamblique, selon lequel l'homme a deux âmes, l'une soumise aux révolutions astrales, l'autre de nature spirituelle et susceptible de participer à la puissance divine (*Liber de mysteriis*, VIII 6). Mais il ne suffit pas de dire avec Chevignard (p.113) que Nostradamus tient son inspiration d'une source divine, et d'elle seule, d'autant plus qu'il ne fait aucune allusion dans ce tout premier quatrain ni aux cycles astrologiques qui lui servent de marqueurs temporels, ni aux sources livresques auxquelles il a abondamment puisé. Ce quatrain dit beaucoup plus que l'énoncé relativement trivial du premier vers, même en ayant compris, avec Ruzo, la préséance de l'âme sur sa source, même si elle en procède. (Sur la procession des hypostases chez Jamblique, cf. mon texte: "Du Sémiotique à l'Astral", CURA, 2000).

En revanche, les trois vers suivants sont parfaitement "prophétiques" contrairement à ce que pense Ruzo ; ils sont même plus que prophétiques, puisque c'est toute la philosophie de Nostradamus qui s'y trouve circonscrite.

En effet les vers 2 et 3 présentent une accumulation de maux, de catastrophes naturelles et de conflits humains : ceux-là même qui seront spécifiés, nommés, localisés, dans les quatrains ultérieurs. Le vers 4 en donne l'issue et la raison. A une période de troubles incessants et répétés succédera enfin la pacification : *Paix, trefve à naistre*. Et cette pacification aura lieu alors que les puissants auront succombé : *Prelats, Princes mourir.*

La seule difficulté du quatrain réside dans sa construction. Je propose la lecture suivante :

L'âme ***peut*** *prédire le futur* ***quand elle est*** *touchée par l'inspiration divine*
"Trouble, famine, peste, guerre courir,
Eaux, siccité, terre mer de sang tainte" :
Et je présage *"Paix, trefve à naistre"* ***quand*** *"Prelats, Princes mourir."*

Nostradamus n'a pas pu explicitement écrire ce que ni son siècle, ni même le nôtre, n'auraient accepté d'entendre : la paix commencera sur terre *quand et seulement quand* les puissants et les nantis auront disparu. Et la prédiction tient essentiellement dans cette extinction des pouvoirs détenus par quelques uns et utilisés au détriment de presque tous. Et si Ionescu (1976) a bien compris le message de Nostradamus sur "l'ère prolétaire" et ce commun avènement qui est une idée directrice du philosophe de Salon, il n'a absolument pas saisi, -- parce que Nostradamus était beaucoup plus "marxiste" que son interprète roumain et parce que les rapports de Nostradamus au pouvoir sont ponctués d'une espièglerie viscérale, et construits dans un entrelacs de ruses, d'ambiguïtés, et de propos à double-sens, -- que cette ère prolétaire amenait son lot formidable d'usurpateurs et de prétendants aux prélatures laïques, lesquels accroissent considérablement les conflits par la multiplication des injustices, par l'incompréhension, par l'augmentation des tensions et de l'indifférence, par l'incompétence et par l'illégitimité, et que ce temps de lâcheté et de cynisme ne fait que commencer. C'est pourquoi, il faudra attendre l'an 2242, comme Nostradamus le laisse entendre en plusieurs endroits, non pour que s'éteigne le monde dans un cataclysme auquel Nostradamus ne fait jamais allusion, non parce qu'adviendrait "la fin du monde" des millénaristes naïfs et de leurs émules modernistes, mais pour que revienne un autre monde -- et le même qu'autrefois -- gouverné par l'intelligence et par la sensibilité.

Alors doit-on s'étonner qu'après quatre siècles, le sens de ce quatrain n'ait jamais été deviné ? Non, si l'on sait combien les interprètes, et même parmi les plus zélés, ont pu se laisser prendre par les rets de fumée que le prophète a malicieusement tendu devant leurs yeux.

Le second quatrain latin LEGIS CANTIO

En 1557 chez son complice Antoine du Rosne, Nostradamus fait imprimer deux versions de sa traduction de Galien dont l'une probablement postdatée (cf. CN 69) et deux versions de ses Prophéties, à 642 et à 639 quatrains. Dans chacun de ces textes figure une pièce versifiée en latin. L'un des trois quatrains omis dans la seconde édition des Prophéties (connue par une copie : cf. CN 106) est un quatrain en latin trouvé dans un ouvrage à succès de l'humaniste italien Pietro Crinito : *De honesta Disciplina* (Brind'Amour, 1993) ; l'autre est une épigramme figurant dans les *Inscriptiones sacrosanctae vetustatis* de Petrus Apianus (Lucien de Luca, juin 2004, Logodaedalia ; cf. CN 68). On ignore si *La Paraphrase de C. Galen, sus l'exortation de Menodote* a été publiée avant les *Prophéties* (en septembre 1557). En ce cas, le quatrain crinitien serait le second quatrain latin à prendre en compte. L'avertissement pris dans Crinitus et rajouté aux Prophéties renvoie aussi à la mise en garde *"Contre les ineptes translateurs"* sous forme de dizain et à la *"Censura ad Lectorem"* figurant après la préface de la traduction de Galien (cf. CN 67).

L'ouvrage de Crinito a connu de nombreuses éditions, surtout parisiennes : Florence (Filippo Giunta) 1504 ; Paris 1508 ; Paris 1510 ; Paris 1513 ; Paris 1518 ; Paris 1520 ; Paris 1530 ; Bâle 1532 ; Lyon (Sébastien Gryphus) 1543 ; ibid. 1554, etc. Ci-suivent six versions du quatrain dans l'édition princeps florentine et la première édition parisienne (identiques hormis la ponctuation), dans les deux éditions lyonnaises (dont le texte de l'une d'elle a probablement servi de modèle à Nostradamus), et dans les deux premières éditions des Prophéties connues dans lesquelles figure le quatrain (l'édition A. du Rosne de 1557 et la première édition Benoist Rigaud datée de 1568 dont le second livre reproduirait l'édition perdue de 1558) :

Legis cautio contra ineptos criticos (versions 1504 et 1508)
Quoi legent hosce libros mature censunto,
Profanum volgus, & inscium ne attrectato,
Omneisque legulei, blenni, barbari procul sunto.
Qui aliter faxit, is rite sacer esto.

Legis cautio contra ineptos criticos (versions lyonnaises 1543 et 1554)
Quoi legent hosce libros maturè *censunto,*
Profanum volgus & inscium, ne attrectato,
Omnesque *legulei, blenni, barbari procul sunto,*
Qui aliter faxit, is ritè *sacer esto.*

Legis cantio contra ineptos criticos
(versions des Prophéties, 1557 et 1568X)
Quos *legent hosce* ***versus*** *maturè censunto,*
Profanum ***vulgus****, & inscium ne* ***attrestato*** :
[attrectato in version 1568B]
Omnesque ***Astrologi*** *Blenni, Barbari procul sunto,*
Qui aliter ***facit****, is rite* [ritè en 1568], *sacer esto.*

LEGIS CANTIO
contra ineptos criticos.

Quos legent hosce versus maturè
censunto,
Profanum vulgus, & inscium ne
attrestato:
Omnesq; Astrologi Blenni, Barbari
procul sunto,
Qui aliter facit, is rite, sacer esto.

Entre les premières versions et les versions lyonnaises, peu de différences (en gras) : l'accentuation de "maturè" et "ritè" et "Omnes" pour "Omnei", toutes conservées dans la version de Nostradamus. **C'est donc la version Gryphus que suit le quatrain des Prophéties.** En revanche les différences (en rouge) entre les versions lyonnaises et les versions nostradamiennes sont significatives et probablement intentionnelles, hormis le terme "attrestato" (qui ne veut rien dire) pour "attrectato" (d'ailleurs corrigé dans l'édition B de Benoist Rigaud). Notons aussi la mise en majuscules de LEGIS CANTIO dans l'édition de 1557.

Legis cautio contra ineptos criticos.

Quoi legent hosce libros mature censunto:
Profanum volgus: & inscium ne attrectato:
Omneisq; legulei: blenni: barbari procul sunto.
Qui aliter faxit: is rite sacer esto.

édition 1508

Legis cautio contra ineptos criticos.

Quoi legent hosce libros, maturè censunto:
Profanum uolgus & inscium, ne attrectato:
Omnesq; legulei, blenni, barbari procul sunto:
Qui aliter faxit, is ritè sacer esto.

édition 1543

Legis cantio contra ineptos criticos.

Quos legent hosce versus maturè censunto,
Profanum vulgus, & inscium ne attrestato:
Omnesq; Astrologi Blenni, Barbari procul sunto,
Qui aliter facit, is ritè, sacer esto.

édition 1568 X

Legis cantio contra ineptos criticos.

Quos legent hosce versus maturè censunto,
Profanum vulgus & inscium ne attrectato:
Omnesq; Astrologi Blenni, Barbari procul sunto,
Qui aliter facit, is ritè, sacer esto.
H 3

édition 1568 B

Les principales différences sont les suivantes :
CANTIO (chant, incantation) pour CAUTIO (clause, prescription)
VERSUS (vers, lignes) pour LIBROS (livres)
ASTROLOGI (astrologues) pour LEGULEI (avocats procéduriers, chicaneurs)

De nombreux interprètes ont proposé leur version (par exemple Leroux, 1710, p.61-62). Notons celles de Raoul Busquet (1950, p.63) et de Brind'Amour (1993, p.100), avant la mienne :

DISPOSITION DE LA LOI CONTRE LES CRITIQUES INCOMPETENTS (Busquet)
Que ceux qui liront ces vers y appliquent leur attention attentive
Que la foule profane et ignorante se garde d'y toucher
Que tous les Astrologues, les Sots, les Barbares s'en tiennent à distance
Celui qui se comportera autrement, qu'il soit rituellement voué aux dieux (i.e. mis hors-la-loi).

CAUTION DE LOI CONTRE LES CRITIQUES INEPTES (Brind'Amour)
Ceux qui liront ces vers, que mûrement ils <les> méditent ;
Que la foule profane et ignorante ne <les> touche pas
Et que tous les Astrologues, les Rustres, les Barbares s'en éloignent ;
Celui qui aura agi autrement, qu'il soit selon le rite <déclaré> sacré.

INCANTATION PRESCRIPTIVE CONTRE LES CRITIQUES STUPIDES
Que ceux qui liront ces vers les méditent soigneusement.
Que le vulgaire, profane et ignorant, se garde d'y toucher
Et que les astrologues ineptes et tous les béotiens s'en écartent :
Que soit maudit selon le rite celui qui agirait autrement.

Busquet et Brind'Amour (ce dernier, habitué à transformer le texte de Nostradamus à sa convenance) ne traduisent pas le titre donné par Nostradamus mais celui figurant dans Crinitus. D'innombrables anti-astrologues, qui ne se sont pas sentis concernés par ce titre, suivent les traductions fautives qui sont généralement données du quatrain en répétant que Nostradamus, qui par ailleurs se déclare astrophile, aurait implicitement interdit aux astrologues de s'occuper de ses vers. Mais Nostradamus a supprimé la virgule après "Astrologi" et fait de *Blenni*, pluriel de *blennus* (stupide, niais, benêt) un adjectif malgré la majuscule, et non un substantif. Ce qui n'est pas la même chose ! Ainsi ceux qu'il menace et à qui il déconseille de déblatérer sur son oeuvre sont, non pas les astrophiles et les astrologues compétents, mais les astrologues incultes (du type Videl), *astrologi blenni*, et les critiques incompétents, ces *"bestes brutes"* et *"asnes ebetés"* auxquels il s'en prend dans son texte sur l'éclipse de 1559 (cf. CN 119) !

Nostradamus s'est servi du contenu énigmatique de l'épigramme pour chiffrer sa traduction de Galien à l'aide de lettres droites anormalement insérées dans les pièces versifiées en italiques de son texte (cf. CN 68 et CN 69). On peut supposer que les deux quatrains soient liés et que le second, qui présente quelques changements significatifs par rapport au texte de Crinitus, soit lui-même chiffré de quelque manière.

Il l'est déjà -- Nostradamus l'aura remarqué -- par les initiales qui composent les cinq mots du titre, **Legis Cautio Contra Ineptos Criticos, et qui sont aussi des nombres romains : L C C I C** : soit un total de 351 en additionnant tous les nombres, ou de 249 en soustrayant 50 à 200 et 1 à 100, i.e. L C C (150) + I C (99) = 249. Nostradamus a peut-être vu dans ce nombre 249 l'inverse en miroir du nombre total de quatrains des Prophéties (942). On a encore 249 = 3 × (42 + 40 + 1) avec "42" le nombre de quatrains à la VIIe centurie dans la première édition Du Rosne, "40" le nombre de quatrains à la VIIe centurie dans la seconde édition Du Rosne, "3" représentant les trois quatrains omis dans la seconde édition, et "1" le quatrain latin.

Notons que les termes finaux des vers (censunto, attrestato ou attrectato, sunto, esto) contiennent les lettres de "Nostradamus" (hormis les lettres D et M), et examinons les différences, lettre à lettre, de chacun des termes remplacés (cautio/cantio, quoi/quos, etc), en commençant par les lettres isolées (et en omettant le terme "attrestato" qui est une probable faute d'imprimeur).

U => N (cautio/cantio)
I => S (quoi/quos)
O => U (volgus/vulgus)
X => C (faxit/facit)
LIBO => VESU (libros/versus) ou LB => VE (en raison des transformations précédentes)
LEUE => ASTROO (legulei/astrologi) ou LU => ASTR (en admettant la double transformation E => O)

Les 11 lettres remplacées, à savoir N, S, V, E, U, A, S, T, R, O et C, se retrouvent dans l'expression CAVE NOSTRA(D)A(M)US, hormis une fois encore les lettres D et M et à condition de tripler la lettre A, ou dans CAVE NOSTR(ADAM)US (sans la tripler). Bien qu'on retrouve quatre des cinq lettrines de la première édition (cf. CN 26) formant le vocable latin *cave* (fais attention) et qu'on pense au quatrain VIII-66 (*Quant l'escriture D. M. trouvee*), ces résultats apparaissent bien maigres et je n'en tire aucune conclusion. Les remplacements de lettres et de mots à partir du texte de Crinitus n'aboutissent pas pour l'heure à un résultat concluant quant à leur éventuel chiffrement. La question reste donc posée.

Mesopotame defaillir en la France : Le déclin de la Provence

III 99 (version des éditions de 1555)

Aux champs herbeux d'Alein & du Varneigne,
Du mont Lebron proche de la Durance,
Camp de deux pars conflict sera sy aigre:
Mesopotamie defallira en la France.

vers 1 (lexique) : Vernègues et Alleins au nord-est de Salon, au-dessus d'Aurons ; champs herbeux : la plaine située entre les deux villes mentionnées (cf. relief de la région)
vers 1 (transcription) : lire "Varneigue" (le "n" et le "u" souvent indistincts dans l'écriture de Nostradamus, cf. à "quant" et au premier vers de cette page de l'Orus)
vers 2 (lexique) : le massif du Lubéron, au nord de la Durance entre Cavaillon et Manosque
vers 3 (rime) : Brind'Amour (1996, p.462) propose "aigue" qui rime avec "Varneigue" au vers 1, mais Nostradamus se contente parfois de simples assonances
vers 4 (lexique) : Mésopotamie, du grec *"meso"* (entre, au milieu) et *"potamos"* (fleuve), le pays situé entre les fleuves, i.e. la Provence, entre le Rhône et la Durance
vers 4 (prosodie) : 11 pieds, élision de la finale -a de "defallira" devant "en"
vers 4 (variante) : "Mesopotame" proposé par Brind'Amour pour respecter le décasyllabisme ; on peut aussi rectifier l'orthographe de "defallira" (defaillira), préférer à l'élision la suppression de l'article devant "France", ou encore lire "Mesopotame defallir en la France".

Enfin les deux premiers vers, dans une lecture inversée, définissent clairement le cadre des conflits : *"Du mont Lebron proche de la Durance"* **jusqu'aux** *"champs herbeux d'Alein & du Varneigne"*.

III 99 (version corrigée)

Aux champs herbeux d'Alein & du **Varneigue** *,*
Du mont Lebron proche de la Durance,
Camp de deux pars conflict sera sy aigre:
Mesopotame *defallira* **en** *France.*

Le quatrain fait allusion à la guerre de Provence de l'été 1536. Charles Quint franchit le col de Tende et pénètre en Provence le 26 juin 1536. Robert Stuart d'Aubigny (1470-1544), fils cadet de John Stewart et de Margaret Montgomery, maréchal de France et commandant de l'armée d'Italie (actif aux batailles de Marignan et de Pavie), fut envoyé à Salon par François Ier pour combattre les troupes espagnoles : *"le sieur d'Aubigny vient s'établir à Salon avec ses compagnies, et de là il les envoie tous les jours faire le dégât à Pélissanne, Grans, Lançon, Aurons, Vernègues, Allein, Eyguières ..."* (Gimon, p.182, d'ap. Mézeray, Bouche, et César p.753 : *"Aubigni à Sallon pour le degast des villages voisins"*). L'invasion de la Provence se solde finalement par le retrait de l'armée impériale touchée par la famine, la dysenterie, et le décès du meilleur général de l'Empire, Antoine de Lève qui avait essayé de dissuader l'empereur d'entreprendre l'expédition de Provence (cf. CN 14 note PP 138). *"Le 13 septembre 1536, l'armée impériale partit d'Aix, après avoir saccagé la ville, dévasté les églises et brûlé le palais de justice ainsi que les archives du greffe."* (Gimon, p.186).

Les deux derniers vers suggèrent encore les massacres des protestants provençaux, les religionnaires de Mérindol et les Vaudois du Lubéron, descendants et héritiers spirituels des Albigeois du XIIe siècle, et vivant "entre" le massif du Lubéron et la Durance (la "Mésopotamie"), ou encore près de la Durance et à mi-chemin à vol d'oiseau entre le Rhône à Arles et la Durance aux alentours de La Brillanne. Un arrêt d'extermination du parlement d'Aix est promulgué en novembre 1540, dont François 1er suspend l'exécution sur les conseils du comte de Tende. Mais l'arrêt de 1540 (qui touche les principaux foyers de "l'hérésie" : Mérindol, Lourmarin, Cabrières) est finalement mis à exécution en 1545 lors des trop fameux massacres de la mi-avril 1545, politiquement commandités par le président du Parlement d'Aix, Jean

Maynier baron d'Oppède, et encouragé par la plupart des hauts dignitaires ecclésiastiques de la région dont les archevêques d'Arles et d'Aix, fortement compromis dans ce génocide idéologique : lesquels ont *"chaudement sollicité l'horrible exécution, avec offre d'en payer tous les frais"* (Gimon, p.216). Ceux-ci furent blanchis par le cardinal de Tournon dès août 1545, en dépit des vagues de protestation qui déferlaient sur le royaume. Le caractère engagé (mais retenu) de ce quatrain, favorable aux populations indépendantes et cultivées qui périront victimes de l'uniformisation idéologique française, pourrait expliquer la déformation prudente des noms aux premiers vers. On notera le singulier intentionnel au nom "camp" au troisième vers : ce sont par des provençaux que sont exécutés des provençaux.

La Mésopotamie nostradamienne désigne la Provence, le pays entre le Rhône et la Durance, et le quatrain rappelle les deux séries d'événements militaires ayant accablé la Provence et ses habitants entre 1536 et 1545. Cette hypothèse est confirmée par un présage de l'*Almanach pour 1555*, transcrit par Chavigny : *"Nostre Mesopotamie proche du Rhosne & de la Durance"...* (cf. CN 14, PP 158). On notera que **4 ans et 5 mois** (ou plus précisément 4 ans 4 mois et environ 24 jours) séparent l'arrêt du parlement d'Aix (du 18 novembre 1540) du début de l'invasion impériale de la Provence (26 juin 1536), et aussi du massacre des réfugiés du Lubéron (12-14 avril 1545) -- un procédé numérologique souvent utilisé par Nostradamus (cf. par exemple le fameux quatrain X 72, ou au CN 90).

On retrouve une description analogue ("*Gramineis ripis*") des événements d'avril 1545 dans l'*Almanach pour 1557* (cf. mon édition au CN 41) : *"Et icy devers nostre pays, prochain de la Durance à 3 lieues de Salon pres du rivage, Gramineis ripis virtuti & arce midoli, Hic multi occumbent defuncti, Munere vitae. Quando Sagitiferi fuerit lux ultima capitis."* (Beaucoup succomberont, ayant sacrifié leur vie, sur les vertes rives de la bravoure et à la citadelle de Mérindol, quand aura luit l'ultime lueur du début du Sagittaire.) Brind'Amour (p.463) corrige "midoli" en "Merindoli", les habitants de Mérindol, sans s'apercevoir que la prétendue faute est intentionnelle, sans rattacher le quatrain au massacre de 1545 (mais imaginant une allusion à une hypothétique invasion musulmane, pillée par Lemesurier en 2003) et sans s'interroger sur le dernier vers du texte latin et sa datation.

Louis Galaup de Chasteuil (1555-1598), un ami de César de Nostredame, croyait que le quatrain pouvait illustrer la défaite des protestants, le 13 septembre 1589, à Mallemort au sud de Mérindol. César rapporte le sonnet de son ami, *"En fin les champs herbeux du Vernegue & d'Allein / Ne veulent dementir l'oracle de la France, / Et les pieds du Lebron lavés de la Durance / Et relavés de sang ne veulent qu'il soit vain"* etc. L'*Histoire* de César porte en note marginale : *"Ceste deffaite presagee aux centuries de M. de Nostredame"* (César, p.879 ; sonnet repris par Leroy, p.175, et par Brind'Amour). Je doute que ces événements aient été suggérés par le quatrain, d'autant plus qu'aucun jeu de mots, ici aisé, n'est établi avec le lieu du conflit.

Aucune des dates indiquées (1536, 1540, 1545, 1589) ne correspond à une quelconque configuration au début du Sagittaire. En revanche lors de l'annexion de la Provence par la France sous Charles VIII, le 9 avril 1487, Saturne, la planète des repérages chronologiques nostradamiens, est bien à l'extrémité de la "tête" du Sagittaire, à environ 6° dans le zodiaque des constellations. C'est la première fois que je signale un tel repérage chez Nostradamus. L'hypothèse semble confirmée par le décès du dernier comte de Provence, l'homonyme de l'empereur espagnol Charles V d'Anjou, mort le 10 décembre 1481 à Marseille. A cette date la Provence est en sursis et en voie d'appartenance à la couronne française. Entre la date de ce décès et celle de l'annexion officielle du pays se sont écoulés exactement **5 ans et 4 mois**, période inversée de celle précédemment évoquée.

Le quatrain est une démonstration éclatante des techniques de Nostradamus : agglomération et mise en perspective d'événements relatifs à un thème donné, déformation des noms, repérage astronomique précis imbriqué dans un canevas numérologique, et conclusion morale. L'annexion de la Provence à la France se solde un demi-siècle après, par la persécution voire l'extermination de ses populations. Michel de Nostredame, bien plus qu'un simple versificateur ou un chroniqueur du passé tel qu'il est présenté dans les succursales académiques de la pensée formatée (les Brind'Amour, Prévost, Carlstedt, etc) ou dans les cabinets autodidactes de leurs suiveurs (les Clébert, Lemesurier et ses *alter ego* sévissant sur les blogs et wikis), est un philosophe visionnaire de l'histoire, passée et future, un peu à la manière d'un Oswald Spengler.

On retiendra les trois leçons de ce quatrain : 1- les almanachs font partie intégrante du texte oraculaire et complètent les Prophéties ; 2- la figure du Janus nostradamien est parfois tricéphale et peut regarder uniquement vers le passé ; 3- le zodiaque des constellations est parfois utilisé par Nostradamus, notamment quand le texte suggère une description anatomique.

L'indignation de Nostradamus lors de la condamnation de Michel Servet en 1553 : le quatrain IX 44

Le quatrain IX 44, en apparence une post-diction plus qu'une prédiction, est important ; c'est un quatrain à portée philosophique et morale : "Périront spirituellement ceux qui auront rompu tout contact avec les vérités du coeur". Son sens n'avait peut-être pas échappé à la lecture perspicace des exégètes de la nouvelle religion, probablement ses meilleurs lecteurs en son temps. En 1563, Jacques Grévin invective Ronsard (lecteur intéressé des *Prophéties*) en faisant allusion au quatrième vers de ce quatrain qui, de manière évidente, s'en prenait à la nouvelle église genevoise, instituée par l'acte du 21 mai 1536 (cf. une reproduction de l'acte sur le site de la République et Canton de Genève). Les "figues de prophetie" moquées par Grévin attestent de l'état corrompu de la première édition du second livre des *Prophéties*, probablement imprimé par Antoine du Rosne en 1558 (cf. CN 90).

Les quatre éditions Rigaud datées de 1568 sont *a priori* fautives (mais cf. *supra*) : y figurent au quatrième vers quelque chose comme "l'a ruent" pour **l'advent** ! Au premier vers, les éditions X et A donnent "Migres migre", l'édition B (c. 1572) donne "Migrés migrés", et l'édition C (c. 1574) "Migres migres" (Sur les différences entre les quatre éditions, cf. CN 87). Le sens suggère de lire **migres** ou **migrés** (les émigrés qui se réfugient à Genève pour échapper aux persécutions), puis **migrez** (comme on lit **fuyez** au premier vers du quatrain IX 46 de la même centurie).

Version provisoire du quatrain IX 44 :

Migrés migrez de Genesve trestous,
Saturne d'or en fer se changera,
Le contre RAYPOZ exterminera tous,
Avant l'advent le ciel signes fera.

(Lire "Le Contr'raypoz", 4 pieds, au vers C)

Le sens du premier vers, mis en relation avec le troisième, semble évident : "Déguerpissez tous, émigrés à Genève, tirez-vous de là ! Vous y serez exterminés." C'est la lecture qu'en ont faite les adeptes de la nouvelle religion, et notamment les calvinistes menacés, hormis que le terme "RAYPOZ" est resté une énigme jusqu'à ce jour.

Selon certains exégètes, RAYPOZ serait une anagramme approximative de Zopyrus ou Zopyros, le chef militaire perse qui aurait aidé Darius Ier à soumettre Babylone révoltée en se faisant passer pour un transfuge en décembre 522 (selon Hérodote). Leoni prétend que Zopyra ou Zopyro était un surnom choisi par Charles Quint : mais l'avertissement reste bien peu menaçant dans ce contexte, puisque l'empereur espagnol avait abdiqué en 1556 en faveur de son fils, deux ans avant sa mort. C'est une piste stérile.

RAYPOZ ou plutôt ZOPYRA, ce sont d'abord les vérités du coeur, les "semences éternelles", assimilées par Leibniz aux notions évidentes présentes dans la conscience antérieurement à tout raisonnement. Leibniz rappelle que J-C Scaliger, le premier et seul maître de Nostradamus, les nommaient ainsi : "Jules Scaliger particulièrement les nommait *semina aeternitatis*, item *Zopyra*, comme voulant dire des feux vivants, des traits lumineux, cachés au-dedans de nous, mais que la rencontre des sens [et des objets externes] fait paraître, comme les étincelles que le choc fait sortir du fusil. Et ce n'est pas sans raison qu'on croit que ces éclats marquent quelque chose de divin et d'éternel qui paraît surtout dans les vérités nécessaires." (Leibniz, *Nouveaux Essais sur l'entendement humain*, Paris, Garnier-Flammarion, 1966, p.34 ; Scaliger, *Electa Scaligerea*, éd. Christophorus Freibisius, Hanau, Wechel, 1634).

Le sens du troisième vers devient clair : "Tous périront par celui qui aura éradiqué les vérités du coeur". Ou autrement : "Périront tous ceux qui les auront éradiquées en eux".

RAYPOZ ou ZOPYAR inversé, c'est aussi l'**Ambrosia** de **ZOPYRE** (qui vivait à la cour de Ptolémée XII Aulète), l'antidote proposé par le médecin botaniste à Mithridate (cf. la lettre de Zopyre évoquée par Galien au livre II de son *Traité des Antidotes*). Le contre RAYPOZ serait donc son contraire, le poison absolu.

On serait tenté d'en conclure logiquement, en raison de la présence du terme "contre", que ce poison pourrait évoquer ce qu'on appellera la "contre Réforme", une expression qui n'est attestée que depuis le XIXe siècle. Ce serait encore une fausse piste. Les citoyens de la République de Genève n'ont jamais été obligés de fuir en raison d'une menace militaire animée par l'idéologie contre-réformiste qui s'essouffle au XVIIIe siècle. Et le second vers reste obscur, car le cycle saturnien qui semble y être indiqué, ne reprend qu'en 2242. Et en 1536, lors des accords signés pour la mise en place du nouveau régime genevois, on vient d'entrer précisément dans le cycle lunaire (cf. *L'épître à César*, # 33, CN 33).

Mais la malice de Nostradamus est "à double **rebras**" comme le souligne le pseudo-Daguenière, et ici une anagramme en cache une autre. En effet, c'est le second vers qui donne la clef de l'ensemble du quatrain, lequel n'a rien à voir avec les cycles planétaires habituellement utilisés par l'astrophile saint-rémois. Ce vers se lit simplement : "L'âge d'or (qui est saturnien et adviendra en l'an 2242 dans la préface à César) se changera en âge de fer". Car il est question ici du temps de la Réforme et des récents événements qui dans les années 1550, marquent pour Nostradamus le début de son déclin.

Le médecin, astrologue et théologien Miguel Servet est né en septembre 1511 à Villanueva de Sijena en Aragon. En février 1538 il enseigne l'astrologie à Paris et y fait imprimer son *Apologetica disceptatio pro Astrologia* interdite de vente et confisquée le mois suivant après un procès expéditif dirigé par le doyen de la faculté de médecine appuyé par les inquisiteurs de la faculté de théologie de Paris [cf. note *infra*]. Servet doit quitter la capitale. Il s'installe à Vienne en 1540 et y pratique la médecine sous le nom de Michel de Villeneuve (ou Michael Villanovanus). A la même époque Nostradamus était dans cette ville (cf. son TFC, p.219 ; CN 19) et y a peut-être rencontré son homonyme Michael, lequel s'identifiait à l'archange du même nom chargé de terrasser la Bête dans l'*Apocalypse*. Le **27 octobre 1553**, il est brûlé vif sur ordre du Conseil de Genève, après un procès inquisitorial au cours duquel Calvin fut nommé pour juger de la nature hérétique des idées de l'accusé.

Servet est l'objet du second vers, comme du terme "**contre**" au troisième, resté inexpliqué. En effet Miguel Servet y Revés était le fils d'Antonio **Revés** ("l'envers, l'opposé, le contraire" en espagnol). Ainsi "contre RAYPOZ" se lit "SERVET l'énergie lumineuse" (... s'opposant au fanatisme calviniste).

L'inquisiteur dominicain Matthieu Ory (1492-1557), responsable de l'arrestation de l'espagnol, est lui aussi désigné par l'expression "contre RAYPOZ" qui se lit aussi "**ORY** contre [la] **PAZ**" (la paix en espagnol).

SATURNE D'OR est une anagramme de **SERV(e)T D'AR**^{on}, ou d'Aragon -- "Saturne d'or en fer" signifiant **Servet d'Aragon en enfer**, l'enfer de l'inquisition réformée qui marquera le véritable déclin spirituel du mouvement sous l'autorité de Calvin puis de Bèze, la bête noire de Nostradamus et auquel il réplique dans ses *Significations de l'Eclipse du 16 Septembre 1559* (cf. CN 74).

[L'ensemble du vers se lit aussi comme une anagramme de SERVET D'ARagON CHANGERA L'ENFER en substituant un **l** à un ***f*** long, ou encore SERVET D'ARAGON SERA EN ENFER en substituant un **e** au groupe **ch**.]

Note : Servet débarque à Paris à l'automne 1536, suit les cours de la faculté de médecine durant l'année universitaire 1536-37, et à la rentrée de l'année suivante, enseigne au collège des Lombards "l'astronomie", c'est-à-dire l'astrologie comme discipline auxiliaire de la médecine, notamment d'après le traité sur les jours critiques de Galien, le *De diebus decretoriis*. Vers la mi-février 1538, des autorités de la faculté interrompent son cours sous les directives du doyen Jean Tagault. Servet réplique par un cinglant pamphlet écrit en quelques jours, *In quendam medicum Apologetica disceptatio pro Astrologia* (Discussion apologétique pour l'astrologie contre un certain médecin) qu'il fait imprimer à Paris à la fin février et dont il ne subsiste que deux exemplaires issus de deux tirages différents (à la BnF et à la Sorbonne). Il y dénonce les pratiques inquisitoriales des médecins de la faculté de Paris, qualifiés d'ignorants, et poursuit son discours par une défense de l'astrologie contre ses détracteurs. Les censeurs font appel à la faculté de théologie afin d'interdire la publication et de la retirer des ventes après un procès expéditif qui a lieu le 18 mars 1538. Au cours de ce procès, l'un des accusateurs évoque la possibilité du bûcher en s'appuyant sur Isaïe : "A ceste cause scait la court que par les constitutions civiles la peine des divinacions est *ad ignem*". Cette peine se sera pas retenue : là où les théologiens parisiens auront échoué, les fanatiques de la nouvelle république de Genève l'accompliront une quinzaine d'années après. [Mon résumé d'après l'introduction de Jean Dupèbe à la *Discussion apologétique pour l'Astrologie contre un certain médecin* de Michel Servet, Cahiers d'Humanisme et Renaissance 69, Genève, Droz, 2004 ; cf. aussi *"The discourse in favor of astrology (1538)"* in *Michael Servetus*, trad. angl. Charles O'Malley, American Philosophical Society, Philadelphia, 1953, p.168-188]. L'astrologue médecin est condamné à Genève pour des raisons ou pseudo-raisons théologiques, comme plus de deux siècles auparavant l'avait été l'astrologue italien Cecco d'Ascoli, mort sur le bûcher de l'Inquisition le 10 septembre 1327 à Florence (cf. l'*Aperçu sur la vie de Cecco* au CURA, 2002).

Comme dans le quatrain VI 23 (cf. CN 64), Nostradamus privilégie la cause des événements (ici les "anti-Zopyra" de Scaliger, c'est-à-dire l'insensibilité psychique au seul profit d'une intellectualité fanatisée par ses propres idéaux) à la description détaillée des faits, et en ce sens les quatrains du prophète saint-rémois atteignent une dimension philosophique voilée sous leur cachet poétique.

L'explication du quatrième vers devient limpide : l'exécution de Servet est le premier signe ou symptôme de ce déclin. L'avent commence le quatrième dimanche avant Noël, et l'expression "avant l'advent", en apparence un simple jeu de mots, suggère le redoublement de la durée de l'avent, soit à peu près deux mois avant Noël, date du supplice de Servetus.

L'analyse suggère même de reconsidérer l'orthographe du premier vers, et ici encore la version de l'édition la plus ancienne, l'édition X de 1568, pourrait bien s'approcher de la version originale, "Migres migre", à condition de marquer l'impératif au premier vocable et d'accentuer le second pour marquer la césure. Ainsi Nostradamus s'adresserait d'abord à Servet, et par extension aux réformés les plus sincères installés à Genève. Je ne peux m'empêcher d'observer enfin, à la suite de ces analyses, que la faute typographique "l'a ruent" pour **l'advent** au dernier vers pourrait être voulue : car "l'a ruent" ou **l'A ruent** signifie clairement "ils se débarrassent de l'Aragonais, ils le sacrifient" !

Migre migré de Genesve trestous,
Saturne d'or en fer se changera,
Le contre RAYPOZ exterminera tous,
Avant l'advent [l'a ruent] le ciel signes fera.

Fuis Genève, Servetus, toi qui es venu t'y installer, déserte cette ville avec tous tes amis !
On y verra Servet d'Aragon en enfer car l'âge d'or de la Réforme est révolu, et la liberté de conscience est désormais asservie à un contrôle implacable.
Ce martyre ne cessera d'empoisonner un mouvement gangrené par ceux qui ont oublié les vérités du coeur.
Le meurtre de l'Aragonais, deux mois avant Noël, en marquera le début du déclin.

Note Juillet 2013 : Je prends connaissance d'une interprétation de David Ovason, à mon goût embrouillée, emberlificotée et alourdie de présupposés ésotériques inutiles, s'appuyant par ailleurs sur un prétendu "langage des oiseaux" (Green Language) cher à l'auteur et déjà mis en lumière par Ionescu, mais qui rejoint la mienne, puisqu'il y est question des protestants de Genève et de Michel Servet, pourtant écarté du quatrain en raison de la date de son supplice, antérieure au quatrain : *"Had Michael Servetus not died in the flames of Geneva a few years before this quatrain was written, we might have seen him as the subject of this prediction."* (in *The secrets of Nostradamus*, 1997 ; New York, HarperCollins, 2001, p.213). Mais justement, Servet est bien le protagoniste du quatrain ! En l'écartant, Ovason s'interdit de comprendre le sens du dernier vers, comme il ignore les connotations du mot RAYPOZ qu'il assimile à tort au terme grec "raibos" (courbé, tordu), tout en en faisant un équivalent d'une "énergie spirituelle invisible" (p.209) ! La contradiction ne tue pas ...

Le décès du roi Henry II deux fois présagé par Nostradamus

La mort tragique du roi de France a été annoncée à mots couverts et à deux reprises : dans la première centurie des *Prophéties*, imprimées le 4 mai 1555, et dans l'*Almanach pour l'an 1557*, imprimé à l'automne 1556.

Le numéro du plus célèbre des quatrains de Nostradamus, à savoir **35** (dans la première centurie), vaut **13 + 22**, les nombres du Testament (cf. CN 176). De plus la préface à son fils César (1er livre des Prophéties) est datée d'**1 an, 2 mois et 11 jours** après sa naissance, et celle au roi Henry (2ème livre des Prophéties) d'**1 an et 13 jours** avant son décès (cf. CN 90). Une mort douloureuse et tragique qui a fait imaginer que cet oeil crevé au tournoi et ce sang dégoulinant sous le casque, étaient l'emblème pour Nostradamus du destin de la France.

Je reviendrai sur l'interprétation classique du quatrain 35 de la première centurie, célèbre à juste titre, et dont les sceptiques n'ont pas réussi à écorner la rectitude. Mais l'annonce du décès inopiné du roi de France se trouve astucieusement exprimée dans l'*Almanach pour l'an 1557*, à condition de savoir décrypter le texte hermétique de l'astrophile.

Nostradamus annonce à Catherine une "paix universelle" qui mettra fin à un demi-siècle d'hostilités entre les États européens, depuis l'occupation de Naples en 1494 par Charles VIII et la résistance organisée par le pape Jules II contre les ambitions françaises en Italie : "Par les presages & par le present Almanach est amplement declarée la constitution de la presente année, comprenant d'abondant une partie de l'année merveilleuse L V I I I & encores quelque chose de l'année L I X qui sera l'année de la paix universelle." (Lettre-épître à Catherine, cf. CN 42).

Il précise que ses présages pour 1557 concernent aussi les deux années suivantes, 1558 et 1559. Or qu'en est-il dans le texte de l'almanach ? Hormis deux mentions strictement météorologiques, le texte ne contient que **deux passages significatifs se rapportant à ces années** : l'un pour 1558, l'autre pour 1559.

"Diophanes en supputant depuis 1556 jusques à 1558 faisant inclusion de la presente [année 1557], & y avoit dens ce terme mutation de Monarchie, non du loyer mais du Prince, & mesmes concernant la supreme hierarchie, quoy que soit nous remettrons le tout a la puissance infinie de dieu." (f. B4v)

Diophanes de Nicée (1er siècle BC) est l'auteur d'un traité grec sur l'agriculture (les *Georgika*), aujourd'hui perdu, fondé en partie sur les effets météorologiques des phases lunaires. Ce traité astro-météorologique pourrait être l'une des sources premières de Nostradamus. Quelques extraits de ce texte sont mentionnés dans une compilation byzantine, les *Geoponika* de Bassus Cassianus, aussi attribuée au philosophe présocratique Démocrite.

Nostradamus fait dire à Diophanes que l'année 1558 verra un changement de prince et de gouvernement. Cependant le présage est repris un peu plus loin dans le texte, cette fois sous l'égide de "Démocrite" et de "Zoroastre", et se rapporte au mois de juin 1559.

"En ce moys [de juin] la France sera [fera] perte par quelques Princes estrangiers, par la mort inopinée, & d'estrange langue qui seront grandement a plaindre. Par les hebdomades de Democrite en met un *sub ariete* [sous le signe du Bélier], zoroastre le met a 1559 puis felicité." (f. B8v)

La portée du présage n'a pas échappé à Chavigny qui note en marge de son Recueil : "Mort du Roy Henry II presagée à 1559" (*Recueil*, p.73). Malgré l'obscurité du texte, quatre détails précis permettent d'identifier le présage : le mois de juin et l'année 1559 (Henry mortellement blessé au tournoi du 30 juin 1559), "par quelques Princes estrangiers" (allusion à l'écossais Gabriel de Montgomery), la mort inopinée (du roi de France), "en met un *sub ariete*" (Henry II né sous le signe du Bélier, le jeudi 31 mars 1519 (julien) à St-Germain-en-Laye sous un amas planétaire Soleil, Vénus et Lune en Bélier).

Nostradamus cherche néanmoins à brouiller les pistes en employant le pluriel pour désigner le meurtrier du roi, et en achevant l'énoncé de son présage sur une note optimiste (félicité). De même il termine sa déclaration pour le mois de juin par ces termes : "vie longue à ce grand C H Y R E N" (f. C1r), preuve qu'il s'agit bien du même personnage, ou tout au moins de celui que ses contemporains identifieront immédiatement par l'anagramme. "Longue vie au roi Henry" : ce sont probablement ces cris d'espoir qui ont été exprimés au soir du 30 juin 1559 dans l'entourage de l'accidenté, et que Nostradamus aurait entendu, par un don de clairaudience.

On lit encore à la même page une possible allusion à Diane de Poitiers, la maîtresse d'Henry II, écartée des funérailles et spoliée de ses biens par Catherine à la mort de son mari : "à la diane faire grandes pilleries & insultes" (f. C1r), et déjà un peu plus haut dans le texte : "aux habitans maritimes grandes vexations, & plus à la diana" (f. B2r).

Ajoutons que le successeur du roi défunt semble désigné par un jeu de mots sur son nom, presque à la fin des "présages" pour septembre : "plusieurs autres cas des nouvelles apportées au grand Roy du nouveau Roy, qui resjouyront les François" (f. C8v). Ces "nouvelles apportées" (par Nostradamus lui-même lors de son voyage à Paris), "au grand Roy" (Henry II), "du nouveau Roy" (son fils qui lui succédera), avaient déjà été signalées dans *Les Présages merveilleux pour l'an 1557* : "A la court grande royale seront apportees nouvelles du pays du cinquiesme climat qui les resjouiront grandement." (f. A8v) Ces allusions à peine voilées n'ont pas échappé aux détracteurs du moment, aux Videl, "La Daguenière" et autres envieux, qui ont au moins le mérite d'avoir compris les intentions du salonnais beaucoup mieux que ne le permettent l'obscurantisme des litanies sceptiques pseudo-rationalistes, ou les fantaisies des exégètes illuminés, ignorant pour la plupart, les uns comme les autres, les variantes des textes, leur filiation, et leur contexte. François II sera sacré à Reims le 18 septembre 1559, soit précisément au mois indiqué.

Par ces exemples, on commence à comprendre comment fonctionnent les présages en prose des publications annuelles : noyées dans un amoncellement d'apparentes absurdités et d'élucubrations incompréhensibles, surgissent quelques perles d'une précision absolue.

Le prophète salonnais a su donner le change, et enfouir ses visions dans une pléthore de propositions extravagantes, astrologiques, socio-politiques, ou météorologiques.

Quatrain I 35 (texte de la 1ère édition : mai 1555)

Le lyon jeune le vieux surmontera,
En champ bellique par singulier duelle,
Dans caige d'or les yeux luy crevera:
Deux classes une, puis mourir, mort cruelle.

Résumé des faits historiques : Dans le cadre des festivités données pour les mariages princiers scellant la réconciliation entre les puissances catholiques d'Europe, Henri II est blessé à l'oeil le 30 juin 1559 dans une joute contre l'écossais Gabriel de Montgomery, et meurt dix jours plus tard d'un abcès au cerveau. Le décès est rapporté dans *L'Histoire de France* parfois attribuée à Jean Le Frère de Laval (+ 1583) ou, selon Du Verdier (p.781), à Henri-Lancelot Voisin, sieur de La Popelinière (1541-1608) : "Le Roy fut attaint d'un contrecoup si droit en la visiere : que les pieces du bois luy entrerent par l'un des yeux dans le test qu'en resta feslé au derriere, & le cerveau si estonné que l'apostume qui s'y forma le rendit mort le 10 Juillet unze [sic] jours apres sa blessure : en la fleur & plus grand bruit de son aage." (La Rochelle, 1581, 1.5, p.140r)

[Les accidents en tournoi n'étaient pas rares. Gaspard de Saulx-Tavannes, l'un des juges du présent tournoi, eut un accident similaire le 17 juin 1541 lors des cérémonies du premier mariage de Jeanne d'Albret à Châtellerault : "la teste traversée d'un coup de lance (...) l'oeil qui estoit hors de sa teste", mais guérit de ses blessures après s'être extrait le tronçon de la tête (*Mémoires de Tavannes*, éd. Petitot, T. 23, 1822, p.296-297).]

Les trois premiers vers du quatrain sont mentionnés par César en 1614 : "un certain personnage excellent sembloit avoir monstré au doigt à l'un de ses quatrains prophetiques quelques ans auparavant (...) Prophetie à la verité estrange, où pour la cage d'or se void le timbre Royal depeint au vif" (Caesar de Nostradamus, *Histoire*, 1614, p.782).

César entend par "timbre", le casque ou la partie du casque qui protège le crâne. Curieusement il ne mentionne pas le nom de son père, et la note marginale ("Michel de Nostredame en ses centuries & propheties") a probablement été rajoutée par son éditeur (cf. CN 10). Comme semble l'indiquer la suite du texte, César réprouve des pronostics qu'il juge issus d'un mysticisme hérétique, et arrange à l'occasion les vers de son père, en transcrivant "vieil" (plus raffiné que "vieux"), "cage", et surtout "bellic", qui supprime la césure féminine que son père pratiquait, mais que le fils, à l'école des poètes mondains, condamne.

Curieusement encore, Chavigny ne mentionne pas ce quatrain dans son *Janus*, quatrain qui a dû être célébrissime dès le soir de l'accident, quoi que se plaisent à nier certains exégètes de l'école sceptique. Absence de témoignage, ou plus vraisemblablement témoignages perdus ou détruits, ne font pas preuve.

Balthasar Guynaud a identifié le contexte du quatrain dans sa *Concordance* (1693, pp.88-90). Et Anatole Le Pelletier résume : "Montgomery terrassera Henri II en champ clos, dans un tournoi où ils jouteront l'un contre l'autre, seul à seul ; il lui crèvera l'oeil d'un coup de lance porté au travers de la visière d'or de son casque." (*Les oracles*, 1867, vol. 1, p.72-73). L'interprétation devenue classique est reprise par la plupart des exégètes, hormis quelques sceptiques farouchement hostiles à la possibilité d'un texte visionnaire, et qui s'acharnent sans succès sur quelques morceaux de vers (cf. mon texte "*Le quatrain VI 23 et la critique des méthodes dites rationalistes*", CURA, 2004).

vers 1 : *Le lyon jeune le vieux surmontera*

La construction est calquée sur le latin (sujet, complément d'objet à l'accusatif, verbe) et prévient contre l'inversion des noms. Le capitaine de la garde écossaise Gabriel de Montgomery (1530-1574), fils aîné de Jacques, sieur de Lorges, n'avait pas trente ans au moment de la joute, et Henry II en avait quarante. Le combatif et intrépide roi de France est qualifié de lion en raison de son rang, et le jeune Montgomery arborait le blason de son pays, sur lequel figurait un lion dit rampant. Les deux lions pourraient désigner Charles Quint, le vieux (né en 1500) et Henry II, le jeune (né en 1519) comme en témoignent certains présages des pronostications annuelles, par exemple pour les années 1553 et 1557 : *"Vray est que devoit sortir un grand Prince Ecclesiastique pour concilier la paix entre deux Lions : mais recordatif de quelque haine, s'en demettra."* (1553) ; *"une paix qui encores ne se treuve nullement : mais est entre les deux plus que invincibles Lyons, & sera de telle forme & inviolable confederation, que les regions sugettes à la martiale digladiation* [combat militaire acharné] *d'une supreme rejouissance les assiegez de coeur chanteront."* (1557). Mais il s'agit bien évidemment d'une fausse piste.

vers 2 : *En champ bellique par singulier duelle*

Ce vers décrit le cadre des joutes de la rue Saint-Antoine devant l'hôtel des Tournelles, qui eurent lieu du 28 au 30 juin, pour célébrer les deux mariages princiers scellant la paix de Cateau-Cambrésis. Les termes sont d'origine latine : "bellique", du latin *bellicus*, relatif à la guerre, au combat. Et le latin *duellum* est aussi employé de manière archaïque pour désigner le combat -- possible estimation par Nostradamus du caractère moyenâgeux de ces pratiques. L'expression "par singulier duelle" n'est qu'une transposition du latin *per singulare duellum* (dans un combat extraordinaire).

vers 3 : *Dans caige d'or les yeux luy crevera*

Louis de La Planche (c. 1530-1580) fait allusion à un "esclat de lance qui le frappa dans l'oeil" (*Histoire*, 1576, p.6), et Pierre de Bourdeille (c. 1534-1614), l'abbé de Brantôme, écrit : "il fut attainct du contre-coup par la teste dans l'oeil où luy demeura un grand esclat de la lance, dont aussitost il chancella sur la lice" (in *Oeuvres complètes*, éd. Ludovic Lalanne, 1867, vol. 3, p.273). La "caige" du quatrain dépeint le heaume royal, ou plus spécifiquement la visière, par laquelle Henry est touché par son adversaire. Cependant, aucun témoignage n'indique que ce heaume fut doré ou rehaussé d'or, ou non. Cependant Henry II affectionnait les parures en or comme en témoignent ses accoutrements lors de son entrée à Lyon en 1549 : il est vêtu "d'un riche saye [saie] tout d'orfevrerie de fin or" et son cheval d'une "entrelasseure de gros cordons & houppes d'or", puis de "quelques frange(s) d'or tout autour de son manteau" (in *La magnificence de la superbe et triumphante entree de la noble & antique Cité de Lyon faicte au Treschrestien Roy de France Henry deuxiesme de ce Nom*, Lyon, Guillaume Rouillé, 1549, ff. D2v et L4r).

Les adversaires de cette interprétation soulignent que le roi n'a été blessé qu'à un oeil. Cependant un projectile qui pénètre au-dessus du sourcil droit et sort derrière l'oeil gauche, perce la zone d'entrecroisement des nerfs optiques et provoque la cécité totale. Henry II est devenu totalement aveugle dans les jours qui suivirent l'accident.

vers 4 : *Deux classes une, puis mourir, mort cruelle*

Le second hémistiche dépeint avec précision l'issue dramatique de l'accident : Henry devait mourir dix jours plus tard, malgré l'agitation et les tentatives des chirurgiens qui ont fait venir des condamnés à mort pour reproduire *in vivo* l'état organique du roi blessé ! La répétition des termes mourir/mort souligne son agonie, et/ou dépeint aussi celle des cobayes des chirurgiens.

Le premier hémistiche, qu'on retrouve au quatrain VI 77, peut suggérer les trois passes du roi Henry : les deux premières contre le duc de Savoie et le duc de Guise, puis la troisième, mortelle, contre le capitaine écossais. Le terme "classes" pourrait s'appliquer aux deux groupes de médecins et chirurgiens s'affairant au rétablissement du roi, le groupe d'Ambroise Paré, et celui d'André Vésale, dépêché de Bruxelles par Philippe II et arrivé le 1er juillet au chevet du roi (Koji Nihei, 11-2008). Le terme "classes" ne proviendrait pas, ici, du latin *classis* (armée, flotte), mais du grec *klasis* (brisure, cassure), comme l'a compris Le Pelletier, et par suite désigne aussi, par métonymie, le résultat de la brisure, c'est-à-dire les fragments ou éclats de la lance qui ont pénétré par la visière royale.

Or les esquilles du tronçon de lance qui ont atteint la visière du roi Henry ont été dessinés par l'évêque de Fermo et par Louis de Gonzague le jour même de l'accident et le lendemain. (cf. la lettre de l'évêque de Fermo au cardinal de Naples, 30 juin 1559, in Archives du Vatican, *Principi*, XI, f.495 ; la lettre de Louis de Gonzague au duc de Mantoue, 1er juillet 1559, in Archives d'Etat de Mantoue, *Francia* ; cf. Lucien Romier, "*La mort de Henri II*", Revue du seizième siècle, 1, 1913, p.141). Les éclats fichés dans l'oeil sont au nombre de deux, et l'un d'eux aurait provoqué la cécité du roi et sa tumeur mortelle.

Brantôme signale qu'un texte (sous forme de nativité, i.e. d'horoscope) avait été présenté au roi avant son décès par un devin non nommé : "J'ay ouy conter, et le tiens de bon lieu, que, quelques années avant qu'il mourust (aucuns disent quelques jours), il y eut **un devin** qui composa **sa nativité** et la luy fit presenter. Au dedans il trouva qu'il debvoit mourir en un **duel et combat singulier**. M. le connestable y estoit present, à qui le roy dit : *"Voyez, mon compere, quelle mort m'est présagée. — Ah, Sire, respondit M. le connestable, voulez-vous croire ces marauts, qui ne sont que menteurs et bavards ? Faites jetter cela au feu. — Mon compere, repliqua le roy, pourquoy ? ils disent quelquesfois verité. Je ne me soucie de mourir autant de ceste mort que d'une autre ; voire l'aymerois-je mieux, et mourir de la main de quiconque soit, mais qu'il soit brave et vaillant, et que la gloire m'en demeure."* Et sans avoir esgard à ce que luy avoit dict M. le connectable, il donna ceste **prophessie** à garder à M. de l'Aubespine, et qu'il la serrast pour quand il la demanderoit. (...) Or le roy ne fut pas plustost blessé, pansé et retiré en sa chambre, que M. le connestable, se souvenant de ceste **prophessie**, appella M. de l'Aubespine et luy donna charge de la luy aller querir, ce qu'il fit ; et, aussy tost qu'il l'eut veue et leue, les larmes luy furent aux yeux. *"Ah! dit-il, voylà le combat et* ***duel singulier*** *où il debvoit mourir. Cela est faict, il est mort."* Il n'estoit pas possible au devin de mieux et plus à clair parler que cela, encor que de leur naturel, ou par l'inspiration de leur esprit familier, ils sont tousjours ambigus et doubteux ; et ainsy ils parlent tousjours ambiguement, mais là il parla fort ouvertement. Que maudict soit le devin qui prophetisa si au vray et si mal!" (Pierre de Bourdeille, abbé de Brantôme, *Vies des grands capitaines estrangers et françois du siecle dernier, emprereurs, roys, princes et gentilhommes*, in *Oeuvres*, éd. Jean

Buchon, Paris, R. Sabe, 1848, chap. 73, p.309-10).

Le passage de Bourdeille est cité par Torné dans ses *Portraits prophétiques d'après Nostradamus* (Poitiers, Henri Oudin, 1871, p.12) ainsi que le premier vers du quatrain de juin 1559 : *De maison sept par mort mortelle suite*) Les sept sont les enfants orphelins du roi : les futurs François II, Charles IX et Henry III, les trois filles Elizabeth, Claude et Marguerite, et Hercule qui deviendra François de France.

On notera les expressions "prophessie" et "duel singulier" (marquées en gras dans le texte de Brantôme). Cette dernière est celle-là même choisie par Nostradamus dans le quatrain I 35. Les négateurs de Nostradamus et autres obscurantistes ont refusé d'attacher de l'importance à ce témoignage, et avancé que l'interprétation du quatrain n'était pas reconnue en ce temps, s'appuyant sur un almanach falsifié (cf. CN 64) et sur les spéculations douteuses de Chavigny. Or l'expression *"singulier duelle"* qui figure dans les éditions de 1555, 1556 et 1557, dont celle qui avait été imprimée à Paris à la demande de Catherine de Médicis (cf. CN 25, n°3), n'a pu passer inaperçue alors que la reine et son entourage lisaient assidûment les oeuvres du voyant saint-rémois. On doit en conclure, et d'autant plus que la dite nativité n'a pas été retrouvée, que Brantôme confond le texte des Prophéties avec une dépêche de Luca Gaurico (1476-1558) avertissant Henry II en février 1556 du danger de cécité et de mort lors d'un duel vers 41 ans. [La dépêche de 1556 est confondue avec un autre courrier de Gauric, prétendûment envoyé au duc Hercule de Ferrare en 1552 et dont l'origine controuvée remonterait à Guy Du Faur de Pibrac.]

En effet, d'après le secrétaire d'Etat Claude de L'Aubespine (1510-1567), dans une dépêche reçue à Blois le soir même de la trêve de Vaucelles (un traité signé le 5 février 1556 près de Cambrai entre Charles Quint et Henry II), Gauric aurait prédit le danger mortel menaçant le roi dans sa 41ème année, ce qui confirmerait le témoignage de Brantôme : "Le soir, à l'arrivée, on receut une despeche de Rome, où estoit l'oroscope du Roy, composé par Gauricus. Je le mis de latin en françois pour le faire entendre au Roy. Cest oroscope fut négligé jusques au jour de la blessure du dict seigneur, dont je représentay la coppie, qui donna beaucoup d'esbahissement." (Claude de L'Aubespine, *Histoire particulière de la court du Roy Henry II*, in L. Cimber et F. Danjou, Archives curieuses de l'Histoire de France, 1.3, Paris, 1835, p.295-296). En note, après "tramite perducetur", derniers mots de l'horoscope d'Henry II au "Livre des Nativités", i.e. au "Tractatus astrologicus" de 1552 (Venise, Bartolomeo Cesano pour Curtius Troianus Navo, 1552, p.42v) : *"A Gaurico observata quinquennio ante ipsius genitura, monuerat eum per literas, ut circiter unum & quadragesimum aetatis annum vitaret duellum, astra minari vulnus in capite, quod vel coecitatem vel mortem continuo adferret."* (ibid., p.295 avec quelques erreurs de copie ; provient de l'*Adparatus litterarius* de Friedrich Gotthilf Freytag, Leipzig, Weidmann, vol. 3, 1755, p.743) *"... pourvu que vers sa quarante-et-unième année il se gardât d'un duel, son étoile le menaçant d'une blessure à la tête qui entraînerait incontinent la cécité ou la mort."* La source exacte de la citation latine n'est pas donnée par les éditeurs des *Archives Curieuses*, laquelle source pourrait être le complément horoscopique envoyé par Gauric de Rome. Cependant, même si la source manuscrite du témoignage devait être retrouvée, la parution du quatrain I 35 dans les Prophéties précède de neuf mois la dépêche de Gauric. **L'astrologue italien aurait eu un exemplaire des Prophéties sous les yeux, et serait le premier à avoir identifié le quatrain I 35 !**

La fortune du quatrain X 39 (la mort de François II et le destin tragique de Marie Stuart)

En novembre 1560, François II, roi de France et d'Écosse, né à Fontainebleau le samedi 19 janvier 1544 (1543 ancien style), vers 16h30 selon Anselme de Sainte-Marie (*Histoire généalogique et chronologique de la maison royale de France*, Paris, Compagnie des Libraires, 1726, p.137), tombe malade, et les diplomates étrangers en fonction à la cour royale commencent à s'inquiéter des conséquences possibles de son imminent décès.

Le 2 novembre 1560, l'ambassadeur toscan Niccolo Tornabuoni "parle, sans détail, de la maladie qui s'aggrave rapidement et cite une prophétie de Nostradamus" (Jean Lestocquoy, *Correspondance des nonces en France Lenzi et Gualterio, légation du cardinal Trivultio (1557-1561)*, Rome, Université Pontificale Grégorienne, 1977, p.67 ; d'après le ms Mediceo 4594, Firenze, Archivio di Stato, fol. 266).

S'agit-il d'une "prophétie", c'est-à-dire d'un quatrain des centuries, ou d'un "présage" en prose ? Jean Moura et Paul Louvet affirment que "chaque courtisan se rappelle alors le quatrain 39 de la centurie X de Nostradamus et la commente à voix basse" (in *La vie de Nostradamus*, Paris, Gallimard, 1930, p.208) -- un "ouvrage à utiliser avec précaution" selon Simonin (1984, p.66), mais la citation, traduite par Edgar Leoni en 1961 (p.30), figurerait dans la dépêche de l'ambassadeur vénitien Michele Suriano datée d'Orléans le 20 novembre 1560, quinze jours avant le décès de François II, d'après un manuscrit du XVIIIe siècle (*Dispacci degl'ambasciatori veneziani*, BnF ms fds italien 1721), qui semble à Brind'Amour "d'une authenticité certaine" (1993, p.39).

Ivan Cloulas reprend le témoignage : "un quatrain de Nostradamus indiquait que le premier fils de la reine veuve mourrait "avant dix-huit ans" et ne laisserait aucun enfant. Une prédiction du même Nostradamus, pour le mois de décembre 1560, disait que la maison royale de France perdrait "ses deux plus jeunes membres" de maladie inopinée." (1979, p.151), ajoutant que les Guise font alors publier, pour rassurer l'opinion, des prophéties attribuées à un évêque de Viterbe.

Brind'Amour donne un autre texte de la dépêche de Suriano d'après le même manuscrit : "on discute aussi d'un pronostic fait par les astrologues [i.e. Nostradamus], à savoir qu'il ne passera pas la dix-huitième année de son âge." (*Dispacci degl'ambasciatori veneziani*, BnF ms fds italien 1721, traduit par Brind'Amour, 1993, p.39). "Avant dix huict" lit-on au troisième vers du quatrain X 39, et François II meurt le 5 décembre 1560, suite à une infection à l'oreille, quelques semaines avant d'entamer sa dix-huitième année.

Version de la 1e édition Rigaud (X) de 1568 (exemplaire de Grasse)

Premier filz vefve malheureux mariage,
Sans nulz enfans deux Isles en discord,
Avant dix huict incompetant eage,
De l'autre pres plus bas fera l'accord.

On retrouve quelques bien vagues allusions à ces événements dans divers ouvrages de Nostradamus :

"Vray est que *par maladie mourra un duquel la mort donra grand empeschement* : mais ce nonobstant le tout sera conclud & fait." (présage de décembre, in *Pronostication nouvelle pour l'an 1559*, fragment rapporté par Chavigny ; cf. Chevignard, 1999, p.375).

"Il fault bien necessairement que ceste annee icy advienne quelque grand cas, par ce moyen qui ne se pourra extendre le faict des futures predictions *jusques a l'eage de 18 ans, ou sera le faict ou failly.* (...) & les plus grandes seront en leurs extremes dangers par l'administration de leurs vivres, je ne veulx pas parler plus avant, & *cela n'adviendra pas a une seule, mais a plusieurs tant vefves qu'autrement*, des plus grandz seigneurs & monarques souverains seront constituez en extreme danger de mort, & le tout naturellement" (in *Pronostication nouvelle pour l'an 1560*, Lyon, Brotot & Volant, f.A3r).

"*Les mortz inopinees* qui parviendront durant ces trois moys [de l'automne 1560] feront bien a penser." (in *Pronostication nouvelle pour l'an 1560*, Lyon, Brotot & Volant, f.C2r)

"*La mort inopinee d'aucuns plus apparens & mediocrement aagez* ne sera sans grandissime trouble." (dernier quartier de la lune de décembre [du 10 au 17 décembre], in *Almanach pour l'an 1560*, Paris, Guillaume le Noir, f.E4).

Ainsi en novembre 1560, on s'inquiétait sérieusement de la mort du roi de France qui allait entrer dans sa dix-huitième année. Le 3 décembre 1560, l'ambassadeur toscan Niccolo Tornabuoni cite un présage de Nostradamus trouvé dans ses prédictions pour le mois de décembre (pris dans l'*Almanach pour 1560* d'après Brind'Amour (1993, p.40), quoiqu'on ne trouve rien de tel dans le dit almanach) : "*il più giovane perderà la monarchia di malatia inopinata*" [le plus jeune perdra la monarchie de maladie inopinée] (Jean Lestocquoy, *Op cit.*, p.67, d'après le ms Mediceo 4594, Firenze, Archivio di Stato, fol. 370 ; Abel Desjardins, *Négociations diplomatiques de la France avec la Toscane*, Paris, Imprimerie impériale, vol. 3, 1865, p.428 ; cité aussi par Michel Simonin en 1984). En outre, en 1560, le plus jeune fils de Catherine, c'est Hercules, le futur duc d'Alençon, et non François II.

Anatole Le Pelletier reconstruit et interprète ainsi les trois premiers vers du célèbre quatrain : "Le fils aîné mourra jeune, avant dix-huit ans, après un mariage malheureux qui laissera sa veuve sans enfants ; sa mort mettra deux îles en discorde. (...) François II, fils aîné de Henri II, mourra à la fleur de l'âge, âgé de moins de dix-huit ans ; il laissera Marie Stuart sans enfants, après un malheureux mariage qui aura duré moins de deux années. Sa mort fera éclater une grande discorde entre Élisabeth et Marie Stuart, reines d'Angleterre et d'Écosse." (*Les oracles*, 1867, vol.1, pp.84-85).

Chavigny avait déjà donné les pistes essentielles de cette interprétation (*Janus*, 1594, p.76):
a. Le Roy François II meurt d'un mal d'oreille le 14 de ce mois, autres disent le 4 sans enfans.
b. Il presage la discorde que fut apres entre les deux Roines, d'Angleterre & Escosse.
c. Marié fort jeune, n'ayant plus de 15 ans.

d. Charles IX prist femme à vint ans accomplis.

L'interprétation est partagée par de nombreux interprètes. Nostradamus aurait pu écrire "*vefves*" au pluriel, car François II est tout à la fois le fils aîné d'une veuve que l'époux de Marie Stuart qu'il laissera veuve. Ainsi les deux premiers vers semblent relater tout autant le destin tragique de Marie Stuart, épouse du premier fils de la veuve Catherine, devenue veuve à son tour par son mariage malheureux avec un roi maladif qui la laisse sans enfants et dans l'isolement, lequel marquera son destin et ses relations conflictuelles avec les anglais et les protestants d'Écosse. On aurait apprécié aussi que Nostradamus accordât le pluriel à "*mariage*", celui de Catherine, comme les deux futurs mariages de l'attachante Marie Stuart.

Notons que la mention "*sans nulz enfans*" s'applique aussi bien à Marie Stuart (au décès de son premier mari) qu'à Elisabeth d'Angleterre (qui n'en aura jamais) : **ce sont elles qui pourraient être désignées par l'expression métaphorique "*deux Isles en discord*"**. Nostradamus reste très sensible aux destins féminins, comme l'a fort justement observé Dumézil en 1984 dans son interprétation du quatrain IX 20. Et l'expression "Avant dix huict" évoque tout autant les **dix-sept mois du règne de François II** que les dix-sept années de sa courte vie.

Brind'Amour (1993, p.39), qui apparemment ignore les vers C-D du quatrain V 93 (*L'isle d'Escosse fera un luminaire / Qui les Anglois mettra à desconfiture.*), déclare éprouver des difficultés à interpréter le second hémistiche du second vers ! (cf. aussi la mention des "fins des isles Britanniques" en C2r de la *Pronostication pour l'an 1555*). Plus sérieusement, seul le quatrième, qu'on a commencé à interpréter après le décès du jeune roi, reste obscur.

Quelques années après le décès de François II, le quatrain X 39 est à nouveau présent dans les esprits. Dans une lettre du 4 avril 1565, l'ambassadeur d'Espagne Don Francés de Álava y Beamonte, le successeur de Perrenot de Chantonnay, fait part à Philippe II d'Espagne d'une prédiction de Nostradamus concernant des projets d'alliance entre la France et l'Angleterre : "*El embaxador de Inglaterra vino oy á verme, y ha discurrido comigo un rato en su Reyna y en la de Escocia.*

Dize que, con el juizio que Nostradamus ha echado de que ha de casar este Rey con su ama, piensan Franceses traer engañada la dicha su ama, pero que yo vere en lo que para, que será tener mas enemistad que nunca confiancia" -- qu'on traduira : "Aujourd'hui l'ambassadeur d'Angleterre est venu me voir, et il a réfléchi avec moi quelque temps au sujet de sa Reine et de celle d'Écosse. Il a dit qu'en raison du jugement que Nostradamus a émis, que ce Roi [Charles IX] devait se marier avec sa maîtresse et que les Français pensent tromper le bonheur de sa maîtresse, mais je verrai ce qui ressortira de tout cela car cela risque de provoquer plus d'inimitié que jamais et pas de confiance." (Fonds Simancas, liasse B 19 n.71 ; cf. Alexandre Teulet, *Relations politiques de la France et de l'Espagne avec l'Écosse au XVIe siècle*, vol. 5 (1562-1588), Paris, Veuve Jules Renouard, 1862, p.10).

L'ambassadeur espagnol fait allusion au fait que Charles IX, le frère cadet de François, devrait épouser la reine Elisabeth d'Angleterre, selon Nostradamus, c'est-à-dire en raison d'une interprétation du quatrième vers du quatrain : "*De l'autre* [fils] *pres* [le plus proche] *plus bas* [géographiquement] [se] *fera l'accord* [de mariage]" !

Une dépêche de Catherine de Médicis de janvier 1565 confirme son projet de marier son fils Charles IX à la reine d'Angleterre (citée et commentée par François Mignet, *Histoire de Marie Stuart*, Paris, Didier, vol.1, 1852, pp.194-195) : "Catherine de Médicis imagina de lui [Elisabeth] offrir pour mari Charles IX. Ce projet étrange d'unir un jeune homme de moins de quinze ans et une femme de plus de trente, un catholique et une protestante, le roi de France et la reine d'Angleterre, fut mis en avant vers l'automne de 1564. (...) Elle chargea Paul de Foix, son ambassadeur à Londres, d'en faire à Elisabeth la proposition formelle. "*Je désirerois*, lui dit-elle, *estreindre notre amytié d'un lien plus estroit, et je me sentirais la plus heureuse mère du monde si un de mes enfants, d'une bien aimée soeur, m'en avoit fait une très-chère fille.*" (Dépêche de Catherine de Médicis à Paul de Foix, en date du 24 janvier 1565, ms BnF fds Saint-Germain Harlay, 218).

Le capitaine Michel de Castelnau avait été mandaté, en septembre 1564, pour demander la main de la reine au nom du roi. Il rapporte la réponse d'Elizabeth : "le roy Très-Chrestien son bon frere (se sont ses paroles) estoit trop grand et trop petit", c'est-à-dire à la fois trop puissant par ses terres, et trop jeune pour elle (Michel de Castelnau, *Mémoires*, éd. Petitot, Paris, Foucault, 1823, p.343).

Ces transactions répétées, pour le mariage de Charles IX avec Elisabeth, de **dix-sept ans** son aînée, échoueront, malgré les démarches de Catherine qui se fiait inconditionnellement au devin provençal. Notons que le troisième vers du quatrain et la différence d'âge entre les époux promis semblaient renforcer l'interprétation du quatrain, probablement commune en 1565. Mais les conseillers de Catherine auront été de piètres interprètes du texte nostradamien.

Le Pelletier et d'autres ont recyclé cette interprétation "classique" pour les fiançailles puis le mariage en 1570 de Charles IX avec Elisabeth d'Autriche. Mais alors que l'expression "*plus bas*" convenait parfaitement à la situation géographique des deux "îles" britanniques, l'interprétation que Le Pelletier en donne semble forcée : Charles IX aurait été fiancé dès l'âge de onze ans, plus tôt que son défunt frère -- ce qui est faux, car François II a été promis à Marie Stuart dès le 27 janvier 1548, soit à l'âge de quatre ans (d'après un accord signé à Châtillon) !

Il semblerait, par le quatrième vers, que Nostradamus ait réussi à piéger ses contemporains comme la plupart de ses futurs exégètes. En effet l'expression "*incompetant eage*" (avec peut-être un jeu de mots *eage / aeger* (malade) pour le latiniste) n'évoque pas une quelconque impuissance pour le mariage ou la procréation, mais une incompétence pour l'exercice du pouvoir "avant dix huict" ans. Et l'accord évoqué à la fin du quatrain, ne se rattache pas au "*mariage*" du premier vers, mais à l'incompétence évoquée au vers précédent.

Autrement dit : c'est de la majorité du roi de France dont il est question dans le quatrième vers. A l'avènement de François II qui n'avait que quinze ans à la mort de son père, la majorité du roi, c'est-à-dire la fin de la tutelle, est proclamée à l'échéance de la quatorzième année. Mais le problème se repose pour Charles IX qui n'a que dix ans à la mort de son frère aîné. Le chancelier Michel de L'Hospital propose que le roi soit "déclaré majeur au début de sa quatorzième année et non à la fin." (Jouanna & al., 1998, p.1067). Ainsi, le 19 août 1563, Charles IX, âgé de treize ans et presque deux mois, est déclaré majeur, mais Catherine de Médicis continue d'exercer le pouvoir en son nom.

Ainsi faut-il lire le quatrième vers : *l'accord sur l'âge de la majorité des rois se décidera encore plus tôt* ("plus bas") *pour Charles IX* ("l'autre pres") *que pour son frère aîné*. De cette incompétence naîtront selon Nostradamus des problèmes nouveaux, et le décès prématuré de François II provoquera la guerre civile religieuse en Écosse et les conflits avec l'Angleterre. Ici encore, l'historien-prophète ne se contente pas de présager -- obscurément -- des faits, mais il les associe afin d'en extraire un sens historique.

Le quatrain 23 de la centurie VI et la critique des méthodes dites rationalistes (La journée des Barricades)

"Le Dieu Janus jadis à deux visaiges,
Noz anciens ont pourtraict & trassé:
Pour demonstrer que l'advis des gens saiges,
Vise au futur, aussi bien qu'au passé."
(Guillaume de La Perrière, Le Theatre des bons engins, 1545)

Certains interprètes prétendent qu'on ne trouve pas d'anagrammes dans les quatrains de Nostradamus, si ce n'est soulignées par des majuscules. Alors on pense immédiatement au quatrain VI 23, introduisant le quatrième vers par le fameux *Rapis*, anagramme indigne en apparence du *poeta hermeticus*, à une époque où les jeux de mots étaient monnaie courante.

Ainsi, dans l'exemplaire d'Utrecht (édition de 1557), plus fiable que celui de Budapest:

D'esprit de regne munismes descriees,
Et seront peuples esmeuz contre leur Roy:
Faix, faict nouveau sainctes loix empirees,
Rapis onc fut en si tresdur arroy.

La version de l'exemplaire de Budapest donne *Paix* au lieu de *Faix*, et introduit une virgule après nouveau ; les éditions Benoist Rigaud de 1568 accentuent les adjectifs de fin de vers 2 et 4 : *descriées, empirées.*

Paris, jamais (*onc*), ne fut dans une situation si difficile et en si mauvaise posture (*arroy*), ou encore désarroi par aphérèse. Depuis la mort de Henry II et avec les guerres de religion qui viennent de commencer, on s'attend au pire en France. La fin des années 80 et en particulier l'année 1588 sont annoncées comme des années cruciales, sinon fatidiques. Des textes plus ou moins apocalyptiques commencent à circuler, dont celui-ci, attribué à Regiomontanus (cité par Ivan Cloulas, *Catherine de Médicis*, Fayard, 1979, p.570):

"Mille ans passés après que la Vierge enfanta,
Quand cinq cents autres ans se seront écoulés,
L'année quatre-vingt-huit, en prodiges féconde,
Dans son déroulement le malheur portera.
Si ce n'est pas alors que vient la fin du monde,
Que la terre et les flots ne se voient ébranlés,
Tout se renversera, des empires puissants
Crouleront, et partout le deuil sera grand."

Cloulas ajoute que Melanchthon lui-même, après le grand cycle se terminant en 1518 par le défi de Luther à l'Eglise Catholique, compte dix fois 7 ans (soit la durée de la captivité de Babylone) pour arriver à la même date de 1588. Cependant Regiomontanus, pas plus que Johannes Stoeffler pour la conjonction de 1524 (cf. Guinard, http://cura.free.fr/01qqa2.html, note 33), n'a jamais rien écrit de semblable. Il s'agit en réalité d'une spéculation apocalyptique proche de celles du "Livre admirable" (*Mirabilis Liber*), émise par l'allemand Gaspar Brusch dans sa préface à l'ouvrage de l'abbé Engelbert sur l'essor et la chute de l'empire Romain. (*De ortu et fine Romani imperii liber*, Johannes Oporinus, Bâle, 1553).

Voici les premiers vers du texte allemand, tels qu'ils figurent dans un almanach de Jacob Cnespel (Cnespelius), la *Grosse Practica auff das Jar 1586* (Nuremberg, Valentin Fuhrmann, 1586, f.A2v) :

"Tausendt fünff hundert achtzig und acht,
Das ist das Jar das ich betracht,
Geht in dem die welt nicht unter,
So geschicht doch sonst groß mercklich wunder."

Une autre version du célèbre quatrain figure encore dans le *Prognosticon Astrologicum auf das Jahr 1598* de Georg Caesius (Nürnberg, ca. 1597, f.A3r). Cf. aussi la version fautive donnée par Lynn Thorndike (*A history of magic and experimental science*, New York, Columbia University Press, 1941, vol. 5, p.373) et la version latine de John Securis : "*A newe almanacke and prognostication for the yere of our Lord 1569* (London, Thomas Marshe, 1569, f.A2v) :

"*Post mille expletos a partu virginis annos,*
Et post quingentos rursus aborbe datos,
Octagesimus octavus, mirabilis annus.
Ingruet : is secum tristia fata trahet,
Si non hocanno totus dissoluitur orbis,
Si non in nihilum terra fretumque ruant :
Cuncta taraen mundi sursum ibunt atque deorsum,
Imperia & luctus undique grandis erit."

Les vers suivants sont encore cités dans une autre version latine par Pierre Petit en 1665 (*Dissertation*, pp.337-338):

"Et Regiomont n'asseura il pas aussi par les mesmes raisons que le monde finiroit en 1588, ou que tous les Empires seroient aneantis. Et parmy quelques Vers qu'il en fit, voicy sa fausse Prophetie.
Si non hoc anno totus malus occidit orbis,
Si non in nihilum terra fretumque ruunt :
Cuncta tamen mundi sursum ibunt atque deorsum
Imperia, & luctus undique grandis erit."

1588 est effectivement l'année de tous les dangers. "L'hérétique" Henry de Navarre et "l'athéiste" Henry III sont haïs par les Ligueurs qui tiennent Paris depuis 1585, et surtout après le jeudi 12 mai 1588, jour de leur "révolution de mai" : c'est la fameuse journée des Barricades, provoquée par Henry III mais qui se retourne contre lui, contraint de quitter le Louvre le lendemain dans la soirée et de s'enfuir avec ses troupes et ses gardes Suisses à Chartres via Saint-Cloud.

"Ce jeudi 12e de may, surnommé le jour des barricades, fust le commencement et l'occasion des grans troubles depuis avenus, hault loué et magnifié seulement des Ligueurs et des sots badaux de Paris" note le parisien Pierre de L'Estoile dans son journal (*Journal de Henri III*, vol. 3, 12 Mai 1588, Librairie des bibliophiles, Paris, 1876, p.146)

Faix, faict nouveau, sainctes loix empirées,

De quels faits/faix s'agit-il? Comme dans un jeu de miroirs, l'auteur du quatrain nous convie à suivre l'escalade conduisant à l'anarchie, unique dans leur histoire, qui a sévi en France, et en particulier à Paris, à la fin des années 80 et au début des années 90. Le pays n'est plus gouverné ; meurtres et forfaits se succèdent (*sainctes loix empirées*). Le chef de la Ligue, Henry surnommé le Balafré, 3e Duc de Guise, est assassiné à Blois le 23 décembre 1588 sur ordre de Henry III, lequel à son tour est poignardé à Saint-Cloud par le moine dominicain Jacques Clément le 1er août 1589.

Faix, faict nouveau : "nouveau" ayant le sens d'inaccoutumé, d'inhabituel, mais aussi d'autre, de second, d'un second qui remplace un premier. *Faix* (qu'on retrouve au dernier vers du Présage pour décembre 1555 : *La mort, mort vent par pluye casse faix*) au double-sens de porte-charge, de poutre faîtière, de responsabilité, comme de fait, d'événement : "Porter la charge ou le faix et evenement d'un procez" lit-on dans le dictionnaire de l'érudit et ambassadeur Jean Nicot (*Thrésor de la langue française*, Paris, 1606), connu aussi pour avoir introduit le tabac en France (nicotine).

Autrement dit sont désignés par le quatrain : Henry III "à nouveau", puis Henry IV, sur les épaules desquels ont pesé les destinées de la France au cours des cinq années d'anarchie qui ont suivi la journée des barricades de Paris. Et de mai à juillet 1589, les deux rois, celui de France et celui de Navarre, s'allient même pour assiéger Paris. Le siège, intermittent, durera quatre ans, et là encore *Rapis onc fut en si tresdur arroy*, jusqu'aux concessions faites lors des états généraux de la Ligue et à l'abjuration de Henry IV à Saint-Denis (juillet 1593).

Et seront peuples esmeuz contre leur Roy:

Plusieurs peuples pour un Roi. Il s'agit bien sûr de Henry III, et c'est même l'indice quasi-certain qui met la puce à l'oreille: car ce roi raffiné, atypique, qu'on a dit homosexuel, après sa fuite du royaume de Pologne à la mort de son frère Charles IX en 1574, gardera le titre de "Roy de France et de Pologne". Double jeu de miroirs ici encore dans ce quatrain remarquable, puisque les peuples "émus" c'est-à-dire exaspérés, courroucés, désorientés, ne sont pas seulement les peuples français et polonais (lequel avait raison de l'être!), mais bien plutôt les peuples de la France, protestants et catholiques, en guerre civile permanente, et en 1588, depuis plus de 25 ans.

Les extrêmes, ligueurs et calvinistes radicaux, ne supportent plus une autorité royale qu'ils chahutent et chagrinent. Survient une véritable guerre de manifestes à partir de 1585, et de pamphlets en 1588, qui double celle des armes. Comme le note Cloulas, "La censure n'existe pas. Les poursuites de la police, quand, rarement, elles ont lieu, ne parviennent ni à découvrir les stocks des publications ni à intercepter les exemplaires que les colporteurs répandent dans le pays." (*Op. cit.*, p.611).

[C'est l'époque où paraissent les éditions parisiennes tronquées des *Prophéties* du salonnais : cf. CN 65.]

Reste le premier vers du quatrain, remarquable par sa polysémie, un concentré du talent du prophète de Salon.

D'esprit de regne munismes descriées,

Munismes n'est pas plus une faute de copiste pour *numismes* que Rapis pour Paris : il s'agit de la même inversion anagrammatique voulue. Le néologisme "munismes", ou plutôt son anagramme, a été interprétée comme un équivalent trivial de monnaies, du latin *nummus* ou parfois *numus*, ou encore *nomisma* ou parfois *numisma* (pièce de monnaie). Par ailleurs on appelait *numina* les toutes premières divinités du peuple Latin animiste, forces naturelles et volontés indéfinies, auxquelles se sont substitués les dieux individualisés de Rome (Jupiter, Mars, etc) sous l'influence des Étrusques et des Grecs. Le vers se lirait ainsi: "Les monnaies seront dévaluées et les valeurs spirituelles seront bafouées."

Et effectivement, Henry III fait publier en 1577 une ordonnance cherchant à mettre un terme aux désordres monétaires, et dans laquelle on retrouve le terme *descriees*, au sens de dévaluées, dépréciées: "Comme pour remedier au desordre que le cours des especes de billon estrangeres a de tout temps amené en nostre Royaume, noz predecesseurs Roys & nous les ayons par plusieurs Edicts & ordonnances descriees de tout cours & mise (...)" (*Ordonnance du Roy sur le descry des Monnoyes de billon estrangeres*, Michel Jove &

Jean Pillehotte, Lyon, 1577, p.3)

On retrouve *numismes*, et non *munismes*, dans l'épître de la *Grand' pronostication nouvelle pour l'an 1557* (Jacques Kerver, Paris, 1557 ; cf. CORPUS NOSTRADAMUS, 47), adressée au père du futur Henry IV, le roi de Navarre Antoine de Vendôme: "Et combien que je n'aye encor esté si heureux de pouvoir voir vostre majesté en face, toutesfoys par les numismes & par la phisionomie de Messieurs voz Tresillustres freres (...)"

Par ailleurs le latin *numen* a le sens de volonté, de puissance, d'autorité, toutes qualités qu'on ne reconnaît pas à Henry de Valois, ce "Vilain Herodes", selon son anagramme en vogue dans les cercles ligueurs (cf. [Jean Boucher], *La vie et faits notables de Henry de Valois*, 3e éd [?], s.l., 1589, p.62). Mais l'inversion anagrammatique numismes/munismes prend tout son sens quand on sait qu'Henry III est le prototype du roi inverti, méprisé et calomnié pour ses moeurs. En effet, le nom latin *munus* signifie don, et l'adjectif *munis* (du verbe *munio*) a le sens d'obligeant, de protecteur. Les libéralités affichées du roi Henry III envers ses mignons ont fait coulé beaucoup d'encre. C'est donc ici la conduite, si ce ne sont les "manies" du roi de France qui sont "décriées", à tel point que son assassinat en 1589 est un soulagement pour presque tous.

Nostradamus donne ainsi l'une des causes des troubles de cette époque et de l'impopularité du dernier des Valois, sans d'ailleurs porter de jugement moral. Une confirmation de cette attribution du quatrain à Henry se trouve dans son introduction, *"D'esprit"*, remarquable car elle renvoie au premier vers publié par Nostradamus, celui concernant le quatrain pour l'année 1555 : "D'esprit divin l'ame presage atteinte", ou mieux, dans la *Prognostication nouvelle et prediction portenteuse pour l'an 1555* (Lyon, Jean Brotot, 1554) : "L'ame presage d'esprit divin attainte".

De quel "esprit" s'agit-il dans le cas de Henry III ? Probablement du nouvel ordre de chevalerie qu'il a mis en place en 1579 : "Le jeudi qui estoit le premier de l'an 1579, le Roy establit et solemnisa son nouvel Ordre des Chevaliers du Saint-Esprit en l'église des Augustins de Paris, en grande pompe et magnificence (...) Le premier jour de l'an 1586, le Roy fit, aux Augustins, l'accoustumée cérimonie de l'Ordre du Saint-Esprit, et fit vingt-huit nouveaux chevaliers." (Pierre de L'Estoile, *Journal de Henri III*, vol. 1 et 2, 1er Janvier 1579 et 1586, Librairie des bibliophiles, Paris, 1875, p.296 et p.320).

Reste à justifier la mise en place des deux anagrammes, construites sur le même schème, ce qui indiquerait que "munismes" renvoie à un nom propre, tout comme "Rapis". Il s'agit de Numa auquel Henry III est comparé dans ce quatrain.

Sous le règne de Numa (légendaire selon certains, mais qu'importe!), la ville de Rome était divisée en deux factions, Sabins et Romains, sujets de Tatius et sujets de Romulus, ainsi que le rapporte Plutarque, l'une des sources les plus certaines de Nostradamus. Rome "était composée de deux nations, ou plutôt séparée en deux partis, qui ne voulaient absolument ni se réunir, ni effacer les différences qui en faisaient comme deux peuples étrangers l'un à l'autre, et enfantaient chaque jour parmi eux des querelles et des débats interminables." (*Vie de Numa*, 17, traduction Dominique Ricard, 1862).

Numa "s'occupa aussi de la réforme du calendrier" (*Ibid.*, 18) et le calendrier dit grégorien fut introduit en octobre 1582, en France sous le règne de Henry III, lequel célèbre au 1er janvier ses manifestations de l'Ordre du Saint-Esprit. Or précisément, le début de l'année aurait été fixé par Numa en janvier, et non plus en mars: "Janvier, qui maintenant est le premier de l'année, tire son nom de Janus. Je crois que Numa ôta de la première place le mois de mars, qui portait le nom du dieu de la guerre, afin de donner en tout la préférence aux vertus civiles sur les qualités guerrières." (*Ibid.*, 20). Le thème de Janus bifrons (à deux profils) remonte à cette époque légendaire : Janus était le dieu de l'année et celui des transitions, c'est-à-dire de l'évolution d'une période révolue vers un nouvel âge d'or.

Enfin et surtout, Numa aurait été le pacificateur des moeurs et de la mentalité spartiates des premiers Romains : il aurait introduit à Rome le culte des vierges sacrées, les vestales, et aurait réformé les coutumes et la religion (*Ibid.*, 8-9). Tout ce qu'aurait aimé accomplir le dernier des

Valois, le pauvre, qui s' était d'ailleurs enrôlé dans la confrérie des flagellants, s'il fût né en un autre temps.

Division du pays en factions rivales, réforme du calendrier, religiosité et volonté de pacification: tels sont les traits communs qui unissent l'heureux fondateur de Rome, après Romulus, et le malheureux et dernier roi de la branche des Valois. Henry n'aurait été qu'un Numa malchanceux, un Numa raté, en raison de l'époque et du climat social hostiles. Et c'est pourquoi Nostradamus, qui anticipe aussi sur les idées de Balzac, inverse son "numismes", qu'on lira: *"à la manière de Numa, si les temps l'eussent permis"*.

Enfin "Rapis" est peut-être aussi un vocable à double sens. Il ne s'agirait pas seulement des jours difficiles de Paris, qui après tout en connaîtra d'autres, mais aussi de la situation du prévôt de l'hôtel de ville de l'époque, l'un des plus fidèles soutiens de Henry III, Nicolas Rapin (1539-1608), également versificateur, mieux que passable, à ses heures: suite à la journée des barricades, "M. Rappin, Prevost de l'Hostel, fut chassé en ce temps de Paris, pour estre fidèle serviteur du Roy, et despouillé de son estat, duquel la Ligue investist un larron nommé La Morlière." (Pierre de L'Estoile, *Journal de Henri III*, vol. 3, 11 Juillet 1588, Librairie des bibliophiles, Paris, 1876, p.170).

La boucle est bouclée. La remarquable convergence de sens, dans ce quatrain, montre assez la philosophie de l'auteur des *Prophéties*. L'histoire se répète, les temps reviennent, les événements se ressemblent malgré leur nouveauté. Le dieu Janus plonge ses regards en plusieurs directions pour donner à voir ce qui ne reste que l'immuable et quasi-intemporelle nature humaine.

Le fiasco des méthodes dites rationalistes

"Quoiqu'une infinité de gens se moque des Quatrains de Nostradamus comme des visions creuses d'un esprit malade, il faut néanmoins demeurer d'accord qu'il y a quelque chose de surnaturel dans ses saillies." (Eustache Lenoble, 1690)

Une analyse ne devient vraiment crédible qu'en concours avec diverses autres prétendances, et la voie de la recherche comparative doit être suivie autant que faire se peut. Aussi comparaissent ici quelques noms connus des chasseurs de quatrains ; six seulement : c'est dire que cette étude est loin d'être exhaustive.

Chavigny (*Janus*, 1594, pp.246 et 248), qui veut toujours en faire trop, lit "Paix" au troisième vers, ajoute des majuscules à "RAPIS", et rend le premier vers plus lisible, selon lui: "Despit de regne numismes decriez", interprété comme une dépréciation des monnaies du roi de Navarre en 1586. Le deuxième vers se rapporterait aux Parisiens qui "ne veulent prester aide au Roy [Henry III] contre le Duc de Guise", et les suivants aux événements de mai 1588: "paix" entre les rois de France et de Navarre, puis journée des barricades ("fait nouveau").

Le Pelletier (*Oracles*, 1867, p.169) rattache "munismes" au latin *munimen* (rempart, protection), fait l'impasse sur "d'esprit" et le pluriel de "peuples", et rattache le quatrain aux événements de la Révolution et de l'Empire: remise en cause de la Monarchie, soulèvement contre Louis XVI, situation difficile de l'Église sous l'Empire, et invasion de Paris en 1814 et 1815.

Ionescu (*Le message de Nostradamus*, 1976, p.270), ici plagiaire, reproduit mot pour mot l'interprétation précédente sans indiquer sa source. On lit pourtant dans la notice concernant Le Pelletier: "Les auteurs du XX-ème siècle, quand ils donnent des solutions correctes pour l'époque étudiée par [Le] Pelletier, ils reproduisent, en général, les solutions de celui-ci, mais ils oublient presque tous d'indiquer la source." (pp.819-820). Faut le faire!

Prévost (*Le mythe et la réalité*, 1999, p.192) replace ce quatrain en 1561: "les protestants, avec Coligny et Théodore de Bèze, tiennent à Paris le haut du pavé." Aucune analyse sémantique du quatrain n'est proposée ; l'important pour cet auteur étant de resituer l'ensemble des quatrains dans des contextes antérieurs au décès de leur auteur.

Pour Lemesurier (*Illustrated Prophecies*, 2003, p.220), ce quatrain n'illustrerait que "l'horreur de Nostradamus" [sic], supposé pieux catholique [estimation pour le moins infirmée par ce qu'on sait de ses années agenaises, années de jeunesse mal accordées aux principes de prudence et de ruse, et par sa correspondance éditée par Jean Dupèbe], devant la progression des nouvelles idées, luthériennes et calvinistes, une transposition selon lui des sentiments qui transparaissent dans le *Mirabilis Liber* face à la menace islamique.

Clébert (*Prophéties*, 2003, pp.706-707) se contente prudemment d'une analyse lexicographique et contextuelle des termes du quatrain, voit une faute de copiste pour "munismes", mais hésite à accréditer l'anagramme de Paris.

Au final, il semblerait que les choses ne s'arrangent pas avec le temps ! L'interprétation de Chavigny (à laquelle je n'avais pas prêté attention avant d'entreprendre cette étude) n'a pas été améliorée. Celle proposée par Le Pelletier laisse dans l'obscurité la quasi-totalité des mots-clés du quatrain, et avec Ionescu et d'autres, on se contente de reproduire le schème précédent.

Du côté des rationalistes ou des pseudo-rationalistes, l'interprétation compte moins que les présupposés qui doivent la guider. Ainsi l'obsession de Roger Prévost à "pré-dater" les quatrains pour des temps qui précèdent le décès de leur auteur, lui confisquant toute capacité visionnaire, celle de Peter Lemesurier, qui s'inspire de la précédente, à retrouver dans d'anciennes sources, en particulier dans la littérature prophétique apocalyptique, l'inspiration, si ce n'est toute la signification, de l'oeuvre du prophète de Salon, celle de Jean-Paul Clébert à s'en tenir à une simple analyse lexicographique.

On se rapproche ainsi du niveau zéro de l'interprétation: la remise à plat, le rasoir d'Occam mal assimilé, la volonté de ne rien voir et de ne rien accréditer si ce ne sont les présupposés de la raison et de l'idéologie actuelles : Nostradamus ne peut être prophète ou visionnaire, puisque le quidam du XXIe siècle, armé de ses techniques, de ses bibliothèques de savoir, et de sa raison analytique, ne l'est pas. Avec Prévost et Lemesurier, celui qui a écrit, si l'on en croit Chomarat, l'ouvrage le plus réédité après la Bible, mais sans l'appui d'aucune église et sans l'engouement d'aucune équipe ni d'aucun laboratoire de recherche durant cinq siècles, ne devient qu'un simple faiseur de quatrains qui recopie des chroniques de l'époque.

Le problème des analyses des Prévost et consorts, c'est que le texte des quatrains ne cadre pas mieux, et même plutôt moins bien, avec celui des chroniques et des documents supposés en être la source, que celles de leurs adversaires "irrationalistes". L'analyse des quatrains n'est fondée sur des documents qu'au prix d'une distorsion qui les ramène au connu, ou au peu qu'ils peuvent imaginer : le cheval courant vers son écurie, selon l'image du philosophe indonésien Ranggawarsita, ou le volatile reconnaissant son grain ... Il ne s'agit alors ni plus ni moins que de déposséder le texte des *Prophéties* de sa dimension hermétique en transformant les vocables au besoin, et en multipliant les supposées erreurs de copistes ayant bon dos. Ainsi Brind'Amour (1996), suivi par Lemesurier, lit "prison" au lieu de "poisson" au quatrain II 5. A ce compte, il est certain que ce n'est plus le même quatrain qu'on interprète. On pourrait lire aussi bien "poison", et pourquoi pas "passion", ou mieux ... "passons" !

Une analyse typique de la méthode dite rationaliste est celle du fameux quatrain I 35 (pour une analyse détaillée, cf. *supra*)

Le lyon jeune le vieux surmontera,
En champ bellique par singulier duelle,
Dans caige d'or les yeux luy crevera:
Deux classes une, puis mourir, mort cruelle.

Une interprétation devenue classique rapporte ce quatrain à la blessure mortelle reçue par Henry II au cours d'un tournoi en juin 1559. Prévost note à tort qu'elle n'apparaît qu'avec l'ouvrage d'Étienne Jaubert paru en 1656. Comme le rappelle Brind'Amour (*Les premières Centuries*, 1996), on la trouve déjà dans l'ouvrage du fils aîné du prophète paru en 1614 (*L'histoire et chronique de Provence*, p.782). César de Nostradamus ne cite pas le quatrième vers du quatrain, "suppléé" par la fameuse allusion au grain d'orge.

[Cette allusion à Gabriel de Lorges, comte de Montgomery, est une spéculation de Chavigny, d'après l'almanach pour 1552 de Nostradamus. Elle apparaît aussi dans la préface à Jean de Vauzelles de la *Pronostication nouvelle pour l'an 1562*, un faux. Brind'Amour (1993, p.268) n'en donne qu'un extrait, tronqué du passage plus que douteux, dans lequel Nostradamus aurait indiqué le nom de son éditeur! "J'ay bien voulu à vous qui estes Ecclesiastique, vous dedier ceste mienne Pronostication, Laquelle envoye pour vous presenter par Brotot, laquelle il vous plaira accepter d'aussi bon coeur, que la vous presente. L'entierement vostre frere & meilleur amy (etc)" (collection Ruzo, vente Swann, 23 avril 1989, n.18). Ce n'est là ni le style ni l'esprit de Nostradamus.]

Prévost croit que le quatrain évoque des faits relatifs la quatrième croisade (1198-1204) et à Byzance, "où l'on avait la mauvaise habitude de crever rituellement les yeux de l'empereur déchu dans la tour d'Anemas, près de la Corne d'Or, où étaient enfermés sans jugement les criminels d'État à l'époque des Comnène." (p.21) Les deux lions se rapporteraient à la rivalité des frères Ánghelos, dirigeant ensemble l'empire byzantin pendant dix ans, jusqu'à ce qu'en 1195 le nouvel empereur Alexis III Ange (1153-1212), évince du pouvoir son frère cadet Isaac II Ange (1155-1204) et ordonne qu'on lui brûle les yeux avec un instrument à concentrer la chaleur.

[On trouvera le récit de la quatrième croisade dans les chroniques de Robert de Clari et de Geoffroy de Villehardouin, au format "texte" sur le site d'Antoine Mechelynck (http://users.skynet.be/antoine.mechelynck/chroniq/index.htm), et pour Villehardouin au format PDF sur le site Gallica de la BNF.]

Les flottes françaises et vénitiennes s'unissent (ce qui, selon Prévost, éluciderait, à bon compte, le quatrième vers) pour détrôner l'empereur Alexis, puis face à la résistance des Grecs, entreprennent le saccage de la ville, avec les atrocités qui ont été rapportées par le malheureux témoin byzantin Nicetas Choniate dans son *Histoire des Comnènes*. Triste épisode de l'impérialisme romano-chrétien.

Prévost critique l'interprétation classique du premier vers du quatrain (*Le lyon jeune le vieux surmontera*) au prétexte que Henry II et Gabriel de Montgomery n'avaient qu'une dizaine d'années d'écart (p.20 de son ouvrage), alors que les frères Ange n'en ont que deux ou trois. En outre la lecture la plus plausible indique que c'est le "lion jeune" qui surmonte le vieux, et non l'inverse! De plus, et contrairement aux amateurs de combats armés que furent Henry et Montgomery, les frères Ange n'ont rien qui puisse les assimiler à des lions. Or par un tour de passe-passe, digne des plus beaux raisonnements rationalisants, Prévost nous conte que ces Lions seraient les Anges indiqués cette fois dans le premier vers d'un autre quatrain: *Aupres du jeune le vieux ange baisser* (VIII 69 A) !

[Ce quatrain se rapporte à la découverte d'Uranus, cf. CN 84.]

La "cage d'or" du troisième vers n'est pas vraiment élucidée par le modèle proposé par Prévost, ni la fin du quatrième vers (*puis mourir, mort cruelle*, ce serait même encore ici l'explication inverse qu'il faudrait retenir), et encore moins le deuxième vers, totalement ignoré. Autrement dit, le modèle Prévost ne rend compte sérieusement que de deux petits bouts de vers: *les yeux luy crevera* et *deux classes une,* encore que ces événements se déroulent à huit ans d'intervalle, qui en 1195, qui en 1203. Alors l'eurêka de Prévost, qui veut ouvrir son ouvrage en fanfare : "... Mais, c'est Byzance !" (p.19) ne s'accrédite qu'au prix d'une monumentale incompréhension du quatrain. "L'interprétation n'aura de chances d'être juste que si elle explique tous les termes employés." (Prévost, p.50). Oui, mais il ne suffit pas de le dire!

Brind'Amour (*Les premières Centuries*, 1996, p.100) rapproche le quatrain d'un prodige apparu en Suisse en 1547, d'après Conrard Wolffhart (1518-1561) alias Lycosthènes (*Prodigiorum ac ostentorum chronicon*, Henricus Petrus, Bâle, 1557). Le prodige serait issu du "catalogue des prodiges" publié par Marcus Fritsche (Frytschius) en annexe à son traité sur les météores (Nürnberg, 1555).

On y voit deux armées s'affrontant dans les nuages, avec au sol deux lions, dont l'un a arraché la tête de l'autre, et au milieu de ces deux scènes une croix blanche à l'horizontale prolongée d'une verge qui se termine en balai ou en éventail.

Ce prodige est très éloigné du quatrain. Les armées se combattent mais ne s'unissent pas. Et surtout elles apparaissent dans les airs dans le prodige mais non dans le quatrain. L'issue de la confrontation n'est pas indiquée. Les deux lions s'affrontent certes, mais il s'agit d'une tête arrachée et non d'yeux crevés. Quant à savoir s'il en est un jeune et un vieux ! ... Et il n'est pas question, dans le quatrain de Nostradamus, de croix, l'élément central de l'image. Aussi, comme le note sagement Brind'Amour, "Cela n'est pas notre quatrain". L'auteur de cette diversion érudite en revient à un duel qui opposerait dans l'esprit de Nostradamus, d'après lui, non plus Henry et Montgomery, mais Henry, le jeune, et Charles Quint, le vieux : "Et voilà bien l'interprétation traditionnelle renversée !" (p.101). Voilà bien surtout une analyse qui ne mène à rien, nonobstant le fait qu'un duel annoncé en 1555 entre Henry II et Charles Quint qui abdiquera en 1556, est prophétiquement, sinon politiquement ridicule !

Lemesurier (2003, p.17) prend les bévues de Brind'Amour (sans le citer) et de Prévost pour argent comptant. "Son" interprétation est un collage des précédentes, agrémenté d'une petite touche de *Mirabilis Liber* : "Un nouveau prodige sera vu dans les airs en Autriche, en Italie, et dans toute la région orientale." [sic].

A ce compte, quelle importance que les *Prophéties* soient l'oeuvre de faussaires comme le voudrait Halbronn, si c'est pour en arriver à cette remise à plat, sans autre intérêt que de conforter les gogos sceptiques et ultra-rationalistes dans leurs a priori idéologiques? C'est d'ailleurs vers ces milieux que semblent se tourner désormais ces chercheurs, à commencer par Roger Prévost : vers les unions et confréries rationalistes, les cercles d'opinion scientiste et matérialiste, où les attendent leurs patrons, les Randi (auteur d'un torchon sur Nostradamus), Pecker, et autres Kurtz, rabatteurs et déboulonneurs d'astrologues, d'ufologues et de parapsychologues.

Le rationaliste affirme que Nostradamus "veut dire" exactement ce qu'il dit, et rien que ce qu'il dit. Mais le problème est qu'on ne sait pas ce qu'il dit, et c'est pourquoi les quatrains n'ont cessé depuis leur parution d'intriguer les esprits, et d'abord ceux dotés d'une certaine sensibilité littéraire. Si l'on savait ce qui est dit et signifié, nul ne serait besoin d'en poursuivre l'investigation. Car il n'est qu'une "méthode" objective : expliquer le quatrain, tout le quatrain, rien que le quatrain, sans préjugé sur la période concernée, passée, présente ou future. Une formation en histoire n'est pas suffisante pour entreprendre l'étude des *Prophéties*: elle requiert aussi une solide formation littéraire, linguistique, prosodique, rhétorique, car, oui, Nostradamus, a dit et voulu dire beaucoup plus de choses que ce que les promoteurs et victimes consentantes du désenchantement veulent bien lui accorder.

Ainsi la métaphore du dieu Janus ne signifie pas qu'on choisisse au petit bonheur quelques vocables dans des documents historiques ou littéraires en affirmant qu'ils collent plus ou moins avec quelque réalité passée, mais qu'on rende compte de visions réelles qui s'expriment à travers ces sources documentaires en établissant un parallèle entre les temps. C'est la démarche de Plutarque dans ses *Vies*. Ainsi le *Mirabilis Liber*, s'il est véritablement pour quelques rares quatrains une source mise à contribution, c'est pour servir la vision, et non pour répéter une littérature apocalyptique assez banale.

Les adversaires de Nostradamus ont toujours affirmé l'impossibilité du phénomène prophétique au nom de la raison: "D'où je laisse à juger à tous ceux qui ne se laissent facilement embeguiner des opinions qui se veulent introduire sans quelque raison ou fondement, quelle estime on doit faire de ces belles centuries, lesquelles sont tellement ambigues et si diverses, obscures et enigmatiques, que ce n'est point de merveille si parmy le nombre de mille quatrains, chacun desquels parle quasi tousjours de cinq ou six choses differentes". (Gabriel Naudé, *Apologie*, 1669, p.341).

Lequel Naudé, qui donne ses raisons (d'autorité religieuse à son époque, et remplacées par le "raisonnablement correct" aujourd'hui, c'est-à-dire l'aune de la raison étriquée et consensuelle), prévient: "Je n'eusse voulu parler en aucune façon de Michel Nostradamus dans cette apologie, si ce n'eust esté pour rehausser le lustre d'un si grand nombre de personnes signalées par l'ignorance temeraire et le peu de merite de ce nouveau prophete, comme l'on augmente l'eclat des diamans par la couche d'une petite fueille, ou plûtost pour imiter ce grand Jules Cesar Scaliger, lequel apres avoir donné son jugement des poëtes les plus celebres, le voulut bien donner aussi de Rhodophilus et Doler, disant pour son excuse que c'estoit à l'exemple d'Aristote qui traite en un mesme livre des animaux et de leurs fientes et excremens." (*Ibid.*, p.333).

Au formidable mépris affiché de Naudé pour l'auteur des *Prophéties*, à la hauteur de son estime qu'il avait probablement de son "génie", s'est substituée la recherche distancée et condescendante des sources documentaires des quatrains, réelles ou supposées, à la suite de l'hypothèse formulée en 1710 par Jean Le Roux, et selon laquelle ils ne se rapporteraient qu'au passé de leur auteur. Cependant il faut tout autant d'imagination pour croire trouver les quatrains de Nostradamus dans son passé que dans le nôtre, et les explications données avec ces présupposés sont tout aussi controuvées que les autres. En outre les "méthodes" ne remplacent pas l'acte de penser, pas plus que la raison, une idole baconienne s'il en est, ne se substitue à l'intelligence. En ce domaine, comme en d'autres.

Les quatrains de Nostradamus sont construits en jeux de miroirs, avec évocation d'un contexte passé, apparent puisqu'il s'agit toujours de révéler le futur, vécu comme un présent intemporel pour le prophète. **Non plus Je, mais Jeux -- de miroir, autrement dit : non le miroir identitaire de la psychanalyse freudo-lacanienne, mais celui du dieu Janus, le miroir qui peuple, qui pluralise les images, qui multiplie les visages, qui entrecroise les perspectives et en trace les lignes certaines, où le futur se retrouvera piégé, *compassé*, car pour le prophète, il n'est pas de futur si ce n'est l'ombre réfléchie d'un passé perpétué.**

Un quatrain en clair négligé par les interprètes : III 86

Le chef d'Ausonne aux Hespagnes ira
Par mer fera arrest dedans Marseille:
Avant sa mort un long temps languira:
Apres sa mort lon verra grand merveille.

(III-86, éds. Bonhomme, 1555 ; "Vn chef" au vers 1 dans les versions ultérieures)

Le protagoniste du quatrain III 86 a été identifié par l'historien Antoine de Ruffi (1607-1689) : il s'agit du Grand d'Espagne et capitaine Don Pedro Téllez y Girón, 3e duc d'Ossuña, vice-roi de Sicile puis de Naples, né à Osuna près de Séville le 17 décembre 1574 (et non en 1579 : cf. Barbe, p.18) et décédé en captivité le 25 septembre 1624. Ruffi raconte ses mésaventures lors de sa halte à Marseille en 1619. Débarquant de Naples en galère, dont il est dépossédé de nuit, le duc d'Ossone doit poursuivre à terre son retour vers Madrid, où il est ovationné à son arrivée. Mais à la mort de Philippe III (31 mars 1621), il est poursuivi par l'inquisition, arrêté début avril 1621 et retenu en captivité au château d'Almaceda, le temps d'une longue enquête qui se terminera par son empoisonnement avec la complicité de son épouse (cf. Duckett, p.41).

Les trois premiers vers sont explicites pour Ruffi qui note : *"on lui fit voir les vers suivans tirés de Nostradamus qui parlent de lui & de son voïage en termes exprés."* (vol. 1, p.459). Une identification qui date donc de 1619, mais dont l'interprétation du dernier vers est omise. A quelle merveille, après 1624, Nostradamus ferait-il allusion ? Il s'agit de la basilique Saint-Pierre à Rome achevée et consacrée en novembre 1626.

Ce témoignage d'un historien non nostradamiste et qui ne s'intéresse pas particulièrement à ses Prophéties, parle de lui-même en faveur des dons visionnaires du provençal. Brind'Amour l'ignore dans son étude des premières centuries. Les interprètes des Prophéties, même parmi les plus brillants (Torné, Leoni, Ionescu), l'ont oublié et ne proposent, faute de connaître le détail de l'histoire, aucun commentaire pertinent.

LVIII. L'année d'aprés Dom Pédro Giron Duc d'Aussone arriva à Marseille avec sept Galeres, il venoit de Naples, où il avoit exercé la Charge de Viceroi pendant quatre ans, le Roi d'Espagne qui avoit conçû quelque jalousie contre ce Seigneur, à cause de la subtilité de son esprit, le rapella ; il demeura quelques jours à Marseille, & aprés il fut contraint de poursuivre son voïage par terre avec quatre cens Espagnols qu'il avoit assemblés, parce que Octavio d'Aragon General des Galeres qui l'avoit porté jusqu'à Marseille, fit voile en cachete sur la minuit, il en fut tellement en colere qu'il ne peut se tenir de dire que si ce Seigneur avoit fait cela par ordre du Roi ; il prendroit patience, mais que si c'étoit de son mouvement, il le tueroit. Pendant son sejour à Marseille, on lui fit voir les vers suivans tirés de Nostradamus qui parlent de lui & de son voïage en termes exprés. 1619.

Un Chef d'Aussone aux Espagnes ira,
Par mer fera arrêt dedans Marseille,
Avant sa mort un long-tems languira,
Aprés sa mort on verra grand merveille.

Ce Seigneur ne fit pas grand cas de cette Prophetie, qui néanmoins fut en quelque façon veritable, car il ne fut pas plûtôt en Espagne qu'il fut mis en prison par ordre du Roi.

Nostradamus s'est intéressé à Osuna en raison du tempérament entier du personnage, haut en couleurs, défenseur de la Chrétienté face à la menace turque, mais surtout oeuvrant seul face aux machineries étatiques ; aussi parce qu'il a perçu sa présence en Provence et probablement lors de ses séjours en Italie. On découvrait, lors de l'explication du quatrain VIII 36 (cf. CN 150), que Nostradamus ne se contentait pas seulement d'entendre des noms, mais aussi de voir des lieux, en l'occurrence Versailles, et ici Saint-Pierre, peut-être les deux édifices les plus célèbres de l'architecture classique, l'un profane, l'autre religieux, l'un qualifié de chef d'oeuvre, l'autre de merveille. Personne n'avait soupçonné l'intérêt architectural de Nostradamus, malgré ses séjours répétés en Italie. On peut penser qu'il se rendît à Rome, comme son fils César y alla en 1589.

Ouvrages consultés :

Antoine de Ruffi : *Histoire de la ville de Marseille*, Marseille, Claude Garcin, 1642 ; 2e éd. Marseille, Henri Martel, 1696, 2 vols.
Gregorio Leti : *Vita di Don Pietro Giron, Duca D'Ossuna, Vicere di Napoli, e di Sicilia, sotto il Regno di Filippo Terzo*, Amsterdam, George Gallet, 1699, 3 vols.
Gregorio Leti : *La Vie De Don Pedro Giron, Duc D'Ossone, Viceroi De Sicile & de Naples, lequel a été un Prodige de bon Gouvernement*, trad. de l'italien, Amsterdam, George Gallet, 1701, 3 vols.
William Duckett (dir.) : *Dictionnaire de la conversation et de la lecture*, T 14, 2e éd, Paris, Firmin Didot, 1868
Louis Barbe : *Don Pedro Téllez Girón, duc d'Osuna, vice-roi de Sicile, 1610-1616*, TH. D. Grenoble 3, 1986 ; Grenoble, Ellug, 1992

Le Grand-Saint-Antoine et la propagation de la peste à Marseille en 1720

Le quatrain 88 de la centurie IV, atteste indiscutablement des talents visionnaires du prophète de Salon. Il sera l'occasion, *en ce premier anniversaire de la création du CORPUS NOSTRADAMUS*, de préciser quelques points concernant sa méthode.

quatrain IV 88 (1e éd. : sept. 1557)

Le grand Antoine du nom de faict sordide
De Phthyriase à son dernier rongé :
Un qui de plomb vouldra estre cupide,
Passant le port d'esleu sera plongé.

variantes ultérieures (toutes incorrectes, ou au vers 3 : inutile) :

vers 1 : du moindre fait (nov. 1557)
vers 2 : Phintriase (nov. 1557)
vers 3 : voudra (dans les 4 éds. de "1568")
vers 4 : plonge (nov. 1557)

compréhension syntaxique et lexicale

Il faut lire "Un" au troisième vers comme un ablatif (latin *uno*) ou introduire un circonstanciel causal, et rattacher ce vers, conformément à la rime, au premier. Pour "Peste Yersinia" : cf. *infra.*

Le Grand-(Saint)-Antoine, dont le nom (sera célèbre en raison) d'un fait sordide
De Peste Yersinia (jusqu')à son dernier (tissu) rongé :
(A cause d')un individu qui voudra estre cupide,
Passant le port de (Marseille, dirigé par un échevin) élu, sera (brûlé et) coulé.

Traduction libre

Le Grand-Saint-Antoine, un navire dont la précieuse cargaison est totalement contaminée par la peste, restera célèbre en raison de son débarquement autorisé par un négociant cupide. Après avoir jeté l'ancre à Marseille, ville dirigée par son échevin élu, il sera finalement brûlé et coulé.

Résumé des faits

Un navire nommé Grand-Saint-Antoine, de retour de Syrie et à destination de Marseille, après avoir fait escale à Tripoli et Livourne et perdu une dizaine d'hommes, accoste au Brusc près de Toulon, le 14 mai 1720. La cargaison d'étoffes précieuses, soieries et cotonnades, estimée à environ cent mille écus, est contaminée par des puces, porteuses des germes de la peste.

La ville de Marseille était alors dirigée par quatre échevins élus par leurs concitoyens : Jean-Baptiste Estelle, Jean-Pierre Moustier, Jean-Baptiste Audimar et Balthazar Dieudé. Une part importante de la cargaison appartenait au négociant Estelle, premier échevin de la ville, ainsi qu'à deux de ses collègues.

Les échevins, qui n'ignoraient pas les victimes parmi les passagers et les matelots, ni le rapport du médecin de bord, refusèrent de reconnaître le danger de la situation. Pour les marchands impliqués dans ce négoce, il fallait absolument décharger et livrer les marchandises avant le début de la foire annuelle de Beaucaire dans le Gard, l'un des plus grands marchés de France et qui se tenait dans la dernière semaine de juillet. Estelle fut accusé "d'avoir des intérêts dans la cargaison du Grand-Saint-Antoine, et d'avoir favorisé, même avant le terme légal, le débarquement de marchandises pourtant suspectes." (Gaffarel, 1911, p.44).

Aussi les échevins ordonnèrent-ils au capitaine du navire de retourner à Livourne pour demander une "patente nette", c'est-à-dire un sauf-conduit qui couvrait leur responsabilité, lequel lui fut délivré sans difficulté. Armé de son autorisation, le navire entre dans le port de

Marseille le 25 mai 1720 et est amarré au plan d'eau de Pomègues.

L'inévitable survient, et le 9 juillet la peste est officiellement déclarée à Marseille. Le Régent Philippe d'Orléans ordonne le 28 du même mois de faire brûler le navire. Cet ordre n'est exécuté que tardivement, et le 26 septembre, le Grand-Saint-Antoine s'enfonçait dans la mer. Son épave calcinée a été retrouvée en 1978 dans la baie de l'île de Jarre.

C'était la dernière fois que la peste devait sévir en France. Elle se propagera à Aix, Toulon, Arles, Avignon, et Mende. Elle décimera 45.000 personnes à Marseille et dans ses environs, soit près de la moitié de la population de la ville, 70.000 victimes dans le reste de la Provence, et plus de 80.000 autres dans le Gévaudan et ailleurs. La plus grande tragédie du XVIIIe siècle aura eu pour cause la cupidité d'une poignée de marchands.

Les échevins Estelle, Audimar, Dieudé et Moustier, criminels ou complices, premiers responsables de la catastrophe mais tous survivants, furent anoblis, ainsi que les médecins actifs, dont certains avaient exigé auprès des municipalités contaminées des honoraires exorbitants pour leurs services (cf. Gaffarel, pp.132-151).

Toute ressemblance avec des responsables ou protagonistes, avec des faits, affaires, situations, ou événements actuels ne saurait être que fortuite.

La Peste Yersinienne

Il est possible que Nostradamus ait anticipé, saisi, ou "entendu" le nom récent donné au germe de la peste. En effet la bactérie responsable de la peste bubonique, *yersinia pestis*, formellement identifiée lors de la peste de Marseille, a été isolée le 20 juin 1894 à Hong-Kong par Alexandre Yersin (1863-1943), un biologiste d'origine suisse travaillant pour l'Institut Pasteur. La bactérie, alors nommée *pasteurella pestis* du nom de l'institut, n'est rebaptisée qu'en 1974.

LXXXVIII

Le grand Antoine du nom de faict sordide
De Phthyriase à son dernier rongé:
Vn qui de plomb vouldra estre cupide,
Passant le port d'esleu sera plongé.

Or le latin *phthiriasis* (qu'on prononce "phtèiriassis"), la phtiriase, contient tous des phonèmes de Yersin, à l'exception du "n". Cette coïncidence est d'autant plus troublante que dans la première édition du quatrain, la typographie semble hésitante (cf. la hampe du second "h"), et il est possible qu'un "n" présent dans le manuscrit de Nostradamus ait été rectifié par un "h" supplémentaire.

La méthode du triple Janus

La sensibilité du salonnais à cet événement est compréhensible, à plus d'un titre. L'ultime grande peste européenne a lieu en Provence, dans sa région natale. Il a lui-même combattu le fléau à Aix en 1546 et à Lyon l'année suivante, et donné une description saisissante de ses ravages (cf. l'*Excellent & moult utile Opuscule*, CN 19), laquelle est reprise et plagiée par Boaistuau et Marconville (cf. CN 20). La corruption d'un grand négociant, qui est la cause principale mise en avant par le quatrain -- lequel ne se contente pas de signaler l'événement, mais de le juger --, l'a probablement choqué : *pro auro plumbum* (à la place de l'or, du plomb) écrit-il à la fin de son *Almanach pour l'an 1555*. Et c'est bien du "plomb" qu'auront acquis l'échevin Estelle et ses collègues corrompus, c'est-à-dire ce qui se soldera par une vile rétribution pour leur agitation. Quant à la vénalité des médecins qui ont exigé des honoraires exorbitants : *Peribit memoria eorum sine sonitu* (leur mémoire périra sans faire de bruit), précise-t-il dans son *Opuscule* (éd. 1555, p.218 ; cf. CN 19). En effet ce sont toujours les mêmes qui payent et qui succombent, les pauvres et les spoliés ; les mêmes aussi qui déblatèrent publiquement leurs couplets idéologiques et qui accumulent les fruits du travail d'autrui, i.e., avec pour équivalent moderne de cette engeance, les actuelles multinationales et leurs "innumérables" larbins qui saignent la planète.

L'entame du premier vers (Le grand Antoine) et le contexte du second (rongé de Phthyriase) font penser à Saint-Antoine dit le Grand (c.251-356), célèbre anachorète égyptien, considéré à tort comme le père de la vie monastique, et enterré à Saint-Antoine en Gironde. Il a donné son nom à une terrible maladie qui sévit en Europe du Xe au XVe siècle, suite à des guérisons qui seraient advenues près de son tombeau. Le Feu Saint Antoine, ou Mal des ardents, ou encore Feu sacré (*Ignis Sacer*), provoqué par un empoisonnement du sang par un champignon parasite du seigle, se manifestait par une gangrène des membres, de la langue ou d'autres parties corporelles, précédée d'éruptions cutanées. Aux XIIIe et XIVe siècles, cette maladie était assimilée à la peste en raison de leurs symptômes similaires (tumeurs gangréneuses, bubons, etc).

Mais il est un autre Antoine que les premiers lecteurs des *Prophéties* ne pouvaient s'empêcher d'avoir à l'esprit : Antoine de Bourbon, le roi de Navarre. Et c'est sans doute cette assimilation qui a conduit l'imprimeur de la seconde édition à modifier le premier vers ("du moindre fait sordide" au lieu de "du nom de faict sordide").

Le troisième vers pousse le lecteur plus avant sur cette fausse piste : en effet Antoine passe au catholicisme en 1560 suite à une promesse du pape et du roi d'Espagne Philippe II, de lui céder le royaume de Sardaigne (Brantôme 4, 1868, pp.364-365). Or la Sardaigne est célèbre pour ses ressources minières, et l'on estime que la production annuelle de plomb en Sardaigne pendant la domination romaine s'élevait à 600.000 tonnes -- ce qui était considérable, comparativement à la production mondiale actuelle d'environ sept millions de tonnes.

La phtiriase (dermatose provoquée par les poux), mentionnée au début du second vers, semble aussi appuyer cette lecture : en effet Pau, la capitale du roi de Navarre, se prononce "pa-ou" en occitan, et notamment en dialecte béarnais. Et si Antoine n'a pas été affecté de dermatose corporelle, il est suggéré qu'il l'a été métaphoriquement par les agitateurs idéologiques qui pullulaient sur ses terres.

Même la mention d'un port au dernier vers semble corroborer cette lecture, car le roi de Navarre, auquel Nostradamus dédie sa *Grand' Pronostication nouvelle avec portenteuse prediction pour l'an 1557* (cf. CN 42 et 47), meurt le 17 novembre 1562 suite à une blessure au siège de Rouen.

Cependant ces assimilations sont autant de trompe-l'oeil pour le lecteur : ni le père d'Henri IV, et moins encore l'ermite canonisé, n'illustrent de manière satisfaisante les détails précis du quatrain. La symbiose et le télescopage temporels sont des procédés de diversion. Les strates et agencements mis en place dans le quatrain retiennent l'attention du lecteur, mais ne lui offrent pas la solution avant que l'événement ne se produise : "*les humains apres venus, verront cognoissants les aventures avenues infalliblement*" (Lettre de Nostradamus à César, 40). Le quatrain, enraciné dans le présent et le passé, ne s'adresse en réalité qu'à des lecteurs futurs. Et il ne requiert qu'un seul sens comme le précise Nostradamus en 1558 dans sa Lettre au roi Henry II : "*telz secretz evenemens ne soyent manifestez, que par aenigmatique sentence, n'ayant que un seul sens, & unique intelligence*". La figure du Janus à trois têtes, tournées vers le passé, le présent et l'avenir (cf. CN 33), n'a peut-être qu'une seule fonction : captiver les uns, tout en orientant le regard des autres dans la bonne direction. Car il n'est probablement qu'une lecture des quatrains prophétiques qui vaille : celle qui, soucieuse de circonscrire leur enracinement historique, sache se libérer des rets d'une appréhension passéiste.

P. S. Le contexte du quatrain a été partiellement identifié par René Fedeli d'Amore en 2002 (cf. CN 130), pillé par Clébert (2003) sans indication de source, puis sur wikimerdia (la honte de l'internet) par un certain Malvoir en fév. 2007.

Nostradamus connaissait-il les planètes trans-saturniennes ?

Ce texte, dédié à Vlaicu Ionescu, est paru le 17 mai 2000 au CURA, puis dans une version légèrement écourtée dans la revue Atlantis (n° 404, 1er trimestre 2001, p.63-71). Il a été traduit en espagnol (2001), anglais (2003), finnois (2004) et russe (2005).

Depuis 1984, et approximativement tous les trois ans, quelques ouvrages essentiels sont venus métamorphoser la connaissance jusque là très parcellaire qu'on pouvait se forger sur l'oeuvre du prophète de Salon. Citons pour mémoire la réédition en fac-similé, par Robert Benazra, des *Propheties (Lyon 1555)* d'après l'exemplaire d'Albi et avec quelques variantes de l'exemplaire de Vienne en Autriche (Lyon, Les Amis de Michel Nostradamus, 1984), la *Bibliographie Nostradamus XVIè-XVIIè-XVIIIè siècles* de Michel Chomarat (Baden-Baden, Valentin Koerner, 1989) puis celle de Robert Benazra, le *Répertoire chronologique nostradamique* (Paris, La Grande Conjonction, 1990), la réédition en fac-similé, d'après l'exemplaire de la bibliothèque Széchényl de Budapest, par Michel Chomarat, de l'édition de 1557 des *Prophéties* (Lyon, 1993), l'ouvrage de Pierre Brind'Amour (1941-1995), *Nostradamus astrophile* (Presses de l'Université d'Ottawa (Can.) & Paris, Klincksieck, 1993), suivi de l'édition critique de la première partie des quatrains, par le même auteur, *Nostradamus. Les premières Centuries ou Propheties* (Genève, Droz, 1996), et surtout la récente édition du *Recueil des Presages prosaiques* (BM Lyon, ms 6852) du secrétaire de Nostradamus, Jean-Aimé de Chavigny, par Bernard Chevignard, les *Présages de Nostradamus* (Paris, Le Seuil, 1999).

Ces ouvrages ont tendance à laisser dans l'ombre les deux tentatives les plus originales d'élucidation du corpus nostradamique : celles du péruvien Daniel Ruzo (1900-1991) et du roumain Vlaicu Ionescu (1922-2002), le premier ayant travaillé sur le décryptage de l'ordre des quatrains et montré en 1975 que le testament laissé par Nostradamus faisait partie intégrante du corpus prophétique (in *Le testament de Nostradamus*, trad. fr., Monaco, Le Rocher, 1982), le second ayant avancé dans divers ouvrages des interprétations judicieuses qui laissent bien en retrait, par leur précision, les amateurs de prédictions astrologiques. Ionescu titre l'un des chapitres de son premier ouvrage : "1991, l'année de l'écroulement du régime soviétique", avant de préciser : "Cela devra se passer en Juin 1991." (in *Le message de Nostradamus sur l'ère prolétaire*, Paris, Dervy, 1976, p.777-778). Le 12 juin 1991, Boris Eltsine était élu au suffrage universel à la présidence de la Fédération de Russie, avant que l'U.R.S.S. ne se désagrège quelques mois plus tard.

Les deux livres des *Prophéties* sont divisés en 7 et 3 centuries, comme les planètes du système solaire au sens astrologique : les 7 planètes du Septénaire classique incluant la Lune, et les 3 planètes extra-saturniennes, Uranus, Neptune et Pluton, auxquelles Nostradamus consacrera à chacune un quatrain. Dans un article essentiel (*"Nostradamus et les planètes trans-saturniennes"*, in Atlantis 325, 1983, p.205-241), Ionescu avance l'idée que Nostradamus ferait référence à la découverte des 3 planètes trans-saturniennes dans les quatrains VIII 69, IV 33 et I 84.

Le quatrain VIII 69 : la découverte d'Uranus

Sur ce quatrain, cf. aussi mon >*Nostradamus ou l'Éclat des Empires* (Paris, 2011, p.114-116).

Aupres du jeune le vieux ange baisser,
Et le viendra surmonter à la fin
Dix ans esgaux au plus vieux rabaisser,
De trois deux l'un l'huitiesme seraphin.

Réf. : *Les Propheties*, Lyon, Benoist Rigaud, 1568 (BM Grasse : Rés. 12597)

Le thème de la découverte d'Uranus est dressé pour le 13 mars 1781, Bath, 21h10 (à cette heure, les deux luminaires, sous l'horizon, ne peuvent perturber l'observation). Position des planètes concernées par le quatrain : Uranus : 84° 27, Mars 263° 23, Saturne 259° 42

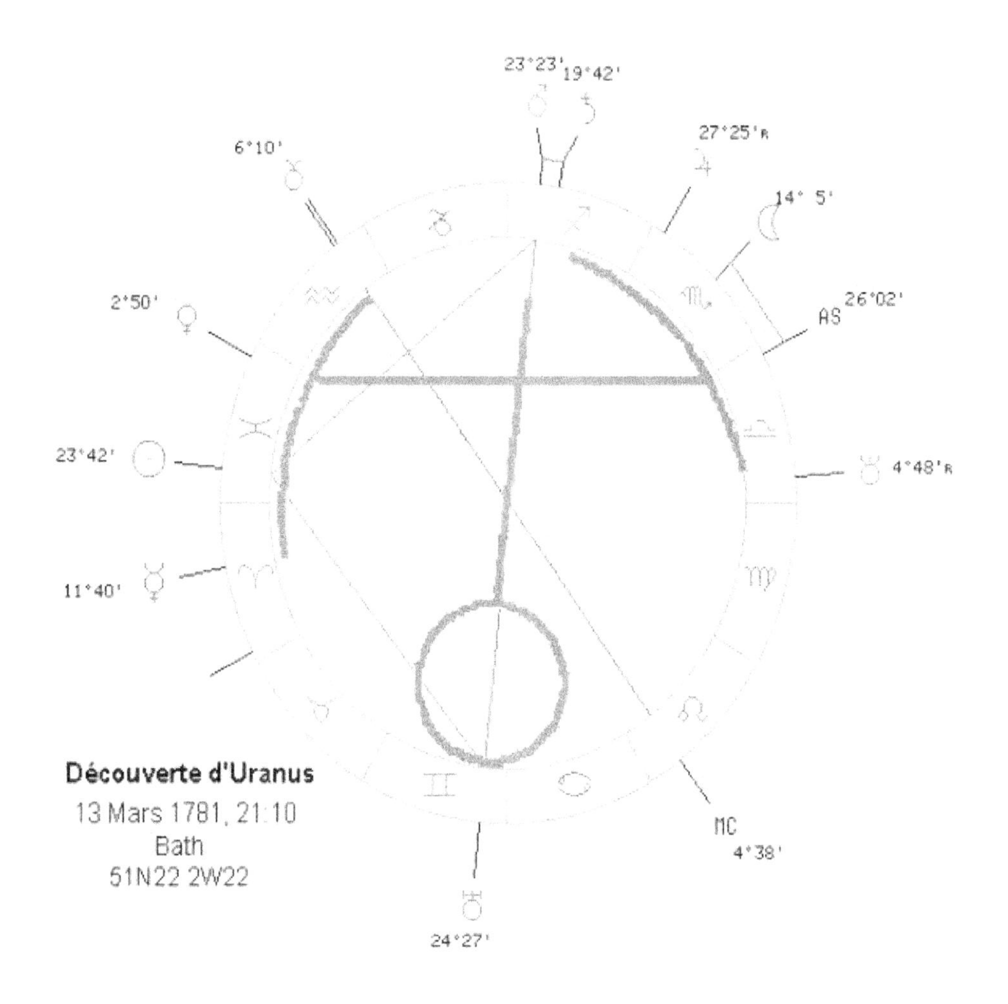

L'interprétation de ce quatrain, comme des suivants, s'appuie sur un double plan de référence, étroitement imbriqués : le plan mythologique et le plan astronomique (cf. Ionescu, p.212, p.214...)

Aupres du jeune le vieux ange baisser,
Et le viendra surmonter à la fin
Le vieux dieu Ouranos (*vieux ange*), le ciel étoilé, rabaissé (*baisser*) par

son fils Saturne (le Kronos grec), le plus jeune d'entre les Titans (*le jeune*), qui le mutile et lui ravit son trône (et astronomiquement Saturne est la dernière planète du Septénaire, celle qui occupe la "septième sphère"), reprendra finalement ses droits lors de la découverte de la planète à laquelle les astronomes donneront son nom (*Et le viendra surmonter à la fin*).

Dix ans esgaux au plus vieux rabaisser,
De trois deux l'un l'huitiesme seraphin.

En diminuant (*rabaisser*) la valeur de 10 "ans" (10 cycles) saturniens, le plus long cycle planétaire jusqu'alors connu (*Dix ans esgaux au plus vieux*), - qui est aussi le fameux cycle mentionné par Albumasar, et au terme duquel Pierre d'Ailly a prédit l'avènement de l'Antéchrist - , soit environ 295 années solaires, c'est-à-dire en intervertissant les deuxième et troisième chiffres (*De trois deux*) du nombre total de l'ensemble du cycle (*l'un*), on obtient 259, qui est la position écliptique approximative de Saturne (259°), et on peut observer que la position écliptique de la nouvelle planète, Uranus (*l'huitiesme seraphin)*, à 84°, a un nombre égal (*l'un*) à la durée de son cycle, soit 84 ans.

J'ajoute qu'en astrologie, Uranus étant la planète de l'unification (*cf. thesis meae sequentiam*), ce terme, *l'un*, revêt dans le quatrain une importance particulière. Toute la polysémie du quatrain y aboutit, et Ionescu l'a quelque peu escamoté, puisqu'il se réfère pour son texte à une édition postérieure, qui l'incite à interpréter dans sa globalité l'expression "*l'un huitiesme seraphin*", et non à séparer *l'un* de *l'huitiesme seraphin*. En revanche, Ionescu montre avec pertinence (p.218) que l'axe Uranus-Mars sépare la configuration planétaire en 2 groupes de planètes, laquelle représente l'emblème qui sera attribué à Uranus.

En outre, les premiers et le dernier termes du quatrain, *Aupres du* et *seraphin* contiennent l'anagramme suivante : *Uranus de phi pares*, c'est-à-dire "Uranus, tu te montres à travers (le nombre) Phi" ou "Uranus, tu te soumets (ou tu obéis) au nombre Phi". La révolution sidérale d'Uranus (84 ans) vaut 52 fois le nombre phi (approximation 0.15%), ou encore, cette fois exprimée en jours, 19 000 fois le nombre phi (approximation 0.19%).

Le quatrain IV 33 : la découverte de Neptune

Iuppiter joint plus Venus qu'à la Lune
Apparoissant de plenitude blanche:
Venus cachée soubs la blancheur Neptune,
De Mars frappé par la granée branche.

Réf : Les premières éditions ne s'accordent pas pour le 4ème vers : le texte de 1555 donne "*De Mars frappé par la granée branche*", mais les éditions de 1557 donnent "frappée" et suppriment la virgule après "Neptune".

Paradoxalement, ce quatrain qui mentionne explicitement le nom de Neptune, reste énigmatique, puisqu'il se rapporte à une date de découverte, qui n'est pas celle généralement admise. Le thème de la découverte de Neptune est dressé pour le 8 août 1846, observatoire de Cambridge, 0h (minuit), à une date, choisie par Ionescu (et qui l'aurait été par Nostradamus), intermédiaire entre les 4 et 12 août 1846, jours où la planète a été observée, à deux reprises donc, par l'astronome anglais James Challis (selon Nigel Calder, *The comet is coming*, New York, The Viking Press, 1980 ; cité par Ionescu). Le Révérend James Challis, directeur de l'observatoire de Cambridge, dans une lettre datée du 15 octobre 1846 au journal *The Athenaeum* (cf. le numéro 990 du journal, en date du 17 octobre, p. 1069), déclare avoir observé la planète Neptune (dont il suggère le nom "Oceanus") les 4 et 12 août 1846, soit quelques jours après le début de ses recherches. Il ajoute ne pas avoir alerté la communauté scientifique car il estimait que de plus amples vérifications s'avéraient nécessaires : *"I had an impression that a much more extensive search was required to give any probability of discovery."* (cf. les "Selected excerpts of correspondence, concerning the discovery of Neptune" à la page http://www.dioi.org/kn/neptune/corr.htm). A cette date, symbolique, la planète, conjointe à la Lune, est dans son état d'occultation. En outre l'écheveau de circonstances particulièrement troublantes qui accompagne sa découverte s'accorde assez bien au caractère astrologique de la planète, et le dossier contenant la correspondance entre George Airy et John Adams (et qui pourrait renseigner sur le rôle de James Challis dans la découverte de Neptune) aurait disparu des archives de l'observatoire de Greenwich.

Position des planètes concernées par le quatrain : Jupiter 71° 33, Vénus 102° 43, Mars 145° 59, Lune 325° 43, Neptune 327° 05

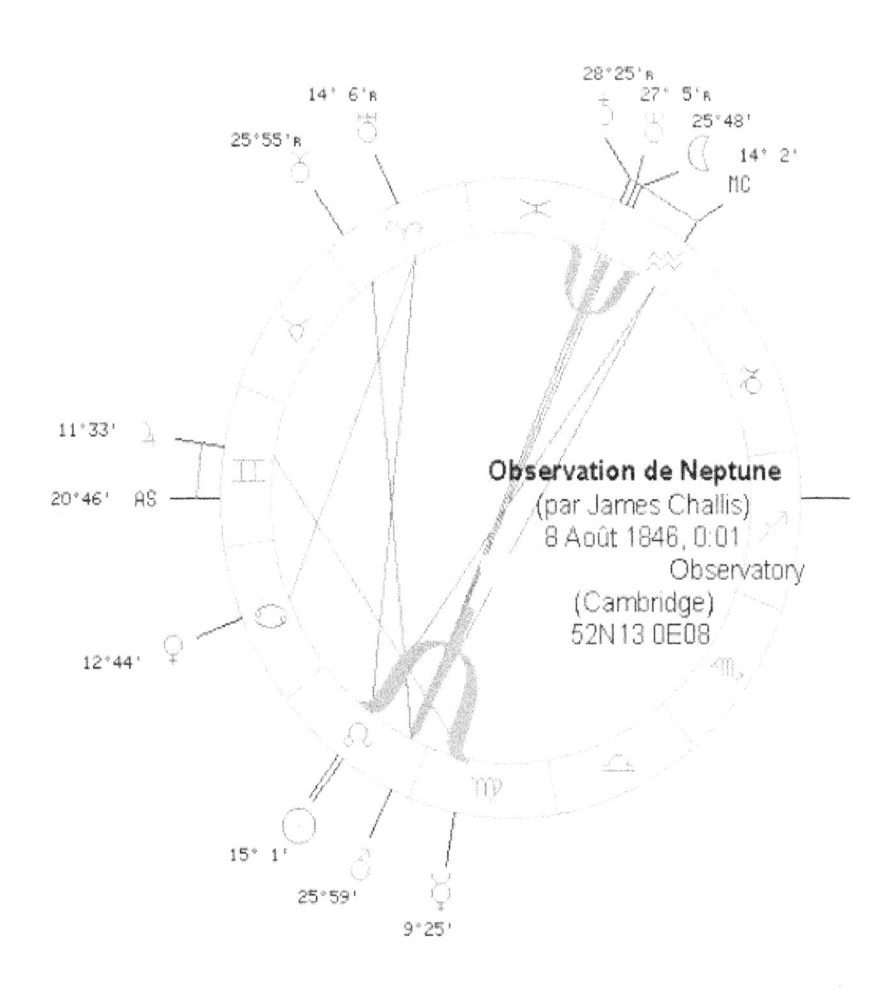

Le quatrain décrit le thème dressé à la date symbolique de la découverte de Neptune : 106° séparent Jupiter de la Lune, mais seulement 31° de Vénus (*Iuppiter joint plus Venus qu'à la Lune*) ; c'est la pleine lune (*Apparoissant de plenitude blanche*) ; Vénus est sous l'horizon (*Venus cachée*) ; Neptune, dont le nom est mentionné, est conjointe à la Lune qui l'occulte (*soubs la blancheur Neptune*) ; Mars est opposé à Neptune (*Neptune, De Mars frappé par la granée branche*).

A noter que Ionescu, qui utilise une édition tardive, probablement tronquée, interprète l'expression *gravée blanche*. Or le terme latin *granatus* (grenu, abondant en grains, au grain apparent) pourrait justement se rapporter à la Voie lactée, à laquelle, selon lui (cf. p.224), Nostradamus fait référence dans ce quatrain. Quant au terme *branche*, et non *blanche*, il semble se rapporter au trident qui est l'attribut de Neptune. En effet, le thème présente un double trident : Saturne-Neptune-Lune et Mercure-Mars-Soleil, qui illustre deux fois l'emblème qui sera attribué à Neptune. Le quatrième vers peut donc s'interpréter comme suit : Mars et Neptune, en opposition, (*Neptune, De Mars frappé*) s'accablent mutuellement (*Neptune, De Mars frappé(e)* et *Mars frappé par*), à l'aide d'une fourche (*branche*), traversée par la Voie lactée (*granée branche*). Ce quatrain semble donc construit sur le thème de la dualité : double mention de la blancheur (celle de la Lune, pleine, et celle de la Voie lactée), double mention de Vénus (la planète double, de la dissociation (*cf. thesis meae sequentiam*), dont les astrologues considèrent Neptune comme l'octave supérieure), double trident.

L'insistance sur Jupiter et Vénus reste cependant quelque peu problématique, puisque les deux planètes n'appartiennent pas à la configuration en double-trident, même si l'astrologue peut aisément comprendre que la nouvelle planète rassemble en quelque sorte les caractères de l'une et de l'autre. Le premier vers, *Iuppiter joint plus Venus qu'à la Lune*, outre son sens mythologique trivial (Vénus/Aphrodite reste dans l'entourage immédiat de Jupiter/Zeus, ce qui n'est pas le cas de Diane/Artémis), fait apparaître dans les lettres composant les 3 planètes, le nom latin du dieu Neptunus. Mais *Iuppiter* et *Venus* ont chacun 4 lettres en commun avec *Neptunus*, tandis que la *Lune* n'en a que 3.

Ionescu (p.225) relie le cycle neptunien à la position de Vénus et au nombre PHI : 164.79 = 1.618034 fois 102.72 (approximation : 0.86%). En outre, *Iuppiter*, avec ses deux *p*, contient 8 lettres, et *Venus* en contient 5, ce qui marque une nouvelle fois la proportion du nombre d'or. De même que 12 mois (lunaires) s'inscrivent dans une année solaire, 12 fois phi mois vénusiens s'inscrivent dans une année jupitérienne : 12 x 1.618034 x 0.615 = 11.94 ~ 11.86 (approximation : 0.67%). Ce qui résout cette fois complètement l'énigme inscrite dans le premier vers.

L'interprétation sceptique des quatrains de Nostradamus est généralement un véritable fiasco, par exemple celle de Pierre Brind'Amour (1996, p.513) pour le quatrain neptunien : "Jupiter (l'étain), joint plus à Vénus (au cuivre) qu'à la Lune (qu'à l'argent), apparaîtra doté de plénitude blanche ; Vénus (le cuivre), cachée sous la blancheur de Neptune (de l'eau), sera frappée par la branche alourdie de Mars (par le pilon armé de fer). (...) Un alliage d'étain et de cuivre se forme au cours d'une opération alchimique ; il est ensuite refroidi dans l'eau, puis pulvérisé au moyen d'un pilon de fer." !

Le quatrain I 84 : la découverte de Pluton

Lune obscurcie aux profondes tenebres,
Son frere pasle de couleur ferrugine:
Le grand caché long temps sous les latebres,
Tiedera fer dans la playe sanguine.

Réf : *Les Propheties* (Lyon, 1555, exemplaire de Vienne en Autriche). Variantes de l'exemplaire d'Albi : *Son frere "passe"* ; "plaie"

Le thème de la découverte de Pluton est dressé pour le 23 janvier 1930, Lowell Observatory de Flagstaff (Arizona), 21h. Position des planètes concernées par le quatrain : Lune 242° 04, Soleil 303° 27, Mars 289° 31, Pluton 108° 14

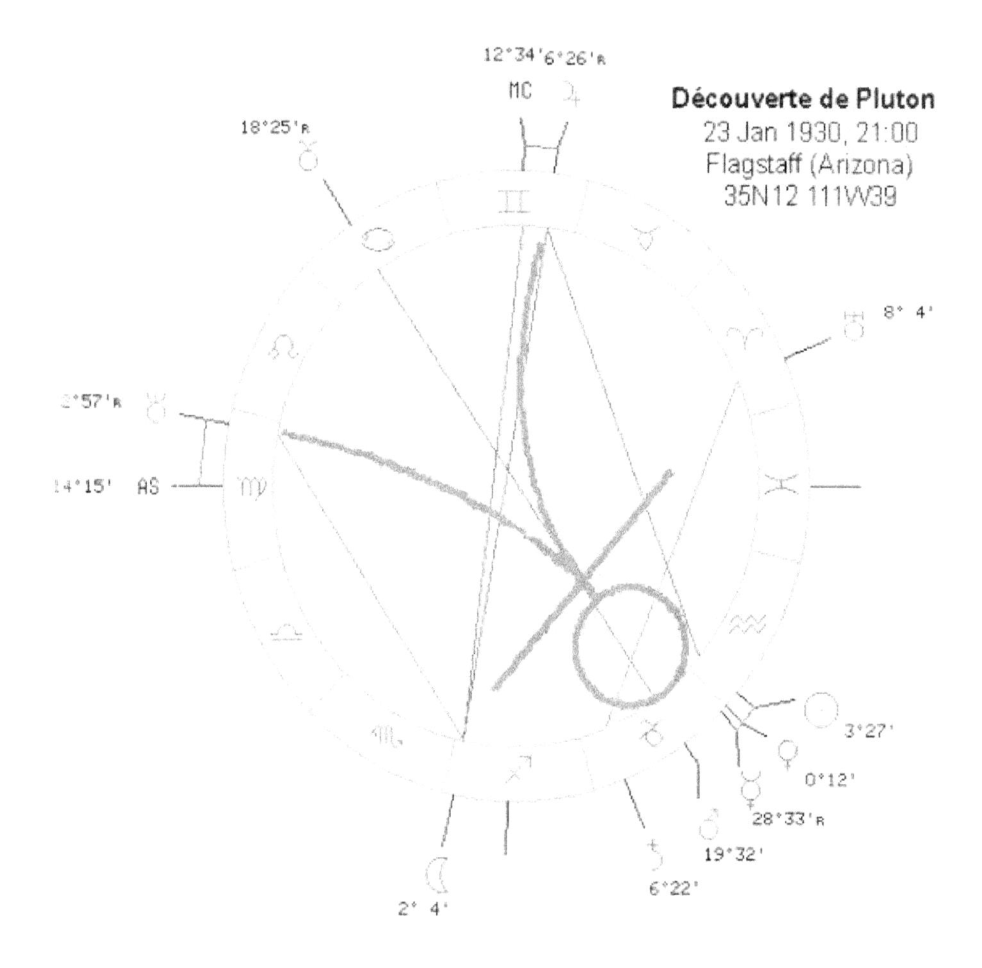

Les deux premiers vers s'inspirent directement des épigrammes d'Ulrich von Hutten, et non des *Géorgiques* de Virgile comme le suppose Brind'Amour (1996, p.165) : *"Bis petit obscurum et condit se Luna tenebris // Ipse quoque obducta pallet ferrugine frater."* ("Par deux fois la lune cherche à atteindre l'obscurité en se cachant dans les ténèbres, et son frère lui-même pâlit, assombri de couleur ferrugineuse", in *Poemata*, éd. Böcking, p.253 ; cf. CN 47, fév. 2007).

Mais l'ensemble du quatrain décrit le thème dressé pour le 23 janvier 1930, date des premières prises photographiques effectuées par Clyde Tombaugh : la Lune est sous l'horizon au FC (*Lune obscurcie aux profondes tenebres*) ; le Soleil (Apollon, qui personnifie le Soleil, est le frère jumeau d'Artémis, laquelle personnifie la Lune) a dépassé Mars, la planète rouge associée au fer, depuis 14 jours (*Son frere pasle de couleur ferrugine*) ; Pluton longtemps invisible (*Le grand caché long temps sous les latebres*) est en opposition à Mars (*Tiedera ſer dans la playe sanguine*).

Ionescu souligne qu'aux dates de leurs découvertes respectives, Mars était en opposition à chacune des planètes concernées (p.212), ce qui corrobore la signification astrologique de Mars, le déclencheur, l'éveilleur des tensions. Par ailleurs, et comme pour les deux thèmes précédents, la configuration du thème illustre l'emblème qui sera attribué à la planète, avec son point d'ancrage, formé par un amas de 5 planètes, ses deux branches, en direction de Neptune et de Jupiter, sa barre transversale, légèrement penchée (Lune et Uranus), et Pluton, la planète invisible. A noter qu'en ajoutant les positions écliptiques de la Lune (242°) et d'Uranus (8°), on obtient la durée approximative de la révolution sidérale de Pluton. En revanche, et comme le remarque Ionescu (p.237), la position écliptique de Pluton, 108°, vaut 9 fois 12 (mois) solaires et 4 fois 27 (jours) lunaires, ce qui semble justifier le choix des luminaires. J'ajoute que l'équation 9 x 4 = 108 / 3 corrobore l'idée de triplicité qui enveloppe ce quatrain.

L'amas planétaire Mars-Vénus-Mercure-Soleil évolue en direction d'Uranus, d'où l'anagramme du second vers (que je donne comme une curiosité) : *Son coeur* (celui du Soleil) *l'espère : figer Uranus de fer*. Le terme latin *latebra* signifie "abri, cachette", et le terme grec *Aïdès/ aïdès* désigne à la fois le dieu des Enfers, Aïdès (qui deviendra Hadès), et la qualité de rester invisible, *aïdès*. Ionescu observe que *tiedera* est l'anagramme de *tri - aïdé*, ce qui pourrait souligner la triple opposition de Pluton, à Mars, à Saturne, et au groupe Soleil-Mercure-Vénus, mais aussi, bien sûr, le fait que Pluton est 3 fois caché : une fois comme planète invisible (beaucoup plus petite que Neptune et Uranus), une fois dans l'emblème qui la représente, et une fois par son nom (*cf. infra*).

Reste le problème du *grand caché* : pourquoi cet attribut, alors que Pluton est une planète minuscule ? Aux quatrains II 59, II 78, III 1 et au présage pour mai 1559, il est question du *grand Neptune*, ce qui suggère que cette planète, et non Pluton, est le protagoniste des deux derniers vers : Neptune, longtemps invisible, en position dominante à l'Ascendant et en trigone de Saturne, tempèrera (*tiedera*) la dissonance de Mars (*fer*) au sein de l'amas planétaire en Capricorne-Verseau (*dans la playe sanguine*). Cette interprétation renforce le statut de Pluton comme planète cachée, puisque, dès lors, elle n'apparaît plus même parmi les protagonistes du quatrain qui lui est consacré. Il existe cependant une autre interprétation consistant à considérer cette fois *caché*, et non plus *grand*, comme le substantif auquel se rapporte l'adjectif *grand*. Ce qui ramène à l'interprétation initiale, mais aussi suggère que Pluton, le *grandement caché*, *trois fois invisible*, pourrait désormais occuper les fonctions du "trois fois grand", Hermès, et donner ainsi naissance à un nouvel hermétisme, celui précisément initié par le devin de Salon.

Comme le premier quatrain, relatif à la première planète trans-saturnienne, était commandé par l'unité, et comme le second, relatif à la seconde trans-saturnienne, l'était par la dualité, le troisième, relatif à la troisième trans-saturnienne l'est par la triplicité. Ionescu qui observe (p.234) que le mot *playe* commence par les deux premières lettres de Pluton (qui sont aussi les initiales de l'observatoire où la planète fut découverte, Percival Lowell), ne remarque pas que les premières lettres des mots du premier vers (3 pour la planète qui introduit le vers, et 3 pour les autres termes, si l'on omet la préposition, inexistante en latin) forment une anagramme de Pluton : *LUNe Obscurcie aux Profondes Tenebres = PLUTON.* Nouvelle coïncidence, dira le sceptique, que j'invite à vérifier s'il existe dans l'ensemble du corpus un autre vers qui vérifie ces conditions.

Démonstration *more arithmetico* du bien-fondé de l'interprétation de Vlaicu Ionescu

"*Les trois quatrains forment une unité et n'importe quelle voie indiquée pour l'un d'eux est en même temps une invitation implicite pour suivre cette voie en ce qui concerne les autres.*" (Ionescu, p.225)

Dans *L'Énéide* (10.175-177) de Virgile, il est question d'un devin, haruspice et astrologue, du nom d'Asilas : "le fameux interprète des hommes et des dieux, à qui obéissent (et se révèlent) les entrailles des animaux, les astres du ciel, les langues des oiseaux et les feux prophétiques de la foudre." Ce devin mythique est l'ancêtre du prophète de Salon, puisque, à lui aussi se sont révélés les trois astres du ciel jusqu'alors inconnus. Les *deux* premiers vers des *trois* quatrains forment *un* acrostiche à peine voilé : A E I A L S, soit *Asilae*, "à Asilas", à qui ce groupe de quatrains est dédié.

Les noms des 3 planètes trans-saturniennes apparaissent dans les quatrains qui leur sont consacrés : celui de Neptune est explicite, ceux de Pluton et d'Uranus apparaissent sous forme codée. L'attribution des noms des 3 trans-saturniennes par les astronomes a connu une histoire tout-à-fait rocambolesque, et les fonctions des dieux mythologiques coïncident étroitement avec les significations qui seront ultérieurement attribuées aux planètes par les astrologues. Il est tout aussi remarquable que les emblèmes qui désormais représentent ces planètes ont une très curieuse ressemblance avec les figures thématiques dressées aux moments respectifs de leur découverte, coïncidence qui semble ne pas avoir échappé à l'auteur des *Centuries*.

Le quatrain I 84 (consacré à Pluton) indique clairement la durée du cycle uranien (84 ans), mais aussi le fait que Pluton a été découvert 84 ans après Neptune. (Et curieusement Neptune a été découvert 65 ans après Uranus, et Pluton 149 ans après Uranus!)

Le quatrain IV 33 (= 333) indique les périodes des deux autres planètes, et souligne leurs harmonies : en effet 333 = 84 (Uranus) + 249 (Pluton) = 165 (Neptune) + 2 x 84 (Uranus). L'équation des périodes sidérales (Uranus + Neptune = Pluton) est remarquable, puisque l'approximation est inférieure à 0.1%. Le nombre 333 vaut aussi approximativement 2 fois la période neptunienne (à 1.04% près), ce qui est corroboré par le fait que le quatrain semble régi par la dualité, comme je l'ai montré précédemment.

Enfin le quatrain VIII 69 (= 769), consacré à Uranus, indique la durée du cycle plutonien (249 ans), comme le quatrain I 84, consacré à Pluton, indiquait celle du cycle uranien. En effet 769 = 249 (Pluton) + 520 (ou encore 84 (Uranus) + 165 (Neptune) + 520), ce dernier nombre, 520, n'étant autre que la somme des positions écliptiques des 3 planètes lors de leur découverte : 84° 27 + 327° 05 + 108° 14 = 519° 46, arrondi à 520°.

Ainsi l'interprétation de l'ensemble de ces 3 quatrains montre que Nostradamus connaissait les noms des 3 trans-saturniennes, la durée de leurs périodes sidérales, et leurs positions écliptiques respectives aux jours de leur découverte. C.Q.F.D.

Épilogue

Baruch de Spinoza, le philosophe immoraliste, athée, généreux, est excommunié en 1656 par la communauté juive d'Amsterdam. Peu lui importait, pourvu qu'on le laisse écrire, vivre sa philosophie, dressée à l'image de son être : affaire vitale qui consiste à échapper aux tyrans et aux prêtres, comme à la servitude volontaire. "Car Spinoza fait partie des vivants-voyants. (...) Spinoza ne croyait pas dans l'espoir ni même dans le courage ; il ne croyait que dans la joie, et dans la vision." (Gilles Deleuze, *Spinoza*, Paris, P.U.F., 1970, p.20)

Mieux vaut obéir aux astres, et savoir les limites réelles de son pouvoir propre dans le monde, que de se retrouver floué et retroussé par l'agitation sordide d'une machine qui roule dans le néant et qui mène ses techniciens, ses politiciens et ses financiers droit dans le mur. Les certitudes et les vraisemblances des spécialistes autorisés sont des viatiques qui donnent le change à la déraison et à la torpeur devant l'inconnu. Les pouvoirs, petits et grands, étatiques ou sociaux, économiques et culturels, extérieurs ou intérieurs, ces petits tyrans qui asservissent la conscience, se nourrissent du sentiment imbécile du libre-arbitre de chacun, de la crainte d'en perdre l'illusion, et de l'ignorance générale quant à la nature du Réel.

Si Nostradamus a *vu* l'événement futur briller dans la flamme, s'il l'a transcrit dans un style qui relègue les textes surréalistes au rang de simples exercices de potache, et qu'un demi-millénaire d'exégèse philologique n'a pas encore osé affronter, s'il l'a crypté afin que son oeuvre traverse les siècles annoncés de rationalisme obscur (et malgré l'acharnement des bibliothèques publiques à faire disparaître les traces des premières éditions), alors *l'histoire* qui s'est fondue dans le spectacle depuis quelques décennies, n'est que la ratification de la contemplation du prophète provençal. Et si l'histoire encore, est véritablement, depuis cinq siècles, à la remorque des *Prophéties* de Nostradamus, alors la volonté de changer les choses, l'arrogant dogme de l'idéologie moderne, n'est rien de plus qu'un leurre (ce pour quoi Spinoza a théorisé), et ces deux penseurs d'ascendance juive, l'un prophète et penseur, l'autre philosophe et voyant, sont probablement les premiers pourfendeurs de l'ontologie judéo-chrétienne, dont la pensée *unique* est l'ultime et le plus pitoyable avatar.

Et peu importe que la principale qualité des *Prophéties* et des *Présages* soit de simplement prêter à interprétation, si l'attention et l'émotion qu'ils suscitent sont pleinement satisfaites par l'écho qu'ils inspirent dans la conscience, et uniquement dans celle qui saura respecter le plan d'immanence généré par l'oeuvre prophétique : celui de *la vision.*

Les lettres initiales des deux premiers vers des trois quatrains consacrés aux trans-saturniennes forment l'acrostiche A S I L A E, "à Asilas", devin et voyant qui est *le troisième* des quatre chefs de guerre étrusques rejoignant les troupes d'Énée. Le vers 175 du Xe chant de Virgile commence par *Tertius* < ille hominum divumque interpres Asilas >. Or le dernier vers du troisième quatrain de Nostradamus, celui consacré à Pluton, commence par un T, comme *Trois* (quatrains), comme *Troisième* (chef de guerre, chez Virgile), comme *Tyrrhéniens* ou encore *Toscans*, ainsi nommés par Virgile pour désigner les Étrusques. Et en additionnant la valeur numérique (chiffres romains) des autres lettres choisies par Nostradamus pour introduire les vers restants, soit D D V D L, on obtient la date de la première édition des Prophéties, à savoir 1555 ... Ainsi donc peut se lire l'acrostiche latin crypté par Nostradamus : *"<En hommage> à Asilas <le> T<oscan>, 1555".*

Le quatrain I.16 et l'annonce de la chute définitive de la Monarchie (1842-1848)

J'invite l'interprète moderne qui ne voudrait pas croupir dans l'hébétude pseudo-rationaliste ni se vautrer sur les divans moisis de la petite raison consensuelle, pas plus que s'embraser aux feux de paille de ses propres fantasmagories, à réfléchir en premier lieu à la prose des préfaces, aux quatrains "astronomiques", ainsi qu'aux quatrains datés, qui sont autant de marqueurs sûrs, susceptibles de donner un canevas dans lequel les autres quatrains pourront s'insérer plus aisément. Cet interprète gardera à l'esprit que Nostradamus a volontairement programmé la publication de ses *Prophéties* en trois séries qui renvoient à trois cycles spécifiques, dont les échéances sont détaillées dans l'ouvrage de Roussat comme dans le célèbre traité d'Albumasar. Sans réflexion préliminaire sur cette organisation sous-jacente, je crains qu'il n'y ait pas d'espoir d'accéder à quelque compréhension de cette oeuvre majeure de la Renaissance.

Chaque quatrain est un véritable casse-tête, mais le seizième de la première centurie est un chef d'oeuvre en ce sens. Les diverses interprétations proposées n'ont conduit qu'à des solutions peu convaincantes. En voici le texte des premières éditions, avec la ponctuation de la version de 1555 :

Faulx à l'estaing joinct vers le Sagitaire
En son hault A V G E de l'exaltation,
Peste, famine, mort de main militaire :
Le siecle approche de renovation.

vers 1 (variantes) : 1555A & 1555W (a l'estang), 1557U & 1568X (à l'estang), 1557B (à l'estan)
vers 1 (variante) : à l'estaing (leçon de Giffre de Réchac dans son *Nostradamus glosé* et de Brind'Amour)
vers 1 (prosodie) : enjambement à la césure
vers 2 (variante) : "auge & exaltation" (Chavigny, qui arrange le texte

comme à son habitude : *Janus*, 1594, p.238)
vers 2 (prosodie) : prononcer exaltati-on (diérèse)
vers 2, 3 & 4 (prosodie) : césures féminines
vers 4 (prosodie) : prononcer renovati-on (diérèse)

Saulx a l'estaing joinct avec le sagittaire
En son hault auge exaltation
Peste famine mort de main militaire
Le siecle approche de renovation

Chavigny se contente de signaler une traversée de Saturne en Balance, Sagittaire et Verseau, signes respectifs d'exaltation, d'apogée ("auge") et de localisation ("estang") de Saturne, qui pourrait s'actualiser dans les années 1569-70, 1574-76 et 1580-81 (cf. *Janus*, 1594, p.238). La configuration peut tout autant se décaler à l'envi d'une trentaine d'années, durée du cycle saturnien.

Himbert de Billy, alias Corneille de Blockland (cf. Du Verdier, *Bibliothèque*, 1585, pp.237-238), le premier à proposer une interprétation sérieuse et plausible du quatrain, note dans ses "Predictions pour l'an mil six cens & trois" : "la grande conjonction des plus hautes planettes : Saturne & Iupiter avec les autres en la premiere face du Sagitaire, le hault auge de Saturne & domicile de Iupiter, laquelle y sera celebree le 20 jour de Decembre [1603]." (in *Predictions pour cinq annees, des choses plus memorables*, Paris, Sylvestre Moreau, 1601, p.8 ; Paris, Nicolas Rousset, 1602, p.6). Le quatrain, avec "renonciation" au dernier vers (au lieu de "renovation"), est aussi commenté dans un canard intitulé *Ce grand signe advenu en L'isle de*

Canadas, proche du Bresil (jouxte la copie imprimée à Reines en Bretagne par Jean le Bas, 1606, f. A2v).

Billy poursuit : "Ce grand Astrologue Nostradamus, Centurie premiere, quatrain 16, a dit ainsi, *Faulx à l'estang joingt* [sic] *vers le Sagitaire, / En son hault auge de l'exaltation, / Peste, famine, mort de main militaire, / Le siecle approche de renovation.* Par faulx à l'estang, il entend Saturne le maling falcigere, qui a sa maison au Verseau, & son hault auge au Sagitaire, ou [où] il sera joint à Iupiter, & les autres planettes, dequoy il predit ce que dessus (que ja n'advienne) & Dieu sur tout." (Billy, Predictions pour cinq annees, Paris, Sylvestre Moreau, 1601, p.10 ; Paris, Nicolas Rousset, 1602, p.8).

La première "face" d'un signe -- rien à voir avec celle du traité de Chavigny -- désigne les dix premiers degrés de ce signe, et la conjonction de Billy a effectivement lieu en Sagittaire, à environ 8 degrés, le 18 décembre de l'année 1603, marquée par l'entrée de la conjonction Jupiter-Saturne dans un signe de feu (cf. le chapitre 62 de ma thèse de doctorat : "*Cyclologie mondiale*", Paris-Sorbonne, 1993, pp.336-353, et notamment p.338).

Le cycle de 240 ans, d'origine sassanide et constituant d'ailleurs le principal apport des Perses à l'astrologie, est exposé par Albumasar dans son traité *De magnis conjunctionibus* : les planètes Jupiter et Saturne se retrouvent tous les 240 ans environ dans une nouvelle quarte (Feu, Terre, Air, Eau). Mais ce schéma ne correspond que partiellement à la réalité astronomique, et les astrologues sont obligés au fil des siècles de réactualiser le cycle. C'est ce que fait judicieusement Himbert de Billy en proposant la date prochaine de 1603, ce qui l'autorise à interpréter le quatrain de Nostradamus comme suit : "Par faulx à l'estang, il entend Saturne le malin falcigere, qui a sa maison au Verseau, & son hault auge au Sagitaire, où il sera joinct à Iupiter, & les autres planettes, dequoy il predit ce que dessus (que ja n'advienne) & Dieu sur tout." (p.8)

Robert Benazra, qui a repéré ce texte (*Répertoire*, 1990, pp.151-152), ne signale pas sa traduction anglaise datée de 1604 : *A wonderful prognostication or prediction, for these seven yeeres insuing* (London, W.

Ferbrand). Curieusement, si le premier passage est traduit, mais fautivement (le 10 décembre au lieu du 20 : "Saturne and Iupiter, with the others in the first face of Sagittarius, the highest lodge of Saturne, and mansion of Iupiter, which will be celebrated the X of December", p.3), le second contenant la citation et le commentaire du quatrain ne l'est pas.

L'assimilation de l'étang au Verseau, le "verseur d'eau" est problématique car ce signe, malgré son symbole, est associé dans la tradition occidentale à l'élément aérien, et non à l'aquatique. Il faut remonter à l'astrologie chaldéenne pour trouver une correspondance entre l'élément aquatique et les signes hivernaux. En outre il est très improbable qu'il faille lire le début du premier vers ("Faulx à l'estang") comme le suggère le sieur de Billy, à savoir : "Saturne dont le domicile est le Verseau". Les *Prophéties* ne sont pas un traité didactique, et Nostradamus ne s'embarrasse jamais de telles explications, en l'occurrence triviales pour tout astrologue ou astrophile.

Chavigny revient sur ce quatrain à la page 82 d'un texte paru en 1606, le "*Traite du nouveau commete qui est apparu le XVII d'Octobre l'an 1604*", annexé au "*Discours parenetique sur les choses turques*" (Lyon, Pierre Rigaud, 1606), un traité attribué à Bartholomaeus Georgievicz (ou Gjorgjevic), né vers 1506 et décédé en 1566, issu de la noblesse hongroise ou croate, fait prisonnier par les Turcs à la bataille de Mohács en 1526, puis esclave pendant une dizaine d'années, avant de publier des ouvrages hostiles à ses bourreaux et annonçant la chute de l'empire Ottoman, lesquels eurent un succès européen colossal durant plus d'un siècle (cf. Kenneth Meyer Setton, *"Bartholomaeus Georgievicz and the 'Red Apple' "* in *Western Hostility to Islam and Prophecies of Turkish Doom*, Memoirs of the American Philosophical Society, vol. 201, Philadelphia, 1942, pp.29-46).

Le quatrain y est reproduit dans la même version que celle qui figure dans son *Janus*. Le quatrain est associé à la "grande et enorme eclipse de Soleil, qui sera ceste annee 1605 le 12 d'Octobre" (p.76), et son éclaircissement, contrairement au *Janus*, s'attache ici à l'année 1603 et aux suivantes : "Saturne le destructeur allant en son haute auge, c'est à dire, la plus grande distance & hauteur qu'il puisse avoir jusqu'au centre de la terre ["Le 24 Decem. [1603] sur le point du midy" en note marginale] : Iupiter au contraire cheant tousjours & tombant, jusqu'à ce qu'il soit entierement dans le signe de sa cheute le Capricorne. Ce que baillera un prelude & avant-jeu terrible à ce que dessus. Laquelle chose a touché le grand Prognostiqueur [Nostradamus], lors qu'en sa I Centurie il a dit. F A V X *à l'Estang*, C'est à dire, Saturne au signe du Verseau, que sera 1609, 1610 & *joint* à Iupiter *vers le Sagittaire*, qui sont ces annees icy, & les prochaines ... " (p.81).

Le quatrain est encore repris et défiguré par Jean Belot, un imitateur tardif de Nostradamus, qui ignore ce que sont l'auge et l'exaltation d'une planète (in *Centuries prophétiques* [pour cinq annees : 1621-1625] *revelées par sacrée Theurgie et secrette Astrologie* [!], Paris, Anthoine Champenois, 1621, p.17) :

La faux est à l'Estang devers le Sagitaire,
En l'Ange [!] *le plus hault par exultation,* [!]
Du siecle devoué, qui faute d'union,
On verra moissonner une main militaire.

Les premiers interprètes du célèbre quatrain ignorent qu'il s'inspire textuellement de deux passages de la compilation du traité de Turrel rédigée par Richard Roussat en 1548 et parue à Lyon en 1550 (cf. passages soulignés).

"Parquoy semble le Monde finir bien tost, & venir à sa derniere Periode & mette. Car, ceste presente triplicité aquatique terminee (dequoy nous reste seulement, du calcul de ceste presente annee mil cinq cens quarante huict, quatre vingtz quatorze ans) viendra la triplicité du feu : & lors **se conjoindront Saturne & Iupiter au Sagittaire**, Signe de feu : lequel, comme desja a esté dict, de sa triplicité, est le plus fort : & adonc le pere de corruption, de mort, lamentations, douleurs, angoisses, & perdition, Saturne, au Signe de feu sera **en son auge surhaulsé & exalté**, & Iupiter cheu en son detriment, sans aulcune conduicte, &, comme entre les mains de ses ennemis, de tous abandonné : & ne pourront, ne luy, ne les aultres Planetes, mitiguer ne reprimer la malice & facherie dudict Saturne. Parquoy **pestilence, famine, & toutes sortes de corruptions**, tant aux corps que biens, en ce Siecle redonderont, seront en estre, vigueur, & regne." (Roussat III, pp.131-132)

"Maintenant donc je di que nous sommes en l'instant, & **approchons de la future renovation du Monde**, ou de grandes alterations, ou d'iceluy l'anichilation, environ deux cens quarante troys ans selon la commune supputation des Hystoriographes, en prenant à la date de la compilation de ce present traicté : laquelle date est posee & escripte à la fin d'iceluy." (Roussat I, p.86)

L'année de la rénovation indiquée dans le texte est l'année 1791 (243 ans ajoutés à 1548, l'année de rédaction du traité), et celle de la conjonction Saturne-Jupiter est l'année 1642 (94 + 1548). La dette de Nostradamus envers Roussat a été repérée par Brind'Amour (1993, p.212 et 1996, p.71), recopié par Prévost (1999, p.117), Lemesurier (2003, p.9) et Clébert (2003, p.75), lesquels s'embarrassent rarement de citer leurs sources.

Brind'Amour considère que toutes les éditions sont fautives et propose de lire **estaing** à la place d'**estang**. Mais l'on peut supposer surtout un jeu de mots sur les termes français et latins, justifié par le rapprochement étymologique de *stagnum* (étang) et de *stagnum* ou *stannum* (étain), et destiné à égarer le lecteur inattentif. L'étain était le métal associé à Jupiter selon un modèle classique d'équivalences astrologiques issu de l'alchimie ancienne. Le plus ancien témoignage de telles équivalences serait celui de Celsus (c. 180 AD) selon Origène. La cité sabéenne de Harrân (près d'Urfa dans l'actuelle Turquie) possédait sept temples dédiés aux sept planètes, le sixième étant surplombé d'une statue en étain du dieu Marduk, le parangon babylonien de Jupiter (cf. D. Chwolsohn, *Die Ssabier und der Ssabismus*, St Petersburg, 1856).

L'exégète canadien propose de lire Saturne "le" faux, pour respecter l'accord au premier vers, plutôt que "la" faux qui est l'attribut du dieu, avant d'exposer son interprétation, à savoir une conjonction **dans** le signe du Sagittaire renvoyant au texte de Roussat.

Hélas en 1642 (ou plus exactement le 24 février 1643), Saturne et

Jupiter sont conjoints en Poissons, bien loin du Sagittaire, et la conjonction en Sagittaire a lieu en réalité le 18 décembre 1603, comme l'a compris le Sieur de Billy. Autrement dit Nostradamus aurait emprunté à Turrel et Roussat un exposé techniquement erroné des grandes conjonctions. Que reste-t-il du quatrain pour Brind'Amour ? Presque rien, si ce n'est la mise en forme poétique d'un texte fautif et peut-être mal compris.

Facile, ça ne mange pas de pain, et on peut passer à l'exégèse du quatrain suivant ... Cependant, en ce début d'enquête, je propose qu'on prenne garde aux trois points suivants :
- Le quatrain possède une force de fascination insatisfaite par ces analyses, et il ne suffit pas d'avoir repéré la source d'un quatrain, réelle ou imaginaire, pour avoir bouclé la question.
- Brind'Amour ne remarque pas ou ne veut pas tenir compte des majuscules au mot "A V G E" - qu'il transcrit "AUGE" !
- Enfin et surtout, Nostradamus écrit **vers** le Sagittaire, et non **au** ou **dans le** Sagittaire, et par suite il ne suit Roussat qu'en apparence !

Il serait naïf de croire qu'un schème se transmet ainsi indemne, sans modification, et que les emprunts se font de manière transparente sans aucune intention de transformation. J'ai montré dans mon interprétation de la *Préface à César* comment Nostradamus s'appuyait sur ses principaux modèles (Savonarole et Roussat notamment) et parvient à les détourner de leur signification initiale.

Car le quatrain ne traite pas d'une conjonction en Sagittaire mais dans l'un de ses deux signes contigus, le Scorpion ou le Capricorne : en toute logique à la fin du Scorpion si les planètes évoluent vers ce signe, ou au début du Capricorne si elles rétrogradent vers le signe qu'elles viennent de franchir.

Examinons au préalable s'il convient de revenir à l'orthographe du mot **estang** qui figure dans toutes les éditions, et comparons-le avec les premiers vers du quatrain IV 86, lequel indique clairement une conjonction de Saturne au Soleil dans un signe d'eau :

L'an que Saturne en eaue sera conjoinct,
Avecques Sol, le Roy fort & puissant :

Contrairement à celui-ci, le quatrain I 16 contient plusieurs anomalies : il aurait fallu écrire "Faulx en estang", et non "Faulx à l'estang", car une planète peut difficilement être jointe ou conjointe à un signe ou à une constellation. Elle peut occuper ou se situer "dans" ce signe, mais n'est pas en aspect avec lui. Même si on l'admet par indulgence, l'énoncé impliquerait que Saturne serait localisé "à l'estang" (symbolisant alors le Scorpion) et évoluerait "vers" le Sagittaire. Nostradamus aurait usé d'une double détermination pour dire à peu près la même chose, ce qui ne ressemble pas à son style habituellement laconique. D'autre part, il faudra admettre encore que le terme "estang" désigne ici les eaux troubles et marécageuses parfois associées dans l'imaginaire des astrologues au signe du Scorpion. Ce qui constitue au final un passif déjà lourd.

Examinons cependant les cas de conjonctions Saturne-Jupiter dans les derniers degrés du Scorpion, en admettant un jeu de mots sur estang/estaing : seules deux dates satisfont ces conditions du XVIe siècle au XXIIIe siècle (intervalle d'actualisation de la prophétie selon la *Préface à César* (CN 33, 26) : le 18 septembre 1544 (conjonction à 28° du Scorpion) et le 6 février 2279 (conjonction à 26° du Scorpion). Malheureusement les "rénovations" de siècle, c'est-à-dire de cycle, comme l'entend Nostradamus qui prend appui sur le texte de Roussat, ont lieu en 1533 et en 2242 (cf. préface à César, CN 33, n.33), c'est-à-dire **avant** les dates indiquées et **non après**. Ce que contredit formellement l'énoncé du quatrième vers.

Restent donc les conjonctions en Capricorne, et en ce cas l'on admettra avec Brind'Amour l'erreur de lecture du premier éditeur des *Prophéties*, Macé Bonhomme, reprise par tous les imprimeurs ultérieurs. Deux conjonctions seulement ont lieu au cours des huit siècles mentionnés : celle du 26 janvier 1842 (à 9° du Capricorne) et celle du 28 novembre 1901 (à 14° du Capricorne). Or la seule "rénovation de siècle" possible est celle ayant lieu entre les deux précédemment mentionnées, à savoir celle de l'année 1887 qui marque le début de la période solaire, et par conséquent seule la conjonction de 1842 vérifie le quatrième vers : *Le siecle approche de renovation.*

Cependant Jupiter et Saturne ne sont pas rétrogrades, mais le seront six mois plus tard **le 20 juillet 1842**. Cette date semble être celle qui explique l'ensemble du quatrain. Les planètes Saturne et Jupiter sont conjointes en Capricorne, rétrogradant toutes deux vers le Sagittaire. La conjonction n'est plus exacte comme en janvier, mais un orbe assez large est astrologiquement acceptable dans cette configuration en raison de la présence de la Lune, et parce que ces trois planètes sont en opposition à l'amas planétaire Soleil-Mars-Mercure en Cancer. Les astrologues Arabes parlent de "transfert de lumière".

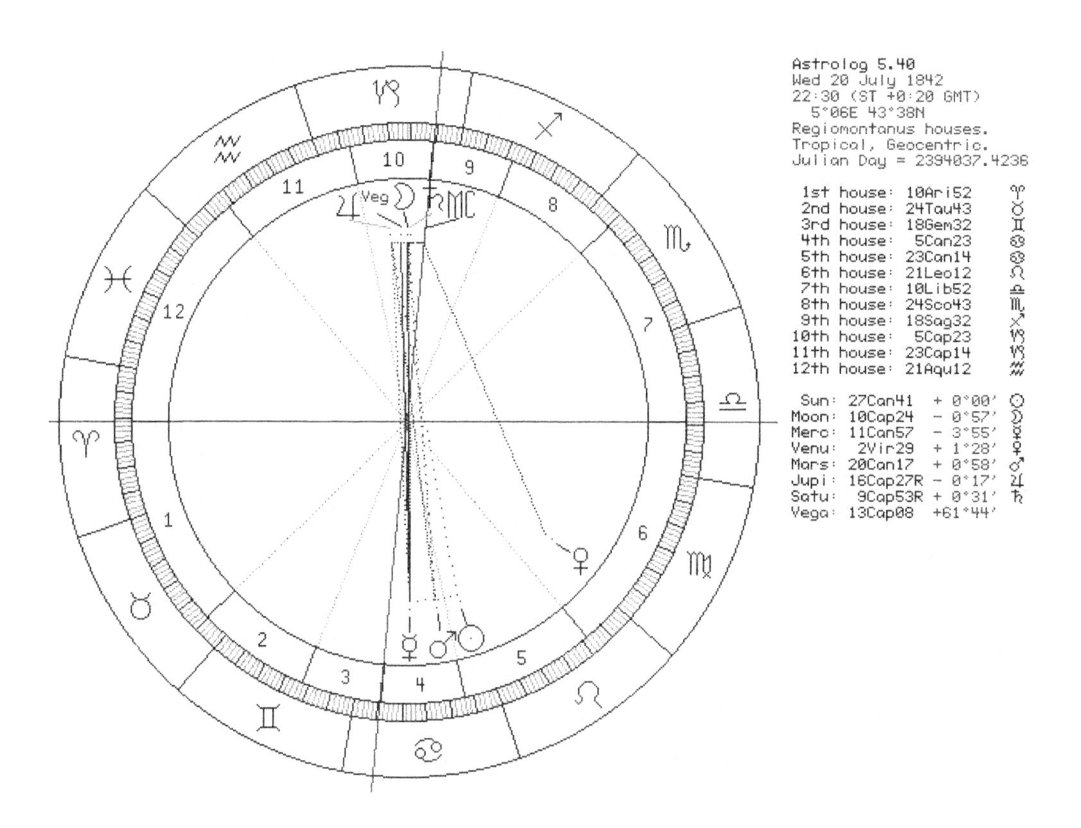

"En son hault", c'est-à-dire au-dessus de cette conjonction dans le ciel, l'étoile Vega (l'anagramme du vocable AVGE soulignée par des majuscules) est elle-même presque exactement positionnée entre Saturne et Jupiter. Le terme AVGE provient aussi du latin *augeo* (croître, augmenter) et désigne l'aphélie ou l'apogée d'un astre, c'est-à-dire le point de son cycle où il est le plus éloigné du Soleil. C'est le cas apparent de la conjonction Saturne-Jupiter-Vega, en opposition au luminaire, mais c'est surtout le cas de Saturne, dont l'apogée qui se situe à 24° du Sagittaire au milieu du XVIe siècle et avance de deux degrés par siècle selon les *Tables alphonsines*, passe du Sagittaire au Capricorne précisément au milieu du XIXe (pour ces notions, cf. Brind'Amour, 1993, p.212). Cependant on ne lira pas les qualificatifs du second vers comme des équivalents approximatifs, comme le voudrait Brind'Amour qui n'a repéré ni l'anagramme ni les majuscules, mais comme une description précise : c'est l'étoile Vega qui occupe la position centrale entre Jupiter et Saturne, presque au milieu du Capricorne, signe "d'exaltation" de Saturne par métaphore, c'est-à-dire son domicile zodiacal.

Résumons le vers comme suit : l'étoile Vega, qui surplombe la conjonction Jupiter-Saturne, est alors à sa puissance maximale au milieu du Capricorne, le domicile de Saturne, lequel est au même moment à son apogée.

Le roumain Ionescu a repéré l'importance de Vega, et ses analyses débouchent sur une interprétation inspirée et astucieuse du quatrain, lequel concernerait "l'écroulement du régime soviétique" au mois de juin 1991 (cf. son ouvrage paru en 1976, pp.777-782). Le siècle est dans ce contexte interprété au sens moderne. Mais son assimilation, avec Christian Wöllner (1926, p.44), de "l'estang" au Verseau (qui est un signe d'air, non d'eau), rend finalement son dispositif problématique, même si son intuition reste remarquable.

Le troisième vers résume laconiquement les événements des années suivantes, mais ce n'est pas ici ce qui intéresse principalement Nostradamus : la crise agricole, industrielle et financière de 1846-1847, la révolution française de février 1848 (avec, le 22 février, les gardes nationaux qui abandonnent le dernier roi de France Louis-Philippe et son ministre François Guizot pour rejoindre manifestants et émeutiers, et la proclamation deux jours plus tard de la république provisoire), les insurrections qui éclatent simultanément en 1848-1849 en Italie, Allemagne, Prusse, Autriche, Hongrie, Suisse, et la répression par "main militaire" qui s'en suivit.

Dans ce contexte, le quatrième vers est doublement signifiant, puisqu'il représente à la fois l'approche du nouveau cycle turrélien (en 1887), et la chute définitive de la monarchie française en 1848 ; et le vocable "approche" illustre tout autant l'approximation que le devenir, lesquels sont la marque de fabrique du quatrain ("vers le Sagitaire"). On comprendra aussi aisément pourquoi Nostradamus emploie ici le terme "faulx" plutôt que Saturne (en allusion au mécontentement paysan), et "estaing" plutôt que Jupiter. Ces images personnifient les protagonistes mieux que ne pourraient le faire de longs discours.

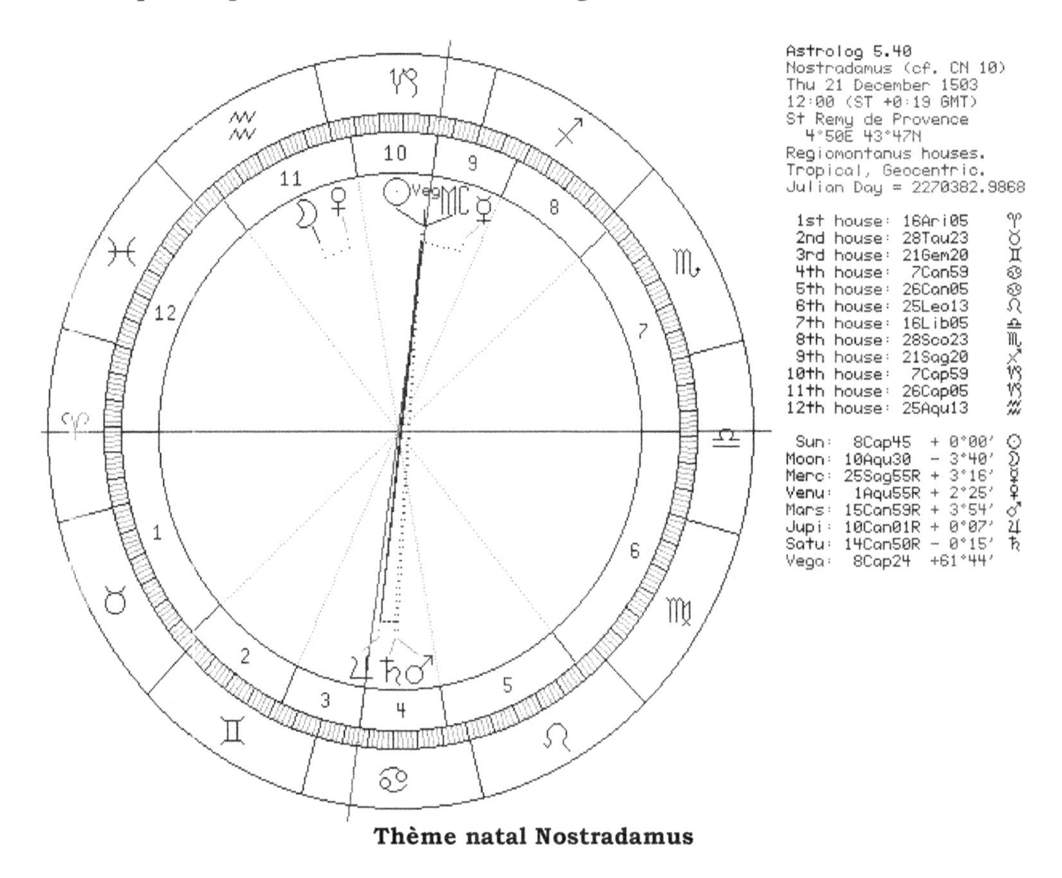

Thème natal Nostradamus

Ajoutons que lorsqu'il est question de période ou de siècle (i.e. de cycle), de plus souligné par un terme en majuscules, on n'a jamais affaire avec Nostradamus à des événements mineurs. La date retenue est symboliquement importante, même si les protagonistes ne le sont pas nécessairement. Enfin s'il a pu composer l'un des plus beaux quatrains de ses *Prophéties*, c'est probablement parce qu'il a été guidé par une configuration astrologiquement remarquable, impliquant en un seul lien l'ensemble des planètes traditionnelles à l'exccption de Vénus, une configuration que lui inspire probablement celle de **sa propre nativité**, constituée elle aussi de deux amas planétaires au milieu des signes du Cancer et du Capricorne (cf. son thème établi pour midi). Mais en 1842, la plupart des planètes, et notamment Jupiter et Saturne, sont passées à l'opposé zodiacal.

Le dernier vers requiert donc une troisième lecture puisque l'année 1842 correspond précisément aussi à celle de l'entrée du cycle en quarte terrestre, ce qui nous ramène à l'interprétation de Billy. Autrement dit, par l'expression "vers le Sagitaire", Nostradamus aura réussi à piéger ses interprètes, ses contemporains et les miens, de Billy à Brind'Amour. Car le quatrain traite bien du cycle des conjonctions Jupiter-Saturne, comme l'a compris Himbert de Billy, tout en empruntant les formules du texte de Roussat qui se rapportent à un autre cycle, le cycle "méta-lunaire" d'une durée de 354 ans et 4 mois. Au final le quatrain énonce à la fois l'échéance décisive de 1842, l'approche du nouveau cycle trithémien-turrélien en 1887, et la chute définitive de la monarchie française en 1848. Même si je reconnais que le troisième vers n'est pas particulièrement explicite - mais l'est-il davantage pour les autres interprétations proposées, d'autant plus que l'expression "par main militaire" ne figure pas chez Roussat ? -, il me semble irréfutable que la date de 1842 est celle du quatrain, et aucune autre.

Tocqueville fait paraître les conclusions de sa *Démocratie* en 1840, et Nietzsche, né en 1844, se voyait au grand midi ! (cf. mes textes "*Nietzsche : Équilibre et Retour Éternel*", 1993 ; CURA, 2002 ; *Concepts*, n° 6, Sils Maria, Mons, 2003, et "*Alexis de Tocqueville, le Visionnaire de la Modernité*", CURA, 2001). Il semble bien que Nostradamus ait également retenu cette décennie, et non les années 1789-1792, comme celle du début du déclin et de la barbarie. J'y reviendrais. Mais l'éternel retour n'est probablement pas le souci premier de l'astrophile de Salon, mais plutôt de faire voir, avant de revenir, par où il faudra nécessairement passer.

[A noter deux curieuses coïncidences : avec un début de l'âge lunaire au 15 juin 1534 selon le décompte de Jacques de Bourgogne, rapporté par Roussat (cf. mes commentaires à la *Préface à César*, CN 33, n.33), et en prenant la durée du cycle trithémien (354 ans 4 mois), on obtient le début de l'âge solaire au jour précis du 44e anniversaire de Nietzsche, né le 15 octobre 1844 près de Lützen. En prenant cette fois pour durée de ce cycle 354 ans 6 mois et 22 jours, c'est-à-dire deux fois le demi-cycle indiqué par Nostradamus, on obtient le début de l'âge suivant pour le 6 janvier 1889, au moment où Nietzsche, qui se voyait au grand midi de la pensée européenne, a vécu son illumination et son effondrement : "Le 3 janvier, juste au moment où Nietzsche sort de sa maison, il voit sur la piazza Carlo-Alberto, à la station des fiacres, une vieille rosse éreintée sur laquelle s'acharne un cocher brutal. La pitié l'envahit. Sanglotant et avec un geste protecteur, il se jette au cou de la bête martyrisée. Il s'écroule. (...) A son réveil, Nietzsche a le sentiment d'être la double divinité : Dionysos et le Crucifié." (Erich Podach, *L'effondrement de Nietzsche*, trad. fr. Andrée Vaillant et Jean Kuckenburg, Paris, Gallimard 1931 ; 1978, pp.91-92).]

Annexe : "Mars nous menasse par sa force bellique"

Le terme "Auge" (au sens d'essor, d'augmentation), figure encore au début du troisième vers du quatrain précédent (I 15) :

Mars nous menasse par sa force bellique
Septante foys fera le sang espandre :
Auge & ruyne de l'Ecclesiastique
Et plus ceux qui d'eux rien voudront entendre.

Les quatrains 15 et 16, les premiers à introduire des connotations d'ordre astrologique, pourraient être liés. Au début de la *Préface à César*, Nostradamus évoque déjà la durée de révolution sidérale de la planète Mars, d'environ deux ans (cf. CN 33, 2). Et 70 fois la période de la planète Mars (qui vaut plus exactement 1 an et 322 jours) font environ 132 ans, lesquels soustraits à la date de 1842 précédemment évoquée, désignent l'année 1710 comme pouvant être celle séparant l'essor du déclin "ecclésiastique". Cette date est aussi précisément la date intermédiaire du cycle de 354 ans, étudié par Roussat, soit 177 ans avant l'échéance de 1887 (début de l'âge solaire) et 177 ans après l'échéance de 1533 (début de l'âge lunaire). Or Nostradamus indique clairement dans sa préface qu'il tient compte de ce demi-cycle de 177 ans (cf. CN 33, 34). Ainsi le quatrain 15 de la première centurie aurait pour fonction essentielle d'éclairer le double plan de référence astrologique utilisé, à savoir les périodes planétaires auxquelles est liée la théorie des grandes conjonctions, et le cycle symbolique des 354 ans. Le quatrain annonce, par le terme "Ecclesiastique", l'effondrement de la spiritualité en Europe, un effondrement qui affectera davantage ceux qui s'en détournent, accoutrés du harnais de la raison moderne, que ceux qui essayent de lui préserver un horizon. Mais tout ceci est presque trivial.

Peste à l'église par le nouveau roy joint : De Batou Khan à Trotsky (1241 ⇔ 1917)

Il existe des forçats de l'exégèse des quatrains versifiés de Nostradamus, les mêmes généralement qui n'ont pas pris la peine de commencer à en lire la prose. Tel publie ses interprétations du corpus versifié des Prophéties centurie par centurie et quatrain par quatrain, tel autre explore l'intégralité des quatrains d'une édition donnée (par exemple Brind'Amour en 1996). Cet exercice est devenu un genre balisé assez répétitif depuis Chavigny, lequel n'avait pourtant retenu dans son Janus de 1594 que quelques 140 quatrains des almanachs et un peu moins pour les Prophéties. Mais la généralisation de l'interprétation à des quatrains qu'on ne comprend pas nécessairement conduit à des exercices lexicographiques d'un intérêt parfois douteux, ou à un simple remplissage proche de la paraphrase, accompagné d'annotations qui marquent l'impuissance de l'interprète à saisir même le référent historique ou littéraire du quatrain. Elles débouchent, chez le sceptique, sur le constat que Nostradamus se serait trompé. Brind'Amour abuse de cette conclusion, laquelle ne ratifie en réalité que l'inexactitude de ses hypothèses initiales et les limites de ses suppositions et méthodes d'analyse.

Il me semble futile de vouloir a priori rendre compte de la totalité d'un texte qui demande à être apprivoisé prudemment, par paliers, et sous l'éclairage des autres écrits de Nostradamus, généralement délaissés ou ignorés. Pour ma part, je ne m'empare pas systématiquement de tel ou tel quatrain : c'est le quatrain qui m'appelle, m'intrigue, et ne me quitte que lorsque je crois avoir trouvé une réponse satisfaisante à l'énigme qu'il soulève. Ainsi, depuis mai 2000, j'ai proposé une interprétation pour seulement douze quatrains : à savoir I 15, I 16, I 35, I 48, I 84, IV 33, IV 88, VI 23, VIII 69, X 39, X 100 et P 55.0.

Le quatrain I 52, "mon treizième", est particulièrement intrigant compte tenu de l'aporie posée au premier vers, et contrairement aux précédents, la face du Janus la plus éclairée selon l'hypothèse que j'ai formulée au congrès du CURA en décembre 2000, serait a priori le passé et non le futur. Rappelons que la figure allégorique janiforme suppose l'existence d'un référent historique ou littéraire appartenant au passé, d'une vision du futur qui le rappelle, et d'une liaison telle que tous les détails du quatrain ne s'appliquent pas indifféremment aux deux séries événementielles : certains d'entre eux se rapportent au passé, d'autres au futur. C'est pourquoi le quatrain n'explique pas toujours toute la configuration historique et géopolitique, car l'interprétation juste naît précisément de l'entrecroisement des deux séries événementielles. Le quatrain I 52 en est l'illustration parfaite.

Les deux malins de Scorpion conjoints,
Le grand seigneur meurtri dedans sa salle :
Peste à l'eglise par le nouveau roy joint,
L'Europe basse & Septentrionale.

[Texte des éditions de 1555. L'édition de septembre 1557 donne "conjoinct" au singulier, "meurtry", et "joinct".]

Littéralement, le premier vers devrait se lire : "quand les deux planètes malignes du Scorpion seront conjointes [en Scorpion]". L'aporie tient au fait que ces "deux malins de Scorpion" n'appartiennent pas à la tradition astrologique, car il n'existe pas deux planètes néfastes associées au Scorpion, mais une seule. Ainsi, énoncer comme le fait Nostradamus, que les deux planètes malignes du Scorpion seront conjointes, devait être incompréhensible pour le lecteur de son temps. Je reviendrai sur l'explication de cette aporie en fin d'étude.

Les interprétations de ce quatrain sont quasi inexistantes. Dans son Janus françois, Chavigny situe le début du quatrain pour l'année 1588 : le duc de Guise sera assassiné "par le conseil de deux malins" qu'il n'identifie pas (1594, p.254). Les vers suivants, rabotés de l'hémistiche "Peste à l'eglise", concerneraient une époque ultérieure, non précisée. La censure de Chavigny illustre à souhait les déclarations de Nostradamus dans la première préface à ses centuries, soulignant certaine "humaine mutation que advienne scandalizer l'auriculaire fragilité" (Préface à César, 8).

Pour Étienne Barbazan, « l'anonyme » de la Lettre critique du *Mercure de France* (1724), incapable d'identifier correctement le quatrain, il serait question au second vers du duc de Parme, Pier Luigi Farnese, assassiné le 10 septembre 1547 à Plaisance, en raison de sa politique laxiste envers les luthériens. Mais à cette date, Mars est en Vierge, Saturne en Sagittaire et Pluton en Verseau (cf. infra sur la "malignité" de ces planètes et de leur éventuelle association au signe du Scorpion). D'autres y voient une allusion à la mort naturelle de Selim Ier en septembre 1520, au moment d'une opposition Mars-Saturne ! A ce petit jeu irrespectueux du texte, on peut inventer à peu près n'importe quoi, et c'est même devenu un moyen de vendre des livres pour des historiens qui ne se sont pas autrement illustrés dans leur domaine habituel de recherche.

Le Pelletier n'a pas trouvé d'explication pour ce quatrain (1867), non plus que Ionescu un siècle après (1976). Plus récemment Brind'Amour (1996, p.124), qui marque un pluriel au mot "joint" (qui devient "joints") faute d'avoir compris que l'accord peut se faire avec le "nouveau roy" (cf. infra), imagine une conjonction de Mars et de Saturne en Scorpion en octobre-novembre 1600, sans donner d'interprétation : en fait la conjonction a lieu le 8 septembre 1600 à 26° de la Balance, et au 1er novembre 1600, les deux planètes sont déjà séparées d'un signe zodiacal ! Cet ouvrage est souvent le seul disponible sur Nostradamus dans de nombreuses bibliothèques universitaires, et le lectorat estudiantin ne bénéficie hélas d'aucune alternative pour corriger ses inepties minimalistes.

L'empire de Batou Khan

De l'histoire "universelle", européo-centrée et nombriliste, enseignée dans les écoles, sont exclues les réalités géopolitiques défavorables aux clichés idéologiques qui sous-tendent son discours. De même, l'omniprésence de l'astrologie jusqu'au XVIIe siècle et l'enthousiasme des hommes qui l'ont enseignée, défendue ou débattue sont rayés des manuels d'histoire par des idéologues payés pour faire accroire que la probité historique, voire "scientifique", serait plus respectée en Occident qu'en Chine, chez les Musulmans ou dans telle tribu africaine. Un leurre -- et c'est à peine si quelques historiens cherchent à se représenter la réalité géopolitique de la période qui va nous intéresser :

le milieu du XIIIe siècle, marqué par une "peste à l'Église" comme le déclare Nostradamus dans le quatrain 52 de la première centurie.

A sa mort en août 1227, le plus grand conquérant de l'histoire, Genghis Khan, n'avait pourtant pas accompli son rêve d'unifier, au sein d'un même empire euro-asiatique, les territoires compris entre les océans Pacifique et Atlantique. Ses fils se partagèrent son immense héritage. L'un d'entre eux, Ögödei, fut nommé grand Khan, et à son petit fils Batu ou Batou (1204-1255), le fils aîné de l'aîné de Gengis décédé avant son père, furent attribuées les steppes de l'ouest, au-delà de l'Oural, et le commandement des armées de ces territoires conquis ou à conquérir. Les campagnes mongoles à l'assaut de l'Ouest se succédèrent entre 1236 et 1242 et se soldèrent par la soumission des principautés russes septentrionales et méridionales (de Novgorod jusqu'à Kiev détruite), par l'extermination des Coumans installés au flanc nord de la mer Noire, par des incursions dévastatrices en Pologne puis en Hongrie. La ville de Pest, sur la rive gauche du Danube, et qui donnera avec Buda son nom à la capitale hongroise au XIXe siècle, fut entièrement détruite, et le souverain hongrois Bela IV fut expatrié.

Les hordes mongoles de Batou, aux portes de l'Autriche et de Constantinople, s'apprêtaient à déferler sur l'appendice occidental de l'Europe, quand Batou fut informé de la mort de son oncle le grand souverain Ögödei, en décembre 1241. Peu confiant envers les intentions de ses cousins et rivaux à son égard, Batou décide de mettre un terme à ses conquêtes : l'Europe chrétienne était miraculeusement épargnée. Les armées mongoles quittèrent l'Europe par le sud, en saccageant au passage une partie de la Serbie, de la Bulgarie, et plus au nord la Valachie et la Moldavie. Batou s'installait à Saraï, au sud de la Volga, et devint le nouveau roi du khanat dit de la Horde d'Or (ou horde dorée), qui subsistera deux siècles aux flancs nord et sud de l'Occident chrétien. La plupart des régions et pays mentionnés payèrent un tribut aux Mongols de la Horde d'Or pendant des années, y compris les Bulgares en 1254, comme l'atteste une lettre de Bela IV au pape. L'Europe "basse et Septentrionale", de la Mer Noire jusqu'au golfe de Finlande, étaient soumises (cf. Denis Sinor, "The Mongols in the West" in Journal of Asian History, 33.1, 1999).
Ce scénario historique illustre les trois derniers vers du quatrain. Le

terme "joint" s'accorde à Batou, devenu de fait le nouveau roi du khanat de la Horde d'Or, à l'ouest du vaste empire mongol. Ce sont aussi les régions basses et septentrionales de l'Europe qui ont été réunies dans une seule entité territoriale. La plupart des territoires orientaux de l'Europe christianisée ont été dévastés, y compris les bastions stratégiques de Pest et de Buda en Hongrie : "Peste à l'église" ! Cependant le second vers spécifie que le grand seigneur, Ögödei, est meurtri dans sa salle, c'est-à-dire assassiné dans une grande pièce d'habitation destinée à recevoir des hôtes. Les annales officielles mongoles rapportent que le souverain, grand buveur, serait décédé par suite des excès de boisson. Cependant certains historiens se sont interrogés sur les causes réelles de son décès, avançant que son épouse, l'ambitieuse Töregene, qui se proclame régente et lui succède entre 1241 et 1246 avant de faire élire son fils Güyük à la tête de l'empire mongol, pourrait avoir été l'instigatrice de sa mort, favorisant son penchant. C'est ce scénario, somme toute "classique" et qui hante l'imaginaire et la conscience de nombreuses femmes, qui sera retenu par Nostradamus au second vers du quatrain.

La réplique historique de 1917 : la révolution d'octobre

L'histoire se répète, et les événements de l'année 1917 et des suivantes sont bien connus. La révolution d'octobre marque la fin du tsarisme. Le dernier tsar Nicolas II est assassiné avec sa famille et sa suite dans les caves de la villa Ipatiev à Yekaterinburg (ou Sverdlovsk de 1924 à 1991), dans la nuit du 17 au 18 juillet 1918. Le terme "salle" au second vers pourrait se rapporter à l'homophone latin cella (cellier, cave, réduit). L'Église orthodoxe est persécutée par les bolcheviks qui multiplient les exécutions sommaires, la confiscation des propriétés et la destruction des églises. Le 30 septembre 1917, Léon Trotsky est élu président du soviet de Petrograd, et devient le chef militaire de l'Armée rouge. C'est lui qui est désigné sous l'expression "nouveau roi joint" -- c'est-à-dire associé à son camarade Lénine avec qui il partage le pouvoir. Ainsi, comme souvent chez Nostradamus, un quatrain "janiforme" (à deux faces) ou bipolaire, ne s'applique pas strictement à la configuration événementielle de la source ni à celle destinée, mais opère à leur jonction. Le terme "joint" précisément, à la rime du troisième vers, qui semblait se référer aux deux entités européennes en 1241, mais avec une faute d'accord, s'applique aussi au "nouveau roi" de la révolution russe.

Les deux malins de Scorpion

Les deux planètes malignes de l'astrologie hellénistique sont Saturne et Mars, désignées par les expressions "infortuna major" et "infortuna minor" au XVIe siècle. Dans l'astrologie babylonienne, le seigneur de la terre Ninurta, associé à Saturne et garant de l'ordre et de la stabilité du monde, n'avait pas les connotations péjoratives que les Grecs lui ont ultérieurement attribuées. En 1601 encore, Kepler redéfinit les caractéristiques des deux planètes malignes par des proportions élémentales : Saturne par un défaut de chaleur et un excès d'humidité, Mars par la combinaison inverse (cf. ma thèse doctorale de 1993 et mon texte "Le Planétaire (Organisation et Signification des Opérateurs planétaires)", CURA, 2000).

Mais même dans cette tradition, il n'existe pas deux planètes néfastes du Scorpion, car si Mars a son domicile en Scorpion, Saturne ne lui est pas associé, ni par domicile, ni par exaltation. En revanche, l'astrologie moderne considère Saturne et Pluton comme les deux planètes les plus néfastes, et les théories syncrétistes tiennent Mars et Pluton pour les planètes associées au Scorpion. Dans ma thèse de 1993, Pluton est domiciliée en Scorpion, mais c'est Saturne qui y est exaltée (L'astrologie : Fondements, Logique et Perspectives, Paris I (Sorbonne), 1993, p.258). Il en résulte que tout se joue entre ces trois planètes. (sur la justification de la nature planétaire de Pluton, cf. Forum du CURA, http://cura.les-forums.com).

Le premier vers du quatrain 52, "les deux malins **de** Scorpion conjoints" implique une conjonction de deux planètes malignes en Scorpion. Mais la lecture adoptée par la plupart des interprètes, à savoir "les deux malins **en** Scorpion conjoints" est à la fois incorrecte et trop laxiste, sachant que les conjonctions entre Mars et Saturne (les deux maléfiques de l'astrologie grecque), ou même entre Mars et Pluton (les planètes scorpionistes -- cf. Roussat (1550, p.145) -- de l'astrologie moderne) se produisent environ tous les trente ans, par exemple en août 1572, septembre 1602, octobre 1630, etc ... pour la conjonction Mars-Saturne.

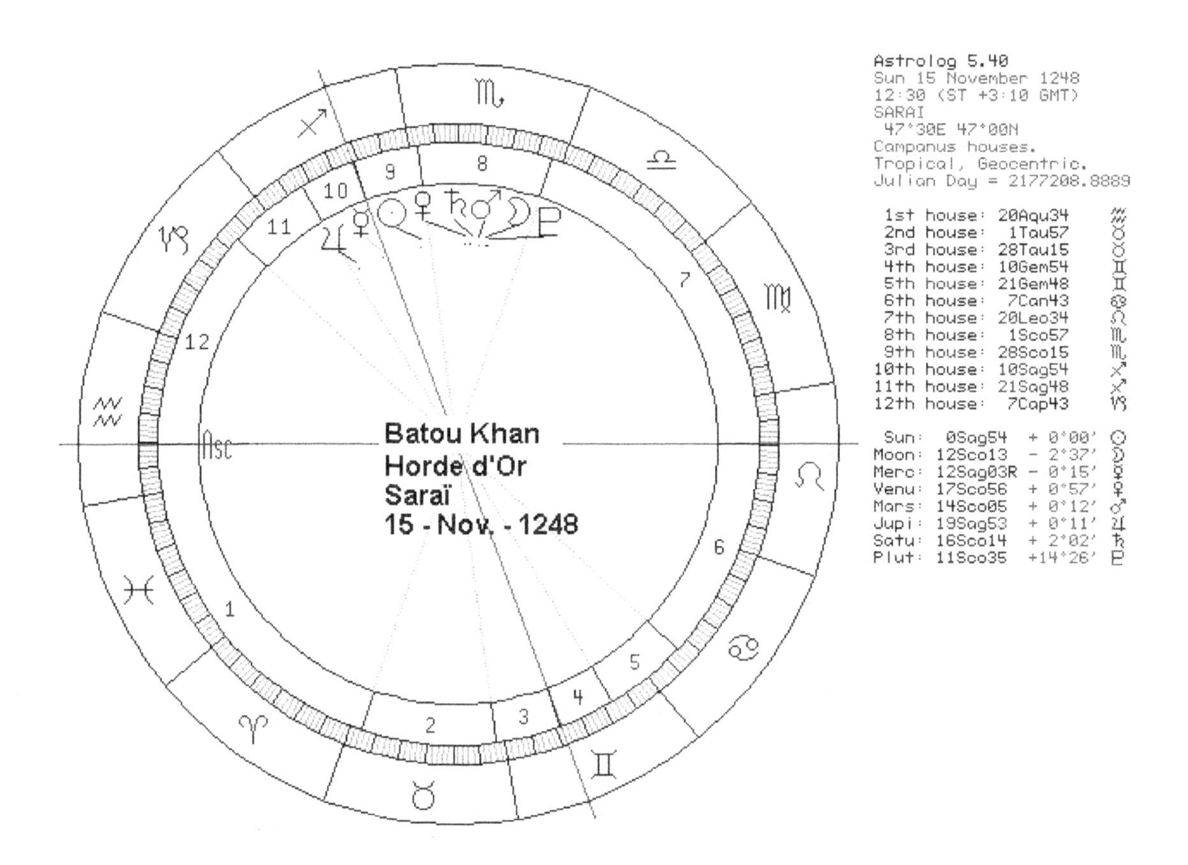

Mais seuls Pluton et Saturne ont une révolution sidérale assez grande pour déterminer une date sans ambiguïté. Le cycle Saturne-Pluton a une période moyenne de 33 ans et 158 jours (cf. Cyclologie astrale: cycles et âges planétaires, CURA, 2003). La conjonction en Scorpion a théoriquement lieu tous les 400 ans environ, mais ce modèle ne correspond pas à la réalité cyclique, compte tenu de l'irrégularité de l'orbite plutonienne et de la projection de la position plutonienne sur l'écliptique. Ainsi au cours de la période prospective dans laquelle se situent les Prophéties (1555-2242), la conjonction n'a jamais lieu en Scorpion, mais au début du Sagittaire en novembre 1750 et à la fin de la Balance en novembre 1982. Il faut remonter au 15 novembre 1248 pour trouver une conjonction Saturne-Pluton au milieu du Scorpion, en réalité un amas planétaire auquel participent aussi Mars, Vénus et la Lune. Cette date est celle adoptée par Nostradamus : une date mitoyenne à mi-chemin entre le décès du grand seigneur Ögödei en décembre 1241 et celui du nouveau roi Batu Khan en 1255. En revanche la révolution soviétique est marquée par une banale conjonction Mars-Saturne le 1er octobre 1917 à 12° du Lion.

Mais les ruses nostradamiennes sont "à double rebras" comme l'ont observé ses adversaires de l'époque, et à y regarder d'encore plus près, il n'est pas impossible que l'expression "malins **de** Scorpion" (et non **du** Scorpion) ne désigne pas, malgré les apparences, des planètes traditionnellement "malignes" ou néfastes, mais trivialement des hommes nuisibles (ou rusés, si l'on accepte une dérivation sémantique plus moderne du terme) ! En effet le révolutionnaire russe Léon Trotsky est né le 7 novembre 1879 à Odessa sous le signe du Scorpion (le Soleil à 15° du Scorpion). Et l'autre malin, Batou Khan, serait également né sous le signe du Scorpion s'il faut en croire l'image suggérée au premier vers. Cette hypothèse est renforcée par la méfiance et la sagesse du conquérant, qui a su conserver ses domaines et déjouer les pièges tendus par son cousin Güyük, le nouveau grand seigneur, précisément décédé en 1248.

La mise en parallèle des deux séries événementielles conduit à l'interprétation simplifiée qui suit : *Aux temps de Batou Kahn et de Trotsky, tous deux nés sous le signe du Scorpion, avant et après la formation de l'amas planétaire Mars-Saturne-Pluton en novembre 1248 et lors de la conjonction des deux planètes traditionnellement néfastes en octobre 1917, l'Église chrétienne subira le ravage de ses zones d'influence orientales, et à ces occasions le grand souverain mongol sera empoisonné au cours de beuveries, et le dernier tsar de Russie sera assassiné dans une cave à vin.*

La guerre du sang (quatrain VIII 77)

L'antechrist trois bien tost annichilez,
Vingt & sept ans sang durera sa guerre,
Les heretiques mortz, captifs, exilez,
Sang corps humain eau rogie gresler terre.

vers 1 (lexique) : antechrist = adversaire du Christ, homme impie et sanguinaire
vers 1 (variante) : Lantechrist (édition Rigaud, 1568, X)
vers 1 (lexique) : annichilez, du latin *adnihilare* (anéantir, réduire à néant)
vers 1 (variante) : morts (édition Rigaud, c.1574, C) ; captif (édition Rigaud, 1568, X)
vers 3 (lexique) : heretiques, assimilés aux juifs et aux païens (selon les dogmes et canons de l'orthodoxie chrétienne)

Personne, à ma connaissance, n'a compris ce quatrain pourtant assez simple. Le "trois" au premier vers, se lit "troisième", conformément à l'usage de l'époque. S'il est ici question d'un troisième antéchrist succédant aux deux bouchers déjà amplement convoqués dans cette centurie, celui-ci ne peut être que le dictateur allemand **Adolf Hitler**.

La clef du quatrain réside dans le terme "sang" au second vers (une guerre de sang, ou une guerre du sang), et dans l'insistance sur cette notion de sang appliquée au corps humain (dernier vers), car le terme ne désigne plus alors les conséquences **sanguinaires** des conflits, mais ses présupposés **sanguins**, c.-à-d. racistes.

Au premier vers, le sujet apparent (l'antechrist) ne s'accorde pas à son objet apparent (annichilez) : ce sont les "hérétiques" du troisième vers qui seront exterminés, **par** l'antéchrist (ablatif). Au second vers, il ne s'agit pas seulement d'une guerre sanglante, mais aussi d'une guerre **du sang** : les expériences médicales se développent à partir de 1934 afin d'améliorer et de purifier le sang allemand (stérilisations massives, euthanasie des malades mentaux, déportation et extermination des minorités, etc.). La théorie eugénique est développée dans *Mein Kampf* (1925-1926), auquel se rapporte le vers 2 : non pas la guerre ou une guerre, mais "**sa guerre", son combat**.

Suivront les déportations, expériences et exterminations en camps concentrationnaires, et les **pluies aériennes de bombes** (gresler terre) caractérisant la seconde guerre mondiale (vers 3-4).

Restent à expliquer les "Vingt & sept ans", lus 27 ans par les interprètes piégés aux lacets noués par le provençal : il faut lire vingt ans et sept ans (ou mieux **vingt ans dont sept ans**) : sept ans effectifs de guerre, depuis l'Anschluß (annexion de l'Autriche par l'Allemagne nazie en avril 1938) jusqu'à la mort du Führer en avril 1945, mais presque vingt ans depuis la parution, en **juillet 1925**, du premier volume de Mein Kampf, objet du présent quatrain.

(extrait de mon *Nostradamus ou l'Éclat des Empires*, Paris, BoD, 2011, p.128-129)

La lettre de Nostradamus à César (1555)

Avec la lettre-préface à César, essentielle à maints égards et si mal comprise, commence, enfin, au 33e texte de ce Corpus Nostradamus, mon analyse des *Prophéties*. La transcription du texte suit l'édition princeps de cette préface, à savoir l'édition lyonnaise Macé Bonhomme de 1555. J'ajouterai toutes les différences, hormis la ponctuation, avec la double-édition lyonnaise de 1557 (Antoine du Rosne), et aussi les variantes les plus significatives de l'édition d'Anvers (1590) parce qu'elle reproduirait une édition avignonnaise perdue et parue à la fin des années 50 (cf. ma bibliographie des premières éditions, CURA, 2006). Je ne m'occuperai pas, pour l'heure, des éditions lyonnaises de 1568 imprimées et réimprimées par Benoist Rigaud de 1568 jusqu'à son décès, dont au moins 4 versions sont connues, et pour lesquelles je prépare une étude séparée. Les éditions de 1555, 1557 et 1590 sont repérées d'après les codes suivants :

Lyon 1555 (exemplaires d'Albi et de Vienne) : 1555AW
Lyon 1557 (exemplaire d'Utrecht) : 1557U
"Lyon 1557" (exemplaire de Budapest) : 1557B
Anvers 1590 (exemplaire de Paris, Arsenal) : 1590

Sauf cas exceptionnel, je laisse à l'écart, pour de futures études, les témoignages de Couillard (1556) et de Videl (1558) qui relèvent pour le premier de la parodie parfois amusante, pour l'autre de la critique injurieuse et outrecuidante.

L'orthographe est légèrement modernisée selon les conventions communes : distinction des **u / v** et des **i / j**, restitution des consonnes nasales en remplacement des tildes, ajout d'apostrophes absentes (et correction le cas échéant, comme en C22 ou encore en C31 : "que **ni** demourra rien"), etc. En revanche, je n'accentue pas (les "ou" en C35 sont à lire "où", etc.), et je conserve la ponctuation parfois aléatoire de l'édition Bonhomme. Je marque en caractères habituels les variantes orthographiques des éditions de 1557, **en gras** leurs variantes lexicales non significatives, et **<u>soulignées</u>** leurs améliorations conséquentes.

Ma transcription reproduit donc le texte de l'édition de 1555, strictement identique dans les deux tirages Bonhomme (mai 1555 et ca. juin 1555) et sans aucun doute le meilleur, hormis quelques rares corrections provenant des éditions datées de 1557. Elle est transcrite en caractères droits pour le français, en italiques pour les citations latines, et est découpée en 41 paragraphes. Bareste et Brind'Amour en comptent 55, Torné 40, Ruzo 36 : la conservation du découpage de Bareste, n'augure rien de bon ... Mon adaptation libre, qui adopte la convention inverse (l'italique pour le français, les lettres droites pour le latin), tente d'échapper à la paraphrase tout en restant fidèle au texte. Le lecteur en jugera. Elle a pour objectif de cerner ce que Nostradamus a écrit et/ou suggéré : tentant d'enserrer, en elle-même et au plus près, la signification et la logique du texte, elle est suivie de commentaires qui en justifient l'éventuelle pertinence.

Malgré son obscurité apparente et quelques répétitions, le texte introductif à l'oeuvre prophétique est logique et bien écrit. Rares en sont les lectures compréhensives, et même parmi les plus doués (en particulier Brind'Amour), leurs auteurs ont du mal à s'empêcher d'inventer ce qui n'y figure pas, ou à l'inverse d'oblitérer et de retrancher ce qui s'y lit. Ainsi s'opposent les lectures parfois fantaisistes de l'interprétation prospective classique, des lectures réductrices de l'interprétation pseudo-rationnelle récente. Pour l'énoncer en termes psychanalytiques, les uns souffrent de projection en appliquant au texte le résultat de leurs spéculations et le fruit de leurs désirs, les autres de rétraction et de déni du réel en refusant de lire ce qui est écrit. Certains ont essayé de traduire le texte afin de le rendre plus accessible. Concernant les quatre ou cinq essais dont j'ai pris connaissance, un premier constat s'impose : leurs auteurs ont du mal à saisir ce qui est explicitement écrit, même quand ils parviennent à éviter la simple paraphrase. Alors, quel crédit accorder pour l'interprétation des quatrains versifiés, à qui ne parvient pas à en comprendre la prose ?

PREFACE
DE M. MICHEL NOSTRADAMVS

à ses Propheties.
Ad Caesarem Nostradamum filium
VIE ET FELICITE.

1. TON TARD advenement CESAR NOSTRADAME mon filz, m'a faict mettre mon long temps par continuelles vigilations nocturnes reserer par escript, toy delaisser memoire, apres la corporelle extinction de ton progeniteur, au commun profit des humains, de ce que la Divine essence par Astronomiques revolutions m'ont donné congnoissance.

1557U: proffit, divine
1557B: TOn tard, Cesar Nostradame, divine
1590: Vitam ac foelicitatem (à la place de VIE ET FELICITE), m'a donné

Voc.: reserer, du latin *reserare* = rendre accessible, révéler
Voc.: progeniteur, du latin *progenitor* = ancêtre, aïeul

Ton arrivée tardive, César Nostradame mon fils, m'a laissé beaucoup de temps, passé en veillées nocturnes, pour transmettre par l'écriture ce que l'essence divine m'a permis de connaître au moyen des révolutions astronomiques, afin de t'en laisser la trace après ma mort et pour le commun profit des hommes.

→ Cette entrée en matière, alambiquée pour l'oeil moderne, est caractéristique du style du provençal ; l'ordre des compléments est parfois aléatoire, et la multitude des compléments et des éléments de la phrase atteint parfois une complexité inextricable : autrement dit, c'est le style d'un énoncé latin, transposé au français.

→ César de Nostredame est né à Salon le 18 décembre 1553 (selon une lettre adressée à Pierre d'Hozier le jour-anniversaire de ses 76 ans : cf. Ruzo, 1973, pp.247 et 253 ; 1982, pp.112, 122, et 310), soit six ans après le second mariage de son père, le 11 novembre 1547, avec la veuve Anne Baulme née Ponsard (Gimon, 1882, p.197). C'est durant ces années (1548-1553) que Nostradamus aurait rédigé une majeure partie de ses quatrains, pan essentiel de son oeuvre, à la fois inspirée (*la Divine essence*) et réfléchie (*par Astronomiques revolutions*) :

l'essence divine et le savoir astrologique (celui des grandes conjonctions des planètes supérieures, Saturne et Jupiter) s'unissent en une même source d'inspiration, malgré l'emploi du verbe au pluriel (*m'ont donné*) -- figure syntaxique d'ailleurs fréquente chez Nostradamus, lequel a tendance à marquer les accords selon la proximité des syntagmes. On retiendra que l'inspiration prophétique, d'origine divine, est filtrée par un savoir qui en est le canevas et le garde-fou. L'auteur des quatrains ne cessera de souligner et de rappeler cette condition initiale et nécessaire à l'énoncé prophétique.

2. Et depuis qu'il a pleu au Dieu immortel que tu ne soys venu en naturelle lumiere dans ceste terrene plaige, & ne veulx dire tes ans qui ne sont encores accompaignés, mais tes moys Martiaulx incapables à recepvoir dans ton debile entendement ce que je seray contrainct apres mes jours definer :

1557U: à pleu, tu ne sois, accompaignez, recevoir
1557B: despuis, à pleu, tu ne sois, accompaignez, recevoir

Voc.: plaige, du latin *plaga* = étendue de terre ou de mer, région (Huguet)
Voc.: accompagner = associer, unir (Huguet)
Voc.: definer = finir, prendre fin, terminer (Godefroy, Huguet)

Et puisque le Dieu immortel a voulu que tu ne sois pas né en cette région, ne voulant rien dire de ton existence future car le faible entendement propre à ton âge martien est encore incapable de comprendre ce que je serai obligé de ne te léguer qu'après ma mort,

→ Ce passage n'a pas été compris. Brind'Amour paraphrase : "et que je ne puisse dire encore les ans de ton âge, mais seulement tes mois de mars" (1996, p.3), comptant, croit-il avec Nostradamus, deux fois le mois de mars, alors que César est né en décembre ! Antoine Couillard, qui parodie le texte peu après sa parution, en 1556, écrit qu'il ne fera pas tant de manières pour donner l'âge de son fils Martial ! Double incompréhension du pamphlétaire et de l'exégète latiniste : il est question d'âges astrologiques et en particulier de la période martienne de César qui n'a pas atteint son deuxième anniversaire en mai 1555, la durée de révolution sidérale de la planète Mars étant d'environ deux ans (cf. mon texte, "Cyclologie astrale", CURA, 2003). Même si cette théorie des âges planétaires n'est pas d'origine ptoléméenne, elle avait des adeptes à la Renaissance. En outre, et pour reprendre le contresens de Couillard, mal élucidé par Brind'Amour, Nostradamus n'affirme pas vouloir cacher l'âge de son fils, mais renonce à lui communiquer d'éventuelles visions sur les événements de son existence future (*tes ans qui ne sont encores accompaignés*).

→ Mais de quel fils s'agit-il ? Du fils naturel du prophète, comme le suggère la seconde partie du texte (*tes moys Martiaulx, ton debile entendement, apres mes jours*), ou de son fils spirituel, un futur César ou surnommé César, comme le suggère le début, et comme pense l'avoir prouvé Jean Leroux en 1710 (pp.237-264) ? L'adresse explicite à César n'efface pas totalement l'ambiguïté affichée en début de phrase (*que tu ne soys venu en naturelle lumiere dans ceste terrene plaige*) : "ne" explétif, comme le croit Brind'Amour, ou "ne" véritablement négatif ? Le "ne" explétif accompagne généralement l'expression du doute, de l'incertitude, de la crainte, de l'empêchement ou de la précaution, ce qui n'est pas le cas ici. Le passé employé dans l'expression "*tu ne soys venu en naturelle lumiere*" n'invalide pas la thèse d'un futur destinataire qui sera né au moment où il lira la préface qui lui est destinée. Et au paragraphe précédent, Nostradamus prend soin de ne pas employer l'équivalent des termes latins *procreator* ou *genitor* (père), mais celui de *progenitor* (ancêtre, devancier), terme utilisé en ce sens et à deux reprises dans l'épître à Henry de 1558 : "*vos antiquissimes progeniteurs Rois de France ont guery des escrouelles*", "*par l'esmotion de mes antiques progeniteurs*". Il en résulte que, dès les premières lignes, est discrètement mis en place un double plan de référence. La préface qui s'adresse en apparence au fils naturel du prophète, serait destinée aussi et surtout à son fils spirituel, qui n'est pas (ou ne sera pas) d'origine provençale. L'expression "*ton tard advenement*" impliquerait que cet interprète viendra tardivement, c'est-à-dire à une époque qui précédera de peu la principale échéance stipulée dans le texte (cf. *infra*, paragraphe 34). Ce double plan de référence du discours, qui peut être illustré par la figure du Janus, est l'assise incontournable d'une interprétation correcte des quatrains.

3. veu qu'il n'est possible te laisser par escript ce que seroit par l'injure du temps obliteré : car la parolle hereditaire de l'occulte prediction sera dans mon estomach intercluse :

Voc.: oblitérer = effacer (Huguet)
Syntaxe: n'est possible : Soit on lira un "ne" explétif qui se justifie par le conditionnel exprimant une crainte et aussi par la suite du texte, soit on lira "m'est possible", contrairement à ce qui figure dans toutes les éditions : les deux lectures sont envisageables.

étant donné qu'il m'est possible de te laisser par écrit ce qui (oralement) serait effacé avec les années, car le don prophétique ancestral s'éteindra avec moi,

→ Nostradamus affirme être le dernier prophète d'une lignée. S'agit-il encore ici d'une descendance héréditaire ou d'une filiation spirituelle ? On verra l'influence de Jamblique, théoricien de l'expérience théurgique, et de Savonarole, sur son discours. On retrouve l'ambivalence mentionnée ci-dessus, due au double plan de référence de l'énoncé.

4. consyderant aussi les adventures de l'humain definement estre incertaines : & que le tout est regi & guberné par la puissance de Dieu inextimable, nous inspirant non par bacchante fureur, ne par lymphatique mouvement, mais par astronomiques assertions, *Soli numine divino afflati praesagiunt, & spiritu prophetico particularia.*

1557U: considerant, gouverné, limphatique
1557B: considerant, gouverné, inestimable, nous inspirant **par** baccante fureur, l'imphatique **monument**
1590: inestimable

Voc: definement : fin, terme, cessation, mort, dénouement (Huguet)
Voc.: limphatique = fou, délirant (Huguet)
Style: par la puissance de Dieu inextimable (hypallage) : lire "par la puissance inextimable de Dieu"

considérant encore que l'issue des existences humaines est incertaine, et que le tout est régi par la puissance ineffable de Dieu, qui nous incite non par la folie furieuse ou par les transes du délire, mais par des impressions astrales : Seuls ceux qui sont inspirés par le souffle divin peuvent prédire les événements particuliers avec un esprit prophétique.

→ La formule latine est une adaptation de la fin du premier aphorisme du *Centiloquium* attribué à tort à Ptolémée, en réalité un traité arabe du début du Xe siècle, le *Kitâb al-Thamara* (Le livre du fruit) d'Ahmet Abû Ja'far, comme l'a montré Richard Lemay en 1976. La formule *"Soli autem numine afflati praedicunt particularia"*, traduite du grec par Giovanni Pontano, répond à un poncif de l'astrologie : les techniques permettent de prédire les choses générales, non les particulières (voir déjà la discussion de Ptolémée au *Tetrabiblos* (éd. Robbins, I 3), et celle de Morin sur le commentaire du *Centiloque* par Nicolas Bourdin : *Remarques astrologiques*, 1657 ; éd. 1975, pp.60-64). Nostradamus entend jouer sur les deux tableaux : comme astrologue et parce qu'il a reçu le don prophétique.

→ Mais faut-il entendre par "astronomiques assertions" les impressions astrales qui innervent la psychè, ou la connaissance de ces impressions par le savoir astrologique ? Il semble que le terme "assertion" au sens d' "affirmation" ait été choisi pour souligner la certitude et la véracité des indications recueillies par l'inspiration.

5. Combien que de longs temps par plusieurs foys j'aye predict long temps au-paravant ce que depuis est advenu & en particulieres regions, attribuant le tout estre faict par la vertu & inspiration divine & aultres felices & sinistres adventures de accelerée promptitude prenoncées, que despuis sont advenues par les climats du monde,

1555AW: (pas de virgule après "monde" : mise en page)
1557U: Combien que de long temps, fois, au paravant, autres felices, **prononcées**, climatz
1557B: Combien que de long temps, fois, au paravant, que despuis est, autres felices, **prononcées**, climatz
1590: prononcees

Voc: prenoncer = annoncer, présager (Godefroy, Huguet). "Prononcer" est une lecture fautive.
Syntaxe: On peut lire "*par la vertu & inspiration divines*" (auquel cas l'adjectif se rapporte aux deux noms mais ne s'accorde qu'au second, comme souvent chez Nostradamus), ou bien "*par la vertu, & (par) inspiration divine*" (auquel cas les deux substantifs sont distincts : solution que j'adopte).

Comme j'ai prédit autrefois, et à plusieurs reprises, longtemps à l'avance ce qui est advenu depuis, et en mentionnant les régions concernées, attribuant ce fait à mon impeccabilité et à l'inspiration divine, et (comme j'ai aussi) annoncé comme imminents d'autres événements heureux ou malheureux qui sont depuis advenus sous diverses latitudes,

→ La première sentence est empruntée au début du *Compendium revelationum* de Savonarole, reproduit dans le *Mirabilis Liber* : "Etsi multo tempore diversimode per divinam inspirationem plura futura predixi" (*Compendium*, f.A3r). L'influence de l'ouvrage et de la personnalité du prédicateur florentin sur Nostradamus n'étonnera pas : les nombreux emprunts au traité de cet esprit indépendant et solitaire, d'abord identifiés pour certains d'entre eux par Torné-Chavigny (1862), sont à interpréter comme un signe d'estime et de reconnaissance du provençal envers le florentin, et non comme une quelconque prise de position politique.

6. aiant voulu taire & delaissé pour cause de l'injure, & non tant seulement du temps present, mais aussi de la plus grande part du futur, de metre par escrit, pource que les regnes sectes & religions feront changes si opposites, voyre au respect du present diametralement, que si je venoys à reserer ce que à l'advenir sera, ceux de regne, secte, religion, & foy trouveroient si mal accordant a leur fantasie auriculaire, qu'ilz viendroient à damner ce que par les siecles advenir on congnoistra estre veu & apperceu :

1555AW: teps present
1555AW: qu'il viendroent

1557U: ayant, **temps**, par escript, voire, je venois, ceulx de de regne, **qu'ilz viendroient**, cognoistra
1557B: ayant, volu, **temps**, par escript, voire, je venois, ceulx de regne, **qu'ilz viendroient**
1590: referer

Voc.: injure, du latin *injuria* (injustice)

que j'ai voulu taire et que j'ai renoncé à exprimer par écrit, en raison de l'injustice du temps, et non seulement du temps présent mais aussi de la plupart des siècles futurs, parce que les régimes politiques, les partis et les religions subiront des transformations si radicales, parfois à l'opposé de leur état présent, que si je venais à révéler ce qui adviendra, leurs responsables et autorités le trouveraient si invraisemblable à leurs yeux, qu'ils en viendraient à condamner ce que, dans les siècles qui suivront, on reconnaîtra s'être effectivement passé,

→ Nostradamus annonce des bouleversements radicaux quant aux conditions politiques, idéologiques et religieuses des sociétés des siècles futurs, des bouleversements qu'il vaut mieux voiler tant ils pourraient apparaître incroyables quelques siècles avant qu'ils n'adviennent. L'ajout du nom "la plupart" est optimiste : un jour viendra où son message sera reçu.

7. Consyderant aussi la sentence du vray Sauveur, *Nolite sanctum dare canibus, nec mittatis margaritas ante porcos ne conculcent pedibus & conversi dirumpant vos.* Qui à esté la cause de faire retirer ma langue au populaire, & la plume au papier :

1555AW: mittatismargaritas (accolement des termes dû à la mise en page)
1557U: Considerant, Sauvueur
1557B: Considerant
1590: *uniones* (à la place de *margaritas*)

Me référant aussi à la parole du vrai sauveur : Ne donnez pas aux chiens ce qui est sacré, et ne jetez pas vos perles aux porcs, de peur qu'ils ne les piétinent, et que, se retournant contre vous, ils ne vous mettent en pièces - *qui m'a fait renoncer à écrire et m'exprimer pour le vulgaire -*

→ Nouvel emprunt à Savonarole, qui cite le plus célèbre passage de l'évangéliste Matthieu (7.6) : "tamen animo revolvens sentenciam salvatoris nostri jesu christi dicentis : Mathei septimo. Nolite sanctum dare canibus : nec mittatis margaritas vestras ante porcos : ne forte conculcent eas pedibus suis : et canes conversi dirumpant vos : semper fui in dicendo parcior" (*Compendium*, f.A3r)

8. puis me suis voulu extendre declarant pour le commun advenement par obstruses & perplexes sentences les causes futures, mesmes les plus urgentes, & celles que j'ay apperceu, quelque humaine mutation que advienne scandalizer l'auriculaire fragilité, & le tout escrit sous figure nubileuse, plus que du tout prophetique :

1555AW/1557U/1557B/1590: advienne **ne** scandalizer (erreur typographique : probablement une répétition de la dernière syllabe)
1557U: estendre, hmaine mutation, escript soubs
1557B: volu, estendre, escript soubs

Depuis j'ai décidé de m'exposer, et de montrer pour le (temps du) commun avènement, par des phrases obscures et énigmatiques, ma vision des événements futurs, même les plus imminents, et quels que soient les bouleversements qui viendraient offusquer les oreilles délicates, et le tout écrit dans un style abscons plus que spécifiquement prophétique,

→ Dans ce passage essentiel de la préface, le pivot et l'aboutissement de digressions accumulées dès le second paragraphe, Nostradamus déclare, comme Savonarole, avoir changé d'avis (*puis me suis voulu*), après ses précédentes déclarations, craintes et hésitations, et vouloir décrire sa vision du futur pour *le commun advenement*, c'est-à-dire pour les temps modernes, celui où les gens du commun seront au pouvoir. On ne lira pas avec Ionescu que cet avènement ne se rapporterait qu'au communisme, car l'empire des gens du commun dépasse largement l'existence de quelques régimes politiques, et le vulgaire règne dans toutes les milieux, dans la finance et la politique, dans l'édition, dans l'université et les medias, dans l'administration et le spectacle. Comme l'a compris D. Ruzo, *le commun advenement* désigne "l'ascension du peuple au pouvoir, aux alentours de 1792" (in *Les derniers jours de l'Apocalypse*, Payot, 1973, p.245). Brind'Amour fait l'impasse sur cette expression qu'il traduit par "l'ensemble du monde" ! -- alors que le terme *avènement* signifie toujours "venue" ou "arrivée" en d'autres passages de cette préface et de l'épître à Henry.

9. combien que, *Abscondisti haec à sapientibus, & prudentibus, id est potentibus & regibus, & enucleasti ea exiguis & tenuibus*, & aux Prophetes : par le moyen de Dieu immortel, & des bons anges ont receu l'esprit de vaticination, par lequel ilz voyent les causes loingtaines, & viennent à prevoyr les futurs advenementz, car rien ne se peult parachever sans luy, ausquelz si grande est la puissance & la bonté aux subjectz que pendant qu'ilz demeurent en eulx, toutesfois aux aultres effectz subjectz pour la similitude de la cause du bon genius, celle challeur & puissance vaticinatrice s'approche de nous : comme il nous advient des rayons du soleil, qui se viennent getants leur influence aux corps elementeres, & non elementeres.

1557U: voient, prevoir, advenements, autres effectz, chaleur, Soleil, gettants, elementaires, & non elementaires
1557B: prevoir, advenements, autres effectz, chaleur, Soleil, gettants, elementaires
1557B: (expression manquante : & non elementeres)

tant il est vrai que ces choses ont été cachées aux savants et aux prudents, aux puissants et aux rois, et ont été révélées aux humbles et aux pauvres, *et aux prophètes, lesquels ont reçu de Dieu immortel et des bons anges l'esprit prophétique, grâce auquel ils voient les causes lointaines et viennent à prévoir le futur, car rien ne se peut accomplir sans lui, et leur puissance et leurs bienfaits, à lui et aux anges, sont si grands -- quand ils les inspirent, agissant toutefois selon la ressemblance et le génie propre à chacun --, que cette chaleur et cette puissance prophétisante (les et) nous absorbent comme les rayons du soleil qui illuminent les corps élémentaires et non élémentaires.*

→ Le latin s'inspire à nouveau de Savonarole qui reprend Matthieu (11.25) : "Abscondisti hec a sapientibus et prudentibus : et revelasti ea parvulis" (*Compendium*, f.A3v), mais Nostradamus, plus téméraire que son modèle, ajoute les puissants et les rois, parmi les impuissants, et aussi les prophètes parmi les élus. Le pronom "nous" en place du pronom "les" attendu, marque une personnalisation des propos, et englobe vraisemblablement les deux prophètes, le salonnais et le florentin, mais aussi tous ceux qui restent sensibles aux impressions astrales, source de toute inspiration (cf. "Justification ontologique du concept d'impressional", CURA, 2000). Il marque aussi la transition avec le passage suivant.

→ La seconde partie du texte, comme l'a montré Brind'Amour (1996, p.10) est la traduction littérale du début du premier chapitre (*De sibyllarum divinatione*) du livre 20 du traité de Petrus Crinitus, *De honesta disciplina* (1504), dont s'inspire encore Nostradamus au second quatrain de ses *Prophéties* : "Nam prophetae ipsi & vates, [ut erudite a Platone & Jamblico scribitur], per deos quidem aut daemones vaticinandi spiritum capiunt : quo rerum causas cernunt & futura etiam praevident. Nihil enim sine diis perficitur, quorum tanta est potestas et bonitas in subjecta, ut dum in seipsis permanent, ad alia tamen subdita pro rerum genio & similitudine calor ille & potestas accedit, velut & solis radiis accidit, sic ubi in alia corpora atque elementa influunt." Nostradamus a remplacé par précaution les esprits païens (*daemones*) par leurs équivalents chrétiens (les bons anges), supprimé la référence à deux auteurs qu'il affectionnait, Platon et Jamblique, et retouché la syntaxe pour l'adapter à ses propos.

10. Quant à nous qui sommes humains ne pouvons rien de nostre naturelle cognoissance, & inclination d'engin congnoistre des secretz obstruses de Dieu le createur, *Quia non est nostrum noscere tempora, nec momenta & c.*

1557U: congnoissance, le Createur
1557B: congnoissance, le Createur

Voc.: engin, du latin *ingenium* (intelligence, habileté, adresse) = esprit

(Huguet)
Voc.: obstruses, du latin *obstrusus* (obstrué, bouché, caché)

Quant à nous, simples humains, nous ne pouvons rien connaître des secrets cachés de Dieu par la connaissance naturelle ou par les capacités de notre entendement, car il ne nous appartient pas de connaître les temps ni les moments...

→ La citation latine, déracinée de son contexte, provient des *Actes des Apôtres* (1.7), et le début du texte est emprunté à Crinitus : "Neque autem possunt homines suopte ingenio quicquam de diis cognosse" (*De honesta disciplina* 20.1). Nostradamus a substitué les secrets cachés de Dieu aux dieux sibyllins de Crinitus (c'est-à-dire aux dieux qui ont inspiré les sibylles selon Crinitus). Et si, envers l'orthodoxie ecclésiastique, il est devenu plus prudent que dans son *Traité des Fardements et des Confitures* (1552), dans lequel ne figurait aucune citation biblique, il ne va pas jusqu'à transposer l'imagerie catholique relative au Saint Esprit, et préfère conserver des qualitatifs aux résonances néo-platoniciennes : l'esprit prophétique, l'esprit de vaticination, l'esprit de feu, l'esprit de prophétie, ou encore et à défaut, l'esprit angélique.

11. Combien que aussi de present peuvent advenir & estre personnaiges que Dieu le createur aye voulu reveler par imaginatives impressions, quelques secretz de l'advenir accordés à l'astrologie judicielle, comme du passé, que certaine puissance & voluntaire faculté venoit par eulx, comme flambe de feu apparoir, que luy inspirant on venoit à juger les divines & humaines inspirations. Car les oeuvres divines, que totalement sont absoluës, Dieu les vient parachever : la moyenne qui est au millieu, les anges : la troisiesme, les mauvais.

1557U: totallement, les Anges
1557B: le Createur, totallement, les Anges
1590: imaginations (pour "imaginatives impressions")

Encore que même aujourd'hui peuvent survenir des individus auxquels Dieu aura voulu révéler certains secrets de l'avenir et du passé, en accord avec les lois de l'astrologie, par des visions et au moyen d'une certaine puissance volitive qu'ils ressentent comme une flamme ignée et dont la présence permet d'évaluer les inspirations divines et humaines, car Dieu parachève les oeuvres divines qui sont absolues, alors que les oeuvres intermédiaires dépendent des bons anges et les oeuvres contingentes des mauvais.

→ Nouvel emprunt à l'érudit italien Pietro Riccio alias Crinitus : "nisi vis quaedam ab illis & quasi ignis incidat, quo inspirante humana simul & divina censeantur. [Quod a Porphyrio & universa Academia copiose asseritur.] Opera enim divina, quae penitus absoluta sunt, dii quidem perficiunt, media angeli, tertia daemones." (*De honesta disciplina* 20.1). L'adaptation du texte crinitien a mené Nostradamus à quelques erreurs syntaxiques : on lira "*leur inspirant*" plutôt que "*luy inspirant*", et un pluriel pour les oeuvres "*moyennes*" et "*troisièmes*", comme l'observe sans indulgence Brind'Amour (1996, pp.12-13). Plus important serait de souligner les ajouts apportés par Nostradamus à son modèle : la référence à l'astrologie, c'est-à-dire l'idée d'une causalité intermédiaire de nature planétaire (théorie des causes secondes de la philosophie et de l'astrologie arabes) par laquelle se diffuse l'efficience divine, et l'adjonction du passé au champ de la vision, laquelle pourrait mettre un bémol aux récentes tentatives d'amoindrissement du texte prophétique, lesquelles prétendent avoir découvert la source des quatrains dans des chroniques historiques, alors que la comparaison avec les sources supposées laisse généralement dans l'ombre plus de la moitié des vers des quatrains concernés (cf. "Le quatrain 23 de la centurie VI et la critique des méthodes dites rationalistes", CURA, 2004). Autrement dit la déclaration de Nostradamus laisse supposer qu'au moins une partie des quatrains partiellement relatifs au passé, relèvent tout autant d'une inspiration visionnaire que les autres.

→ L'image d'un feu enveloppant le voyant transporté par "l'enthousiasme" est expliquée par Jamblique (*Mystères*, III 7). Savonarole écrit : "un feu intérieur consume mes os et m'incite à parler" (dans sa *Prediche facte l'anno del 1496*, Florence, 1496), et Castaneda, hier : "On accède à la tierce attention quand la lueur de la conscience devient le feu intérieur : une lueur qui allume non plus une bande après l'autre, mais toutes les émanations de l'Aigle qui se trouvent à l'intérieur du cocon de l'homme." (*Le feu du dedans*, p.73).

12. Mais mon filz je te parle icy un peu trop obstrusement : mais quant aux occultes vaticinations que l'on vient à recevoyr par le subtil esperit du feu qui quelque foys par l'entendement agité contemplant le plus hault des astres, comme estant vigilant, mesmes que aux prononciations estant surprins escrits prononceant sans crainte moins ataunct d'inverecunde loquacité : mais quoy ? tout procedoit de la puissance divine du grand Dieu eternel, de qui toute bonté procede.

1557U: que on vient à recevoir, quelque fois, escriptz, prononcant, attainct
1557B: vattcinations, que on vient à recevoir, quelque fois, Astres, mesme que, escriptz, prononcant, attaint

Voc.: inverecunde = invercunde = effronté (Huguet)

Mais, mon fils, je te parle un peu trop énigmatiquement. Car les occultes prédictions, que l'on reçoit du subtil esprit de feu qui agite parfois l'entendement contemplant les astres avec attention, surpris jusque dans sa perception auditive, à s'exprimer sans crainte et sans bavardage impudent : mais quoi ? d'où viennent-elles finalement ? -- sinon de la puissance et de la bonté du grand Dieu éternel !

→ Nostradamus résume son expérience de la vision, une expérience en partie corporelle et finalement assez proche des pratiques extatiques et chamaniques, une expérience totale affectée même par la perception auditive. La voyance est aussi, explicitement, clairaudience. L'énonciation, ici lyrique et enthousiaste, admet une construction inhabituelle et déroutante, que Brind'Amour prend plaisir à transposer dans un charabia affecté (cf. 1996, p.14). Le principe de clairaudience (plutôt que clairvoyance) comme mode de vision du futur, voire du passé, est illustré par l'épigramme B23 adaptée des *Hieroglyphica* d'Horapollon (f. 48v de la version manuscrite), "Comment ilz [les Égyptiens] descripvoient l'ouvre [oeuvre] faicte [i.e. passée] ou future" : **par l'oreille** ! Le futur est une question d'ouïe, d'oreille, comme la musique.

13. Encores mon filz que j'aye inseré le nom de prophete, je ne me veux atribuer tiltre de si haulte sublimité pour le temps present : car qui *propheta dicitur hodie, olim vocabatur videns* : car prophete proprement mon filz est celuy qui voit choses loingtaines de la cognoissance naturelle de toute creature.

1557U: veulx attribuer, congnoissance
1557B: veux atrribuer, congnoissance

Bien que j'ai mentionné le nom de prophète, je ne veux pas, mon fils, m'attribuer un titre si prestigieux eu égard au temps présent, car qui passe pour prophète aujourd'hui, jadis était appelé voyant, *et le prophète est à proprement parler celui qui voit les choses lointaines par la seule connaissance naturelle, propre à chaque créature.*

→ Nouvel emprunt au prédicateur florentin, qui cite un passage biblique, "Qui propheta dicitur hodie : vocabatur olim videns" (I Samuel 9.9), avant de poursuivre : "ille propheta proprie dicitur : qui res a naturali cognitione cuiuscunque creature remotas videt" (*Compendium*, f.A3v). Au préalable, Nostradamus précise qu'il revendique le titre de voyant, non de prophète. La nuance est d'importance. Des interprétations fantaisistes et fallacieuses s'appuient sur ce passage mal compris pour déplacer les *Prophéties* dans le champ de leurs lubies (à savoir une paraphrase versifiée de chroniques et récits historiques supposés : cf. par exemple Roger Prévost ou un Lemesurier sur Wikipedia version anglaise). Si Nostradamus rejette l'appellation de prophète, "eu égard au temps présent" ajoute-t-il malicieusement, c'est pour se démarquer des innombrables prédicateurs affiliés à la nouvelle religion, car le terme est fortement connoté dans le contexte culturel et idéologique de l'époque. [Pour les réformés, notamment calvinistes, la prophétie est exégèse des textes bibliques ; la prédiction est prédication. Comme le note O. Millet, "leur conception de la prophétie a pour effet d'éliminer des textes bibliques ce dont ils ne veulent pas entendre parler, l'enthousiasme visionnaire." (in *"Éloquence des prophètes bibliques et prédication inspirée : La 'Prophétie' réformée au XVIe siècle"* in *Cahiers Saulnier* 15, Paris, 1998, p.82)]. Il ne renonce pas pour autant à ses visions. Savonarole est plus explicite encore, dans un autre passage non mentionné par Brind'Amour : "Non etiam cupio haberi propheta cum hoc nomen grave sit et periculosum : vehementerque reddat hominem inquietum et multas in eum suscitet persecutiones" (*Compendium*, f.B8r). Le florentin précise que le nom de prophète est dangereux à porter et qu'il attire les persécutions. En outre, Nostradamus réserve le titre de prophète à ceux qui annoncent l'avenir, ou croient l'annoncer, à l'aide des seules ressources de la connaissance naturelle, alors que le voyant bénéficie d'une inspiration divine et d'un don auxquels le prophète au sens strict n'a pas accès. Finalement, il revendique un titre plus noble que celui de simple prophète.

→ Ce passage et les suivants s'appuient sur le *Compendium* de Savonarole. Torné-Chavigny en donne une comparaison précise aux pages 12-13 de son opuscule *Nostradamus et l'astrologie* (1872) : *"cette Lettre à César est la reproduction du Compendium Revelationum de Savonarole que Nostradamus copie mot pour mot."* (p.12).

14. Et cas advenant que le prophete moyenant la parfaicte lumiere de la prophetie luy appaire manifestement des choses divines, comme humaines : que ne ce peult fayre, veu les effectz de la future prediction s'estendant loing.

1557U: moyennant, que ce ne peult faire, s'estendent
1557B: moyennant, que ce ne peult faire, s'estendent

Et il arrive qu'au prophète pleinement accompli soient manifestées des choses divines comme des choses humaines, ce qui est habituellement impossible, étant donné la longue période de temps qui sépare la prédiction future du temps présent.

→ Suite de l'exposé de Savonarole : "Quanquam mediante lumine prophetie etiam alia multa ab humana cognitione non distancia : propheta percipit. Ipsum namque lumen quemadmodum ab divina : sic etiam multo magis ad humana pertingere potest." (*Compendium*, f.A3v).

15. Car les secretz de Dieu sont incomprehensibles, & la vertu effectrice contingent de longue estendue de la congnoissance naturelle prenent son plus prochain origine du liberal arbitre, faict aparoir les causes que d'elles mesmes ne peuvent aquerir celle notice pour estre cognuës ne par les humains augures, ne par aultre cognoissance ou vertu occulte comprinse soubz la concavité du ciel, mesmes du faict present de la totale eternité que vient en soy embrasser tout le temps. Mais moiennant quelque indivisible eternité par comitiale agitation Hiraclienne, les causes par le celeste mouvement sont congnuës.

1557U: **prennent**, **leur** plus prochain, apparoir, qui d'elles mesmes, acquerir, autre congnoissance, moyennant
1557B: **prennent**, **leur** plus prochain **original**, apparoir, qui d'elles mesmes, acquerir, cognues, autre congnoissance, moyennant
1590: vertu du ciel (pour "concavité du ciel")
1590: Heraclienne (pour "Hiraclienne")

Voc.: augures, du latin *augurium* (interprétation de signes)
Voc.: comitial, du latin *comitialis* (relatif à l'épilepsie). Le mal comitial faisait interrompre les assemblées populaires à Rome (Huguet).
Voc.: Hiraclien, du latin *Heracleus* ou *Heraclius* (relatif à Hercule)

Car les secrets de Dieu sont insondables, et la cause effectrice, qui s'accomplit à travers la connaissance naturelle relevant de la liberté de conscience, fait apparaître des choses qui d'elles-mêmes ne peuvent être connues, ni par le raisonnement humain, ni par aucun autre moyen de connaissance occulte existant, parce que l'éternité contient la temporalité en elle-même et en totalité. Cependant, comme cette éternité est indivisible et sans cesse parcourue par une agitation désordonnée, les choses peuvent être appréhendées par les mouvements célestes.

→ Nostradamus suit toujours Savonarole, et ses emprunts suivent l'ordre d'exposition dans le *Compendium* : "A cognitione autem naturali cuiuslibet creature procul recedunt futura contingentia : maxime que a libero arbitrio dependent : que in seipsis neque ab hominibus neque ab alia creature, sciri possunt. Soli enim trinitari temptus omne complectenti presentia sunt." (*Compendium*, f.A3v), lequel reprend un thème platonicien : la temporalité est inscrite dans l'éternité ; présent, passé et futur y coexistent. Qu'on me permette de citer mon analyse : "C'est l'âme qui vit le temporel. L'éternité caractérise la "substance indivisible", permanente, incorporelle; la temporalité cyclique la "substance divisible", changeante, matérielle. Le temps est ce par quoi l'éternité se manifeste. Il est son media, une illusion de l'âme, une "image mobile de l'éternité". Les cycles planétaires et la sphère des "fixes" servent de repérage temporel, car "le temps est né dans le ciel". Le temps est le milieu de manifestation de l'âme, et "le ciel" la mesure de ses transformations et de ses états. Temps, âme et mouvement coexistent. Le temps est une représentation psycho-mentale de l'inscription des cycles planétaires dans la psychè, diront les astrologues post-platoniciens." (cf. "Le temps des philosophes: de Platon à Nietzsche, et de Nietzsche à Platon", CURA, 2002).

→ Nostradamus ajoute à l'exposé de Savonarole une précision qui a fait couler beaucoup d'encre : *Mais moiennant quelque indivisible eternité par comitiale agitation Hiraclienne, les causes par le celeste mouvement sont congnuës*. Le mal comitial, *morbus comitialis*, aussi attribué à Hercule, est le mal sacré, épileptique (cf. Hippocrate, *De morbo sacro*, et Galien, *Pro puero epileptico consilium*, in *Operum Hippocratis Coi et Galeni Pergameni Archiatron*, Paris, André Pralard, 1679, vol. 10, p.475-495). Certes, mais l'interprétation de Brind'Amour, à savoir que "les épileptiques et les astrologues peuvent connaître l'avenir, etc." (1996, p.17), s'appuie sur une paraphrase erronée du texte : "Mais moyennant l'indivisible éternité, les choses peuvent être connues par les transes épileptiques et les mouvements des astres." (1996, p.17). Le complément "par comitiale agitation Hiraclienne" ne se rapporte pas à la connaissance, mais à la nature de l'éternité ! -- conformément par ailleurs au modèle héraclitéen que Nostradamus avait peut-être aussi à l'esprit, ainsi que le jeu de mots *Heraclius / Heraclitus*. Brind'Amour ignore la métaphore d'une éternité parcourue par un mouvement incessant, et secoué comme dans la transe épileptique. En revanche, la connaissance n'est possible que par les mouvements célestes, c'est-à-dire par les impressions astrales qui innervent le corps et la psychè, comme Nostradamus a pris soin de le signaler au paragraphe 4 : "*non par bacchante fureur, ne par lymphatique mouvement, mais par astronomiques assertions*" ! Ce contresens de Brind'Amour a été le point de départ de spéculations médicales et pathologiques relatives au tempérament et à l'écriture de l'auteur des *Prophéties*. Ajoutons que l'hypothèse épilepsique (tempéramentale et clinique) a été clairement évoquée en 1961 par Jean Monterey dans son ouvrage *Nostradamus, Prophète du vingtième siècle* (Paris, La Nef de Paris, 1961, p.35-36), lequel propose un "test de dépistage" plus farfelu que concluant, et que les conclusions de la glose épilepticienne relèvent essentiellement de l'ignorance des procédés hermétiques utilisés par le saint-rémois.

16. Je ne dis pas mon filz, affin que bien l'entendes, que la cognoissance de ceste matiere ne se peult encores imprimer dans ton debile cerveau, que les causes futures bien loingtaines ne soient à la cognoissance de la creature raisonable : si sont nonobstant bonement la creature de l'ame intellectuelle des causes presentes loingtaines, ne luy sont du tout ne trop occultes ne trop reserées :

1557U: congnoissance, ne soyent à la congnoissance, bonnement
1557B: afin, congnoissance, ne se peut, ne soient à la congnoissance, bonnement

Voc.: cause, du latin *causa* (cause, raison, situation, affaire, etc.)
(le terme est employé par Nostradamus en des sens divers)

Je ne dis pas, mon fils -- comprends-moi bien --, que la connaissance de cette matière soit définitivement inaccessible à ton jeune esprit, ni que les situations futures, éloignées dans le temps, soient hors de portée de la raison humaine : elles le sont pour l'intelligence spirituelle dans la mesure où les raisons ne sont ni complètement obscures, ni trop apparentes.

→ Quelques termes sont à nouveau empruntés à Savonarole, qui écrit : "Rursus a creatura rationali vel intellectuali in corum causis cognosci nequeunt." (*Compendium*, f.A3v) -- mais Nostradamus en prend le contre-pied. Dans ce passage et les suivants, il définit les conditions expérimentales nécessaires à la vision, à commencer par une certaine affinité d'état entre le moment présent et les futurs appréhendés.

17. mais la parfaite des causes notice ne se peult aquerir sans celle divine inspiration : veu que toute inspiration prophetique reçoit prenant son principal principe movant de Dieu le createur, puis de l'heur, & de nature. Parquoy estans les causes indifferantes, indifferentement produictes, & non produictes, le presaige partie advient, ou à esté predit.

1557U: parfaicte, des causes **notices**, acquerir
1557B: parfaicte, des causes **notices**, ne se pealt acquerir, recoit

Syntaxe: la parfaite des causes notice = la parfaite notice des causes (latinisme)

Mais la parfaite connaissance des situations ne se peut acquérir sans l'inspiration divine, car toute inspiration prophétique procède du moteur divin, des circonstances, et de la nature. C'est pourquoi, les événements contingents se produisant ou non, le présage se réalise en partie ou bien il a été totalement prédit.

→ Nostradamus ne suit ici encore que partiellement son modèle florentin : "Cum enim ipse cause indifferentes sunt ad producendos vel non adproducendos eiusmodi effectus contingentes" (*Compendium*, f.A3v). L'affirmation d'un principe mobile à l'origine de toute connaissance inspirée conditionne la qualité même de la prédiction : c'est le retour de conditions semblables, principalement de nature planétaire, qui donne à la prédiction son caractère partiel ou complet. On rapprochera ce principe mobile et divin, des paroles de Jésus rapportées par Thomas : "Si [les gens] vous demandent : *Quel signe de votre Père est en vous ?* - dites-leur : *C'est un mouvement et un repos.*" (éd. Doresse, 1959, n. 55 ; 1988, p.96).

18. Car l'entendement creé intellectuellement ne peult voir occultement, sinon par la voix faicte au lymbe moyennant la exigue flamme en quelle partie les causes futures se viendront à incliner.

1557U: crée
1557B: crée, en laquelle

1590: quelque partie (au lieu de "quelle partie")

Voc.: lymbe, du latin *limbus* = bord, bordure, limite ; zodiaque

Car l'entendement seul ne peut voir ce qui est caché, sinon lorsqu'il est secouru par une voix intérieure accompagnée de la flamme exiguë, qui, appliquée au zodiaque, indiquera en quelle région les événements futurs viendront se manifester.

→ Des virgules entourant le complément de moyen ou d'accompagnement, "moyennant la exigue flamme", seraient les bienvenues pour la lisibilité du texte. Nostradamus s'appuie encore sur Savonarole tout en incluant, dans la partie centrale de la phrase, son expérience de l'inspiration visionnaire : "non potest creatus intellectus discernere : in quam partem ipse cause inclinature sunt." lit-on au *Compendium* (f.A3v). La subordonnée finale, négative chez Savonarole, devient positive : introduite par l'expression "en quelle partie", elle se rapporte désormais au "lymbe", c'est-à-dire ici au zodiaque. Les régions dans lesquelles les événements sont susceptibles d'apparaître, ne désignent pas les parties d'un vêtement ou d'une étoffe, mais bien celles de la bande zodiacale, c'est-à-dire les signes zodiacaux, et éventuellement les maisons.

19. Et aussi mon filz je te supplie que jamais tu ne vueilles emploier ton entendement à telles resveries & vanités qui seichent le corps & mettent à perdition l'ame, donnant trouble au foyble sens : mesmes la vanité de la plus que execrable magie reprouvée jadis par les sacrées escriptures, & par les divins canons : au chef duquel est excepté le jugement de l'astrologie judicielle : par laquelle & moyennant inspiration & revelation divine par continuelles veilles & supputations, avons noz propheties redigé par escript.

1555AW: du-quel
1557U: escritures, **duquel**, par **continuelles supputations**, escrit
1557B: foible sens, **duquel**, l'inspiration, par **continuelles supputations**

Alors je te supplie, mon fils, de ne jamais t'employer à de telles rêveries et vanités qui assèchent le corps et dissipent l'âme tout en troublant le jugement, et surtout pas aux expériences exécrables de la magie autrefois réprouvée par les écritures et la théologie à l'exception de l'astrologie judiciaire, par laquelle, grâce à l'inspiration et à la révélation divine, et au cours de veilles et de réflexions continuelles, nous avons rédigé nos prophéties.

→ L'hostilité de Savonarole envers l'astrologie, déclarée dans son *Opera singolare contra L'astrologia divinatrice* (Venise, 1536) comme dans son *Compendium*, n'empêche pas Nostradamus de continuer à suivre son discours, moyennant quelques aménagements. Il suffit de rectifier les affirmations en partie erronées du florentin tout en reprenant ses termes : "Quamobrem omnes divinatorie artes : quarum princeps Astronomia judicialis habetur : a divinis scripturis et ab ecclesiasticis canonibus damnate sunt." (*Compendium*, f.A4r). A la condamnation de l'astrologie se substitue celle des pratiques magiques. Les pratiques astrologiques, et en particulier celles de l'astrologie dite naturelle, médicale et météorologique, n'ont jamais été condamnées. En revanche celles issues de l'astrologie judiciaire ne l'ont été, de plus en plus mollement jusqu'au milieu du XVIe siècle, qu'au regard des prédictions politiques et religieuses. Le pronom pluriel de la dernière proposition, qui peut étonner, se justifie par l'inclusion dans l'énonciation de la proposition du prophète florentin. Daniel Ruzo remarque judicieusement qu'en "copiant Savonarole, Nostradamus se place au-delà de l'éternelle stupidité humaine, non sans en dire presque davantage que le vaillant prédicateur, et en fait, pour ce qui est de l'astrologie judiciaire, dire exactement l'opposé." (in *Les derniers jours de l'Apocalypse*, Payot, 1973, p.238).

→ S'il fallait retenir un terme clé, récurrent, nourrissant le discours nostradamien, cette introduction aux quatrains prophétiques supposée adressée à son fils âgé de quatorze mois, c'est le terme 'inspiration'. Le voyant est inspiré par ses dispositions et dons naturels pour recevoir la révélation divine, dont il fait état, aidé par sa connaissance des cycles astraux et parce qu'il perçoit aussi le moment opportun pour les exprimer. L'inspiration personnelle, la révélation transcendante, et les impressions astrales -- c'est tout un -- se joignent dans une parole sacralisée dont il n'est que le truchement. Le poète et voyant pythien est transporté, mû, animé, parlé, d'en-haut.

20. Et combien que celle occulte Philosophie ne fusse reprouvée, n'ay onques volu presenter leurs effrenées persuasions : combien que plusieurs volumes qui ont estés cachés par longs siecles me sont estés manifestés.

1557U: reprovée, voulu, ont esté, longz, **ne** sont estés
1557B: ont esté, long, **ne** sont estés
1590: representer (pour : presenter)

Syntaxe: Pour la subordonnée, on peut traduire "combien" par "comme" et admettre la valeur explétive de l'adverbe "ne" (solution de Brind'Amour), et en ce cas la philosophie occulte désigne l'alchimie, ou à l'inverse adopter la solution qui suit.

Et quoique cette philosophie occulte n'a pas été réprouvée, je n'ai jamais voulu faire part de ses arguments dans mes écrits, bien que j'aie eu connaissance de plusieurs de ces ouvrages qui depuis des siècles étaient restés cachés.

→ La philosophie occulte, revendiquée par Nostradamus, est celle fondée sur l'astrologie et les cycles planétaires, et non pas sur les expériences magiques ci-dessus mentionnées.

21. Mais doutant ce qui adviendroit en ay faict, apres la lecture, present à Vulcan, que pendant qu'il les venoit à devorer, la flamme leschant l'air rendoit une clarté insolite, plus claire que naturelle flamme, comme lumiere de feu de clystre fulgurant, illuminant subit la maison, comme si elle fust esté en subite conflagration.

1557U: que **ce** pendant qu'il
1557B: que **ce** pendant qu'il, clistre

Voc.: clystre = éclistre (foudre, éclair)

Mais doutant de ce qu'il adviendrait, je les ai offerts à Vulcain après les avoir lu, et pendant que le feu les dévorait, une clarté insolite et d'un aspect surnaturel se dégageait de la flamme, ressemblant à l'éclat du tonnerre illuminant la maison, comme si elle se trouvait subitement embrasée.

→ S'il s'agit de traités alchimiques, la conséquence surprenante de leur mise au feu apparaît symboliquement assez logique. Je crois que cette évocation, tout comme celle des deux premiers quatrains, qui reprennent en partie une description de Jamblique à travers Crinitus, ne sont pas à prendre au pied de la lettre. Ces mises en scène sont à mettre au crédit de l'humour et du tempérament facétieux de leur auteur, une dimension qui semble-t-il a échappé à la plupart de ses interprètes.

22. Parquoy affin que à l'avenir n'y feusses abusé prescrutant la parfaicte transformation tant seline que solaire, & soubz terre metaulx incorruptibles, & aux undes occultes, les ay en cendres convertis.

1555AW: ni feusses
1557U: à l'advenir ne feusses, perscrutant, tant seline que **solitaire**
1557B: afin, à l'advenir ne fusses, perscrutant, tant seline solaire

Voc.: seline = lunaire

C'est pourquoi j'ai réduit ces ouvrages en cendres afin qu'à l'avenir tu ne sois pas détourné par la recherche de la transformation de l'argent et de l'or, des métaux souterrains et de leurs vibrations occultes.

→ Cette allusion à des "vibrations occultes" des métaux est à mettre en relation avec les travaux du biologiste Étienne Guillé, pour qui les métaux sont les médiateurs des énergies vibratoires cosmiques au sein de la molécule d'ADN (cf. sa communication de 1980 et son ouvrage de 1983).

23. Mais quant au jugement qui se vient parachever moyennant le jugement celeste cela te veulx je manifester : parquoy avoir congnoissance des causes futures rejectant loing les fantastiques imaginations qui adviendront, limitant la particularité des lieux par divine inspiration supernaturelle accordant aux celestes figures, les lieux, & une partie du temps de proprieté occulte par vertu, puissance & faculté divine : en presence de laquelle les troys temps sont comprins par eternité, revolution tenant à la cause passée, presente, & future : *quia omnia sunt nuda & aperta & c.*

1555AW: divine inspirations (avec un /t/ inversé)
1557U: divine **inspiration**, trois
1557B: divine **inspiration**, acordant, trois
1590: divines inspirations supernaturelles
1590: jettant les fantastiques imaginations

Car je ne veux te parler que du jugement prophétique inspiré, par lequel on prend connaissance des événements futurs en anticipant par des visions ce qui adviendra, en déterminant les lieux particuliers à l'aide de l'inspiration divine accordée aux figures célestes, et les lieux et les moments privilégiés par la raison divine qui sublime le temps dans son éternité par le retour cyclique des événements passés, présents et futurs : parce que tout est visible et manifeste, etc.

→ Nostradamus reprend l'exposé de Savonarole : "Cognoscere siquidem contingentia futura : sapientie divine proprium est : coram qua omnia preterita presentia et futura simul astant : sicut scriptum est. Omnia sunt nuda et aperta oculis eius." (*Compendium*, f.A4r), détournant à nouveau une citation biblique au profit de son expérience, laquelle admet une conception platonicienne de la temporalité, à savoir l'inclusion des dimensions temporelles au sein de l'éternité, et affirme ainsi la possibilité de son application concrète. Si les dimensions temporelles coïncident dans l'éternité, il est concevable, à travers l'une d'elle, d'accéder aux deux autres : le passé et le futur coexistent dans le présent, et les conditions techniques de leur manifestation présupposent un agencement cyclique qui détermine les moments et les qualités du temps (cf. "L'ordre cyclique temporel", CURA, 2002). Plus encore, Nostradamus dévoile dans ce passage les fondements de sa technique : ces moments privilégiés du temps se distinguent par des "figures célestes" particulières, c'est-à-dire par des représentations astrologiques significatives. La figure du thème et ses harmonies priment chez l'astrophile sur les considérations techniques et astrométriques.

24. Parquoy mon filz, tu peulx facilement nonobstant ton tendre cerveau, comprendre que les choses qui doivent avenir se peuvent prophetizer par les nocturnes & celestes lumieres, que sont naturelles, & par l'esprit de prophetie :

1557U: advenir
1557B: advenir, prophetiser
1557B: (expression manquante : nonobstant ton tendre cerveau)

C'est pourquoi, mon fils, même si tu n'as pas toi-même la capacité (de voir), tu comprendras que les choses qui doivent arriver peuvent être prédites par le recours naturel aux astres et par inspiration prophétique :

→ L'expression "ton tendre cerveau" traduit le double plan de référence mis en évidence au début du texte : en ayant l'air de s'adresser à un enfant de deux ans, Nostradamus s'adresse en réalité à son futur interprète.

25. non que je me vueille attribuer nomination ni effect prophetique, mais par revelée inspiration, comme homme mortel esloigné non moins de sens au ciel, que des piedz en terre, *Possum non errare, falli, decipi* : suis pecheur plus grand que nul de ce monde, subject à toutes humaines afflictions.

1557U: ny effect, esloigne
1557B: ny effect

Pourtant je ne veux pas m'attribuer le titre ou la fonction de prophète, mais seulement d'un mortel inspiré, dont l'esprit n'est pas moins à l'écoute du ciel que le corps est attaché à la terre : Je peux ne pas errer, (mais peux) être trompé et abusé, *car je suis plus grand pécheur que nul autre et sujet à toutes les faiblesses humaines.*

→ La formule latine se lit aisément sans qu'il soit nécessaire d'y introduire une erreur typographique imaginaire. *Possum* est un indicatif à valeur modale, qui exprime une possibilité. "Il se pourrait que je ne me fourvoie pas, malgré mes faiblesses", écrit Nostradamus. Quelques suiveurs ont emboîté le pas à Brind'Amour et à ses contresens (au moins deux) sur cette seule phrase (1993, p.104 & 1996, pp.23-24) : inutile de s'y attarder (cf. mon commentaire sur la "Pronostication pour l'an 1552", CURA, 2006). Il est étonnant de constater à quel point, même chez les plus érudits, on a parfois du mal à lire un texte !

26. Mais estant surprins par foys la sepmaine lymphatiquant, & par longue calculation rendant les estudes nocturnes de souefve odeur, j'ay composé livres de propheties contenant chascun cent quatrains astronomiques de propheties, lesquelles j'ay un peu voulu raboter obscurement : & sont perpetuelles vaticinations, pour d'yci a l'an 3797.

1557U: par fois, limphatiquant, pour d'icy à l'**année**
1557B: par fois, limphatiquant, je ay composé, rabouter, pour d'icy à l'**année**
1590: 3767

Mais étant parfois surpris par l'inspiration prophétique et (plongé) dans de laborieux calculs rendant mes études nocturnes agréables, j'ai composé des livres de prophéties contenant chacun cent quatrains astrologiques, que j'ai voulu raboter obscurément et qui sont des prédictions perpétuelles depuis ce jour jusqu'à l'an 3797.

→ La préface à César sert d'introduction à quelques livres prophétiques, dont Nostradamus ne précise pas le nombre exact, à raison, puisqu'elle accompagnera une première livrée de quatrains à quatre centuries incomplètes en 1555, puis une double-édition à sept centuries incomplètes en septembre puis novembre 1557 : d'où l'emploi du terme "raboter" au sens de polir et retirer de la matière, afin de parfaire un objet ou une configuration, qu'on ne lira pas "rabouter" avec Brind'Amour, pas même au sens de mettre bout à bout selon un procédé cryptographique (cf. ma "Totale authenticité des éditions Antoine du Rosne de 1557", CURA, 2006). Le pronom "lesquelles", qui s'accorde avec le terme qui le précède comme souvent chez Nostradamus, se rattache plus spécifiquement aux "livres de prophéties" et devrait s'accorder au masculin. Autrement un simple "que" aurait suffit.

Les vaticinations sont dites "perpetuelles", c'est-à-dire durables, mais non cycliques : elles sont perpétuelles non au sens d'une répétition indéfinie, mais au sens d'une continuité, d'une persistance, d'une perpétuation, d'une longue durée d'accomplissement. L'expression *"pour d'yci a l'an 3797"*, qui doit se lire "pour [la date équivalente à la durée] d'ici [i.e. 1555] à l'an 3797", c'est-à-dire pour l'an 2242, a précisément été "rabotée" comme il l'est indiqué.
→ Brind'Amour s'égare en interprétant "raboter" par "rabouter". Le terme "rabouter" n'existe pas au XVIe siècle (inconnu chez Huguet, attesté qu'en 1718 selon le Robert). En revanche "raboter" au sens de "polir" est utilisé par Ronsard : "*Voire & d'avoir quelquefois / Tant levé sa petitesse, / Que sous l'outil de sa vois / Il polit vôtre hautesse*" (*Odes* 5, Paris, veuve Maurice de la Porte, 1553, p.57) -- le quatrième vers ayant été remplacé ultérieurement par celui-ci : "*Rabota vostre jeunesse*" (*Odes* 5, Paris, Gabriel Buon, 1573, p.423), peut-être justement à la lecture de la préface de Nostradamus. (On sait à quel point Ronsard fut un versificateur "éclectique"). La lecture "raboter" est confirmée au titre qui marque la fin du premier livre d'Orus Apollo (f.40v de la version manuscrite : cf. CN 28 et 30) : Nostradamus orthographie son nom : N O S R A D M V S, c'est-à-dire "**Nos rad(i)mus**", "nous rabotant", ou "en me rabotant, en rabotant mon nom" ! -- et non parce qu'il ne saurait écrire son nom, comme le croit Brind'Amour et son lectorat atteint de cécité mentale et spirituelle, ou parce qu'il serait atteint de dyslexie au moment de signer comme l'imagine un autre ...

→ Ce paragraphe essentiel de la préface indique à la fois l'incomplétude des livres prophétiques, qui contiennent en général cent quatrains (sauf pour certains d'entre eux et sans que l'auteur veuille en donner les raisons), et la date terminale des prophéties, à savoir l'an 3797, la première information chronologique qui soit soufflée dans la préface. La date est cryptée, comme la plupart des autres. Nostradamus ne prétend pas indiquer la fin de ses prophéties pour une date aussi éloignée, en dépit de ce qu'il ajoute facétieusement au paragraphe suivant. L'indétermination de l'adverbe temporel "yci", et l'inversion probablement voulue des voyelles dans son orthographe inhabituelle -- d'autres y verront encore à bon compte une faute typographique --, impliquent une durée de 2242 ans (3797 - 1555), à compter d'un terme rétroactif qui est le plus simple possible, à savoir la date inversée du moment présent par rapport au début de l'ère commune. Les *Prophéties* s'étendent donc, théoriquement, de l'an -1555 à l'an 2242 du calendrier chrétien, c'est-à-dire depuis une date fixée symboliquement comme début de l'histoire jusqu'à son extinction en 2242 (et c'est pourquoi les prédictions sont dites perpétuelles), ce qui confirme la conception cyclique et temporelle de Nostradamus, selon laquelle passé, présent et futur coexistent (cf. *supra*, paragraphes 11, 15 et 23).

→ Mais il y a plus. Dans la version grecque de la Bible (dite des *Septante*, et établie par une équipe de traducteurs alexandrins), Adam et sa descendance vécurent précisément 2242 ans avant le Déluge (alors que la version hébraïque ne mentionne que 1656 ans). En effet, Adam, Seth, Enos, Caïnan, Malalehel, Jared, Énoch, Mathusalem et Lamech vécurent chacun respectivement 230, 205, 190, 170, 165, 162, 165, 167, et 188 ans avant d'engendrer leur premier né (*Genèse* 5), et Noé, le fils de Lamech, vécut 600 ans avant l'arrivée du Déluge (*Genèse* 7.6). Ces 2242 ans qui séparent la Création du Déluge, séparent aussi le début du calendrier chrétien de son extinction en l'an 2242. Car ce qui est annoncé n'est pas la fin du "monde", de la vie, ou de la race humaine, mais bien la fin de l'histoire, sur laquelle certaine philosophie récente ne cesse de spéculer et d'imaginer les modalités. Et cette extinction de l'histoire est mise en relation avec le déluge biblique, dont le récit est d'ailleurs tiré de la littérature akkadienne (cf. la 11e tablette de l'*Épopée de Gilgamesh*, le récit d'*Atrahasîs*, et mon étude "Les listes des rois antédiluviens: Un document codé", CURA, 2001). Les visions futuristes de Nostradamus ne concernent donc qu'à peine sept siècles, soit exactement 687 ans, ou encore huit siècles dont deux sont tronqués, le XVIe et le XXIIIe. Cette lecture du nombre 3797 égal à l'année 2242 du calendrier commun, est confirmée par le quatrain I 48 (vers 3-4), par la chronologie du début de l'épître à Henry II (*Prophéties*, éd. 1558) et par la suite de ce texte (cf. *infra*, paragraphes 32 et 33).

27. Que possible fera retirer le front à quelques uns en voyant si longue extension, & par souz toute la concavité de la lune aura lieu & intelligence : & ce entendent universellement par toute la terre, les causes mon filz. Que si tu vis l'aage naturel & humain, tu verras devers ton climat au propre ciel de ta nativité les futures avantures prevoyr.

1555AW: si tu is l'vaage naturel & humani (caractères intervertis)
1557U: par soubz, Lune, entendant, si tu **vis l'aage** naturel & **humain**, adventures, prevoir
1557B: quelque uns, par soubz, Lune, entendant, si tu **vis l'aage** naturel & **humain**, adventures, prevoir
1557B: (expression manquante : les causes)
1590: ton Climat du propre Ciel de nativité

Il est possible que certains s'en détournent quand ils verront une si longue période de temps, et pourtant, mon fils, les événements auront lieu et seront universellement connus sous toutes les latitudes. Et si la durée de ton existence atteint son terme naturel, tu verras survenir les situations à la latitude de ton propre ciel de naissance.

→ Le verbe "aura" peut se rattacher soit à "extension", soit aux "causes", auquel cas le pluriel est nécessaire. Le discours interpelle le fils spirituel de l'auteur, pour qui les quatrains "astronomiques" auraient été calculés à la latitude de sa naissance -- et s'il n'est pas provençal, il y a des chances pour qu'il soit parisien -- , à condition semble-t-il, qu'il vive assez longtemps pour les expliquer (cf. le dernier paragraphe). L'âge naturel de l'homme peut être de 63 ans (selon la théorie des âges climatériques), de 120 ans (selon des modèles hermétiques), ou encore de 84 ans selon des modèles astrologiques modernes (cf. "Cyclologie astrale : Cycles et âges planétaires", CURA, 2003). Les nombreuses allusions à l'astrologie horoscopique et aux cycles planétaires dans la préface, en font un facteur décisif de la compréhension du texte.

28. Combien que le seul Dieu eternel, soit celuy seul qui congnoit l'eternité de sa lumiere, procedant de luy mesmes : & je dis franchement que à ceux à qui sa magnitude immense, qui est sans mesure & incomprehensible, ha voulu par longue inspiration melancholique reveler, que moyennant icelle cause occulte manifestée divinement, principalement de deux causes principales qui sont comprinses à l'entendement de celui inspiré qui prophetise, l'une est que vient à infuser, esclarcissant la lumiere supernaturelle au personnage qui predit par la doctrine des astres, & prophetise par inspirée revelation : laquelle est une certe participation de la divine eternité : moyennant le prophete vient à juger de cela que son divin esperit luy ha donné par le moyen de Dieu le createur, & par une naturelle instigation :

1555AW: (pas de virgule après "qui prophetise" : mise en page)
1555AW: prophetevient (accolement des termes dû à la mise en page)
1557U: à ceulx à qui, melancolique, celuy inspiré, personnaige, Astres, **certaine** participation, **luy à donné**
1557B: à ceulx à qui, ha volu, melancolique, principallement, celuy inspiré, personaige, Astres, inspireé, **certaine** participation, **luy à donné**
1557B: (expression et mot manquants : qui est sans mesure & incomprehensible ; principales)

Bien que le Dieu éternel soit le seul à connaître (véritablement) l'éternité de sa propre lumière, qui procède de lui-même, je dis à ceux à qui il aura voulu révéler, en raison de leur sensibilité mélancolique, l'étendue de sa puissance qui est infinie et incompréhensible, qu'à l'aide de cette cause occulte à laquelle participent tous les êtres, (constituée) principalement de deux conditions accessibles à l'esprit de celui qui prophétise, à savoir la participation à la lumière divine qui éclaire l'entendement de celui qui prédit, et l'accomodation de cette source d'inspiration à la doctrine astrologique, grâce auxquelles le prophète peut émettre ses jugements par l'inspiration qui lui a été donnée et par ses propres recherches :

→ Ce paragraphe et le suivant, assez confus et répétitifs sans utilité apparente ("principalement de deux causes principales", etc.), s'inspirent de Savonarole : "Non possunt igitur futura contingentia aliquo lumine naturali perpendi : verum solus Deus in eternitate sui luminis ea novit, et ab eo solo accipiunt illi : quibus ipse revelare dignatur. In huiusmodi autem revelatione duo facit. Primo quoddam lumen supernaturale prophete infundit : quod est quedam participatio sue eternitatis. Et quo in revelationibus idem propheta duo discernit : id est et quod ipsa revelata vera sunt : et quod a deo proveniunt." (*Compendium*, f.A4r). Nostradamus ajoute à cet exposé de Savonarole la nécessité d'accorder les inspirations brutes avec les conditions astrologiques qui déterminent le contexte des situations.

29. c'est assavoir que ce que predict, est vray, & a prins son origine ethereéement : & telle lumiere & flambe exigue est de toute efficace, & de telle altitude : non moins que la naturelle clarté & naturelle lumiere rend les philosophes si asseurés que moyennant les principes de la premiere cause ont attainct à plus profondes abysmes de plus haute doctrine.

1555AW: cestassavoir (accolement des termes dû à la mise en page)
1557U: **à prins**, hautes doctrines
1557B: ce **qu'il** predit **estre**, **à prins**, que la **nature la** clarté, haultes doctrines

Je leur dis donc que ce qui est prédit est vrai et a une origine lumineuse, et que cette lumière est efficace et englobante, tout autant que l'entendement naturel qui rend les philosophes si sûrs d'eux, quand ils atteignent les sommets de l'esprit philosophique en recherchant les principes des causes premières.

→ Tout en suivant partiellement Savonarole : "Tante vero efficacie est hoc lumen : quod de duobus predictis ita certum facit prophetam: sicut lumen naturale certos reddit philosophos de veritate primorum principiorum" (*Compendium*, f.A4r), Nostradamus reprend un thème néoplatonicien, développé en particulier par Jamblique. La connaissance "théurgique" (d'origine divine) dépasse toute intellection : "Sans que nous y pensions, en effet, les signes eux-mêmes, par eux-mêmes, opèrent leur oeuvre propre, et l'ineffable puissance des dieux, que ces signes concernent, reconnaît ses propres copies elle-même par elle-même sans (avoir besoin d') être éveillée par (l'activité de) notre pensée." (Jamblique, *Mystères*, II 11, tr. Des Places, p.96). Autrement dit est affirmé un mode de connaissance en deça du raisonnement et de la raison immédiate des philosophes, et finalement antérieur à la prise de conscience de tout objet de penser. Et Jamblique explique comment agit ce souffle divin, ou plutôt ces souffles divins : "la venue du feu des dieux et une espèce ineffable de lumière envahissent de l'extérieur le possédé, le remplissent tout entier en force, l'embrassent et l'entourent de toutes parts en lui-même." (*Mystères*, III 6, tr. Des Places, p.106). Dans la philosophie de Jamblique, que Nostradamus oppose aux philosophes rationalistes, se trouve, encore une fois, l'éclaircissement de ses propos apparemment les plus obscurs. Cet enthousiasme, c'est-à-dire cette présence des dieux en nous (cf. *Mystères*, III 7) est la justification de l'inspiration prophétique.

30. Mais à celle fin, mon filz, que je ne vague trop profondement pour la capacité future de ton sens, & aussi que je trouve que les lettres feront si grande & incomparable jacture, que je treuve le monde avant l'universelle conflagration advenir tant de deluges & si hautes inundations, qu'il ne sera gueres terroir qui ne soit couvert d'eau : & sera par si long temps que hors mis enographies & topographies, que le tout ne soit peri :

1557U: jacture que je touve, guieres terroir
1557B: jactuse que je trouve, inondations, guieres terroir, covert, pery

Voc.: jacture, du latin *jactura* = perte, dommage, préjudice
Voc.: enographies, du grec *enos* = année

Mais, mon fils, afin de ne pas digresser trop amplement pour la capacité future de ta raison et parce qu'il y aura tant de commentaires préjudiciables (sur mes écrits), (je te dis) que je vois advenir tant de déluges et d'inondations avant la conflagration universelle qu'il n'y aura guère de terroir qui ne soit inondé, et pendant si longtemps, que tout sera presque détruit, à l'exception du temps et de l'espace :

→ Dans cette description apocalyptique du futur, Nostradamus annonce une longue période d'inondations avant la conflagration universelle. La construction du texte, bien qu'illustrant assez bien la nature des propos, semble maladroite, et les subordonnées, introduites par la conjonction "que" ne se rapporter à aucune proposition principale. L' "incomparable jacture" des lettres se rapporte évidemment aux interprétations négationnistes et pseudo-rationalisantes de ses quatrains. Dans ce passage, Nostradamus tient, comme on dit communément, "à mettre les points sur les i".

31. aussi avant telles & apres inundations, en plusieurs contrées les pluies seront si exigues, & tombera du ciel si grande abondance de feu, & de pierres candentes, que n'y demourra rien qu'il ne soit consummé : & ceci avenir, & en brief, & avant la derniere conflagration.

1555AW: ni demourra
1557U: les pluyes, **qui** ny demourera, cecy advenir en brief
1557B: les pluyes, **qui** ny demourera, cecy advenir en brief

Voc.: candentes, du latin *candens* = d'un blanc brillant

Avant et après ces inondations, en certaines régions les pluies seront si rares et il tombera du ciel une telle quantité de feu et de pierres incandescentes, qu'il ne subsistera rien qui ne soit détruit, et ceci s'accomplira soudainement avant la conflagration finale.

32. Car encores que la planette de Mars paracheve son siecle, & à la fin de son dernier periode, si le reprendra il : mais assemblés les uns en Aquarius par plusieurs années, les autres en Cancer par plus longues & continues.

Voc.: siecle : employé comme un équivalent de cycle temporel

Bien que Mars achève son cycle et se trouve à la fin de sa dernière période, l'on peut douter qu'il en engage un autre, car (bien avant son retour) les uns auront péri dans des explosions durant plusieurs années, et d'autres dans des inondations pendant plus longtemps encore.

→ Nostradamus s'inspire du modèle astrologique des cycles planétaires, mentionné dans le *Liber rationum* de l'astrologue juif espagnol Ibn Ezra (ou Avenezra), et abondamment exploité par les cyclologues français Pierre Turrel (1531) et Richard Roussat (1550) dans leurs spéculations sur la fin du monde : le temps historique, réparti sur un cycle d'environ 2480 ans, se divise en sept périodes de 354 ans et 4 mois, chacune égale à une "grande année lunaire" d'après le cycle de lunaison, et régie par une planète du Septénaire, de Saturne au Soleil en passant par Vénus, Jupiter, Mercure, Mars et la Lune, selon l'ordre inverse de la semaine planétaire (cf. "La Semaine planétaire et les Métaux" in "Planètes, Couleurs et Métaux", CURA, 2000). La construction de la phrase est ambiguë : on attendrait l'emploi du passé plutôt que le présent, et on ne sait trop à qui ou à quoi se rapportent les pronoms "les uns" et "les autres". Mars aurait achevé son cycle en 1532 si l'on s'appuie sur la chronologie d'Eusèbe (cf. Roussat, 1550, p.95) et il est improbable qu'il en commence un autre, car la déflagration universelle aura probablement lieu avant l'an 4012 (= 1532 + 2480) -- ce qui confirmerait, en apparence et malicieusement, l'année 3797 mentionnée au paragraphe 26.

→ La seconde partie de la phrase est métaphorique : en effet s'il ne peut y avoir de prochain cycle martien, c'est que les hommes, depuis longtemps, auront péri dans des explosions (Cancer) ou dans des inondations (Verseau). Elle fait allusion à un autre modèle astrologique, d'origine babylonienne et transmis par Bérose, tout en substituant le Verseau au Capricorne : la déflagration universelle advient quand toutes les planètes s'assemblent en Cancer, et le déluge universel quand elles s'assemblent en Capricorne (cf. Sénèque, *Questions naturelles*, 3.29 ; et Bérose, *Babyloniaka*, 1.3, dans l'édition Burstein, p.15). Ainsi "les uns" et "les autres" doivent-ils s'appliquer à la fois aux hommes et aux astres.

33. Et maintenant que sommes conduicts par la lune, moyennant la totale puissance de Dieu eternel, que avant qu'elle aye parachevé son total circuit, le soleil viendra, & puis Saturne. Car selon les signes celestes le regne de Saturne sera de retour, que le tout calculé, le

monde s'approche, d'une anaragonique revolution :

1557U: conduictz, s'aproche
1557B: conduictz, s'aproche
V 1590 selon les figures celestes

Voc.: anaragonique, des termes grecs : *anarrêxis* (rupture, renversement) ou *anarrêo* (refluer), et *agôn* (compétition)

Et à présent que nous sommes dans l'âge lunaire, conformément à la toute puissance de Dieu et avant qu'elle ait achevé son cycle intégral, l'âge du Soleil viendra puis celui de Saturne, car selon les signes célestes et le calcul des périodes cycliques, le monde s'approche d'une mutation radicale qui mettra fin à la compétition quand Saturne sera de retour.

→ Nostradamus suit le schéma des âges planétaires tel qu'il est exposé par Roussat dans la seconde partie de son *Livre de l'estat et mutation des temps* (1550) : "Apres à mené Mars, jusques à six mil sept cens trente deux ans & quatre moys, pour la troysieme foys : & à sa fin, **la Lune, qui de present gouverne, a pris le regne, qu'elle debvroit mener, pour parfaire son cours ordinaire** de troys cens cinquante quatre ans quatre moys, jusques à l'an sept mil octante six ans & huict moys : **& le Souleil apres elle** jusques à l'an sept mil quatre cens quarante & un : &, apres le Souleil, **debvroit aussi regner**, pour la quatrieme foys, **Saturne**, si ce pendant le Monde ne se terminoit ou prenoit sa fin. Mais, par les choses susdictes, appert que nous sommes maintenant soubs le septieme miliaire, qui fait la derniere station, apres laquelle doibt advenir mutation merveilleuse : & des ceste annee cy, mil cinq cens quarante huict, selon Jacques de Bourgongne, & aultres, Mars a finy sa menee & gouvernement, il y a treize ans & huict moys : &, selon Eusebe Cesarien, & ses sequa[n]ces, en son livre *De temporibus*, il y a quinze ans & huict moys : dont au temps de present (comme n'agueres avons dit) la Lune gouverne & meine le Monde, avec l'Ange Gabriel, **c'est à dire Puissance de Dieu**." (Roussat, p.95). Je marque en gras les termes et séquences repris par Nostradamus dans son exposé. On notera que chez Roussat, c'est la Lune qui doit parfaire son cycle prédestiné, remplacée par "la totale puissance de Dieu eternel" chez Nostradamus, laquelle puissance est l'attribut de l'ange

Gabriel chez Roussat : "Gabriel : qui signifie Vertu, ou force & puissance de Dieu." (Roussat, p.91). Toute allusion à cette angéologie inutile a d'ailleurs été évacuée par Nostradamus.

→ Les trois cycles temporels, gouvernés tour à tour par chacune des sept planètes pendant 354 ans et 4 mois, égaux donc à 21 fois cette période, totalisent exactement 7441 ans. En prenant pour origine la date de la "création du monde" donnée par Eusèbe de Césarée (5200 BCE, égal à l'an -5199), on obtient **les années 1533, 1887 et 2242 comme débuts des âges mentionnés : lunaire, solaire, puis saturnien**. Plus précisément et en suivant Roussat, 13 ans et 8 mois (selon Jacques de Bourgogne) ou 15 ans et 8 mois (selon Eusebius) avant le 15 février 1548, date à laquelle Roussat signe son livre (p.180), donnent respectivement un début de l'âge lunaire au 15 juin 1534 ou au 15 juin 1532. Compte tenu de la double référence avec une différence de deux années précises, c'est probablement le terme médian qui a été choisi, c'est-à-dire 14 ans et 8 mois avant la date de composition du livre. Autrement dit l'âge lunaire a commencé le 15 juin 1533 ; il sera suivi de l'âge solaire du 15 octobre 1887 au 15 février 2242. Roussat a donc choisi de dater son ouvrage 694 ans exactement avant cette échéance du 15 février 2242, date du retour de l'âge saturnien pour un quatrième cycle hypothétique : "si ce pendant le Monde ne se terminoit ou prenoit sa fin" (Roussat, p.95).

→ Nostradamus résume l'exposé de Roussat, qui confirme la date de 2242, déjà mentionnée allusivement au paragraphe 26 (cf. *supra*). Ces données sont confirmées par le quatrain 48 de la première centurie : les *Prophéties* s'étendent jusqu'au début de l'hypothétique renouveau saturnien, c'est-à-dire jusqu'à la mutation du monde en 2242.

Vingt ans du regne de la lune passés
Sept mil ans autre tiendra sa monarchie :
Quand le soleil prendra ses jours lassés
Lors accomplir & mine ma prophetie.

En effet, du 15 juin 1532/1534 au 1er mars 1555 (date de la première édition des *Prophéties*), la lune a déjà régné une vingtaine d'années (vers 1). Et ce règne lunaire est aussi le vingtième depuis l'origine, selon la succession des âges planétaires évoquée précédemment. Le règne de la lune devrait s'achever en l'an 7086 après la Création, c'est-à-dire dépasser de quelques années les sept millénaires (vers 2). Soit on corrigera avec Brind'Amour (1993, p.193) le terme "autre" qu'on lira "outre". Soit on prendra l'adjectif comme un adverbe, "autrement", selon un procédé habituel chez Nostradamus, et on lira ce vers elliptique comme suit : "Autrement dit la lune tiendra sa monarchie jusqu'au septième millénaire". Soit encore "autre" désigne quelques années *de plus* après les sept mille ans mentionnés. Les vers 3 et 4 sont parmi les plus clairs de tout l'ouvrage : "et quand le soleil achèvera son cycle, alors s'accomplira et prendra fin ma prophétie", c'est-à-dire en l'an 2242. En résumé, les paragraphes 26 et 33, le quatrain I 48 (à relier aux numéros 25, 56 et 62 de la même centurie : *Ains que la lune acheve son grand cycle* (I 25c), *Que si la lune conduicte par son ange* (I 56c), *Avant le cicle de Latona parfaict* (I 62b)), et aussi la première chronologie de la lettre à Henry II, confirment le terme ultime des *Prophéties*, à savoir l'année 2242, conformément à une théorie des règnes planétaires adaptée à une perspective millénariste.

→ Le néologisme *anaragonique*, s'il est bien formé à partir des vocables grecs *anarrêxis* (rupture, renversement) et *agôn* (compétition), est particulièrement intéressant, car il confirmerait mes conclusions relatives à l'interprétation du premier quatrain de l'oeuvre prophétique (cf. "Les 13 premiers quatrains de Nostradamus", CURA, 2006). Ainsi le nouvel âge annoncé pour l'an 2242, le véritable *new age*, marquera non pas la fin de l'humanité, mais le retour d'un âge d'or, avec beaucoup moins de monde mais plus d'espace, et il sera caractérisé par la disparition de cette ridicule et sanglante compétition truquée de rats borgnes qui accable nos sociétés. Cet avènement annoncé ne fait pas de Nostradamus l'oiseau de malheur qu'on a pu fustiger ici et là par ignorance, mais au contraire un héraut optimiste des âges futurs, même s'il faut en passer par une période particulièrement critique mais nécessaire -- que finalement presque tous souhaitent et dont on comprend la nécessité.

[Brind'Amour fait dériver "anaragonique" du grec *anarrêgnumi* (briser, ruiner, rompre). "une *anaragonique revolution* est une révolution qui rompt avec le passé." (1996, p.34). -- Comme toutes les révolutions, par définition ! Encore une explication, reprise par Crouzet (2010, p.301), qui ne mène à rien ...]

Addenda 02/07/2009 : → Lu sur le net le 6 juin 2009 (chez un individu qui s'attribue mon interprétation de la préface à César relativement aux échéances de 2065 et de 2242 sans indiquer ses sources) que l'expression "A(mmianus) M(arcelinus) S A L V V I V M" (cf. Ammien Marcellin, *Histoire de Rome*, livre XV, 11.15 : *his prope Salluvii sunt et Nicaea et Antipolis insulaeque Stoechades* = "Non loin de là sont les Salluviens, et les habitants de Nice, Antibes, et des îles d'Hyères." ; et CN 14) au frontispice de la *"Pronostication pour l'an 1555"* pourrait se décrypter par le nombre M M L VV VI (2066) auquel s'ajoutent les lettres A A S, une idée qu'il a trouvée dans l'ouvrage de quelqu'un d'autre (chez Éric Platel d'Armoc, *N.D. Résurgences*, Ahun (23150), Verso, 1994, p.64). *Anno Aetatis Suae* (A A S) signifie "dans l'année de son âge" aux épitaphes, soit dans l'année 2066 des Prophéties ici soulignée, commencées, non pas en l'an 0, mais en 1550, date du premier opuscule annuel de Nostradamus, la *Pronostication pour l'an 1550*, (et de la rédaction des premières Prophéties ?), soit encore **515 ou 516 ans** après cette date (2065 ou 2066). Cette durée elle-même, *"environ cinq cens quinze ou seize ans"*, est celle-là même qui est indiquée dans la première chronologie de la préface à Henry (éd. Rigaud X, 1568, p.7). Ces 65 ou 66 ans du XXIe siècle seraient à mettre en relation avec une déclaration espiègle de Nostradamus à Catherine de Médicis (cf. la dépêche de Frances de Alava au roi d'Espagne Philippe II, traduite par Defrance en 1911, p.252, puis par Brind'Amour en 1993, p.51) qui annonce une paix générale pour l'an *"sesseta y seis"* (66), non pas pour l'année 1566 comme le croit Brind'Amour avec Catherine et son interlocuteur, mais peut-être bien pour l'année 2066. Ces coïncidences peuvent paraître oiseuses et n'apportent pas d'information supplémentaire concernant l'échéance des années 2065/2066, hormis l'adéquation avec le double-nombre bien spécifique (515/516) de la chronologie de Nostradamus -- laquelle corrélation a échappé au plagiaire comme à son modèle, lequel ajoute "512 ou 511 ans" à l'année 1555.

→ La position de l'expression "anaragonique revolution" dans le texte est ambiguë (comme souvent chez Nostradamus), et pourrait s'appliquer aussi bien à la proposition qui la précède qu'à la description qui lui succède, c-a-d aux années 2065/2066 ou à l'année 2242. On remarquera encore que les étymologies signalées, qui suppose un doublement de la lettre /r/ ne correspondent pas exactement à l'expression "anaragonique" qui peut aussi se lire "an-aragonique", c'est-à-dire "opposée à l'aragonique", de la région d'Aragon. Mais quelle serait cette révolution qui prendrait le contre-pied d'une rupture dite "aragonique" ? Nostradamus ferait-il allusion au supplice de Servet d'Aragon en 1553, qui a eu lieu tout juste après *"Vingt ans du regne de la lune"* (cf. quatrain I 48) et qui symbolise dans son esprit la confiscation de la liberté de conscience ? (cf. CN 110). En ce cas l'anaragonique revolution, serait son contraire et donc un retour à cette liberté de conscience en 2065/2066. Il y aurait donc deux révolutions à venir : une mineure marquée par des bouleversements physiques et technologiques planétaires et le retour à une certaine liberté de l'esprit après des siècles de coercition idéologique (en 2065/2066), et une majeure marquée par l'avènement ou le retour d'une organisation sociale non plus fondée sur l'esprit de compétition, le *new age* saturnien de 2242. L'abolition de cette compétition est d'autant plus souhaitable que les inégalités sont devenues colossales et que les différences de niveau entre individus ne résultent plus de compétences réelles, d'un savoir, ou même d'un mérite, mais uniquement de l'opportunisme intrigant développé dans les sphères économiques et financières et de l'asservissement à des valeurs folkloriques qui masquent à peine le seul moteur qui les anime : l'appétit vénal au mépris de toute culture réelle.

34. & que de present que ceci j'escriptz avant cent & septante sept ans troys moys unze jours, par pestilence, longue famine, & guerres, & plus par les inundations le monde entre cy & ce terme prefix, avant & apres par plusieurs foys, sera si diminué, & si peu de monde sera, que l'on ne trouvera qui vueille prendre les champs, qui deviendront liberes aussi longuement qu'ilz sont estés en servitude :

1557U: que cecy, cent septante, trois moys
1557B: que cecy, cent septate, trois moys

Voc.: prefix = fixé, déterminé, prescrit (Huguet)

Et 177 ans 3 mois et 11 jours avant ce moment dont je parle présentement, avant et après cette date et à plusieurs reprises, le monde sera si diminué par les maladies, la famine, les guerres, et plus encore par les inondations, et si peu d'individus survivront, qu'on aura du mal à trouver quelqu'un pour travailler les terres, lesquelles deviendront libres aussi longtemps qu'elles ont été asservies.

→ Ce paragraphe révèle l'information la plus importante de la préface, et à ma connaissance, il n'a été compris par personne. Tous les interprètes (et "an-interprètes" du type Brind'Amour) ont été piégés par l'expression "*& que de present que ceci j'escriptz*", et inexorablement attirés vers l'année 1732 (= 1555 + 177), transformée par certains en échéances fantaisistes à l'aide de patacomptes numérologiques ubuesques. Or en 1732, comme pour les autres années imaginées, il ne se passe absolument rien qui soit digne de figurer dans le contexte décrit et qui puisse l'illustrer. Car Nostradamus n'écrit pas 177 ans *après* la date actuelle de cette préface, mais 177 ans *avant le terme dont il vient, présentement, de parler*, c'est-à-dire 177 ans avant l'année 2242 ! Par conséquent **c'est l'année 2065**, ainsi que celles qui la précèdent ou qui lui succèdent immédiatement, qui seront marquées par les bouleversements quasi apocalyptiques décrits sous divers aspects dans les paragraphes précédents et dans celui-ci, autrement dit un terme qui n'est pas si éloigné de notre horizon. Quant à la présente description de l'état du monde, elle correspond aux années 2065-2242, soulignées par l'expression "entre cy & ce terme prefix", c'est-à-dire entre cette année 2065 dont il est question jusqu'à l'année 2242 précédemment fixée (au paragraphe 33), "quand Saturne sera de retour" (sur d'autres dates proposées en rapport avec le cycle saturnien, avec les Nombres du Testament, et liées au décalage d'une unité entre le nombre de quatrains de la première édition (353) et la durée symbolique du cycle de 354 ans, cf. CN 176).

[Précisons pour les chasseurs de sources que tout ceci n'existe ni chez Turrel ou Roussat, ni chez quiconque, et qu'il ne suffit pas d'avoir trouvé une source éventuelle, qui parfois d'ailleurs peut en cacher une autre, pour prétendre avoir compris de quoi il était question. Les sources sont le plus souvent utilisées chez Nostradamus, comme support pour une mise en perspective de situations ressemblantes, et plus rarement, mais presque toujours quand il s'agit de dates, comme un moyen de diversion.]

→ Cette date est confirmée par le quatrain 94 de la troisième centurie :

De cinq cent ans plus compte l'on tiendra
Celuy qu'estoit l'ornement de son temps :
Puis à un coup grande clarté donrra
Que par ce siecle les rendra trescontens.

Pendant 500 ans, on oubliera quelque peu celui qui incarnait le génie de son temps, puis soudainement on éclaircira son oeuvre, ce qui sera un bienfait pour les gens de ce siècle. On peut admettre que Nostradamus parle de lui-même, sans bien savoir d'où partent ces 500 ans : vraisemblablement de l'année de sa mort (1566), ce qui mène à l'année 2066 et confirme la date centrale des bouleversements annoncés, ou de la date de parution du texte, ce qui mène à l'année 2055, date où apparaîtraient les premiers signes d'inondations et de déflagrations (cf. paragraphes 30-31), ou encore de l'année de sa naissance, ce qui mène à l'année écoulée 2003.

→ Reste encore à expliquer les 3 mois et 11 jours complétant les 177 ans qui valent évidemment l'exacte moitié d'un âge planétaire de 354 ans. Je crois que ces données qui, à ma connaissance, sont restées lettre morte pour tous les exégètes (à commencer par Brind'Amour, 1993, p.192), s'expliquent par un retour facétieux de l'auteur sur la date immédiatement visible de 1732 -- de 333 ans antérieure à la date qu'elle voile. En effet les 3 mois et 11 jours correspondent aux décalages calendaires résultant des réformes promulguées par Charles IX en et Henry III. En 1567, l'année qui commençait au premier avril est avancée de trois mois : avant 1567, le premier jour de l'année est encore fixé à Pâques (en 1557 par exemple : au soir du samedi saint précédant le jour de Pâques, c'est-à-dire le samedi 17 avril. Cf. l'almanach de Nostradamus pour la dite année). Par un édit de janvier 1563 (c'est-à-dire 1564), enregistré aux parlements de Toulouse, Bordeaux et Paris, et qui sera appliqué sur l'ensemble du territoire le

1er janvier 1567, Charles IX fixe le début de l'année au 1er janvier au lieu de Pâques. En 1582, Henry III adopte la réforme grégorienne et l'année est avancée de dix jours : le jeudi 4 octobre 1582 (Julien) est suivi du vendredi 15 octobre 1582 (Grégorien). Et le décalage entre les calendriers julien et grégorien atteint effectivement onze jours en 1732. Ainsi par cette simple donnée (*177 ans 3 mois et 11 jours*), Nostradamus annonce à la fois l'échéance la plus importante de l'ensemble de son oeuvre, à savoir l'année 2065, et sa connaissance des futures réformes calendaires, dont les spécialistes avaient commencé à débattre bien avant qu'elles ne soient adoptées.

La date de rédaction du texte pourrait avoir été choisie pour marquer la future mise en place du nouveau calendrier : en effet le 1er mars 1555 Julien correspond au 11 mars 1555 Grégorien, date d'entrée du Soleil en Bélier vers midi. Et le jour de la rédaction de l'épître (1er mars 1555 Julien) est précisément aussi la date d'entrée de Saturne en Bélier, la conjonction entre les deux planètes ayant lieu le 13 mars (Julien). Ainsi l'énoncé stipulant que "*le regne de Saturne sera de retour*" doit s'entendre dans le contexte du renouveau annoncé dans, mais également **par** les *Prophéties*.

Addendum : Un détail au précédent paragraphe m'avait échappé en 2006 : "Et maintenant que sommes conduicts par la lune (...) que avant qu'elle aye parachevé son total circuit, le soleil viendra". Comment est-ce possible ? Pourquoi l'âge solaire adviendra AVANT la fin de l'âge lunaire, alors que le cycle solaire, par définition, commence AU MOMENT PRÉCIS où se termine le lunaire, d'après la théorie cyclique évoquée ? Une aporie insurmontable, à moins d'admettre que les cycles nostradamiens ne sont pas ceux de Roussat et de ses prédécesseurs. La demi-durée 177 ans 3 mois et 11 jours le confirme : le cycle nostradamien n'est pas équivalent à la durée classique de 354 ans 4 mois, mais vaut deux fois 177 ans 3 mois et 11 jours, soit 354 ans 6 mois et 22 jours, ou encore 354,56 ans. Autrement dit, il faut lire : "Et maintenant que sommes conduicts par la lune [en 1555 et depuis 1533] que avant qu'elle aye parachevé son total circuit [selon le cycle de 354 ans 6 mois et 22 jours, soit en mars 1888 environ], le soleil viendra [selon le cycle de 354 ans 4 mois, soit en octobre 1887 pour Roussat]". Torné-Chavigny, qui avait repéré les emprunts de Nostradamus au cycle "de Roussat" et compris que son ouvrage de 1550 avait servi de modèle à la préface (cf. *L'Histoire prédite et jugée par Nostradamus*, 1860, p.152), relève l'anomalie : *"Ici, Nostradamus rompt ouvertement avec l'astrologie, car il dit que le règne du Soleil et celui de Saturne arriveront avant la fin du règne de la Lune."* (*Lettres*, "1870" [1871], p.32). Torné revient l'année suivante sur cette aporie (*"Le Soleil ne peut régner avant que la lune ait achevé son règne en 1887 ou 1889."* ; in *Nostradamus et l'astrologie*, 1872, p.3), "résolue" en identifiant Louis XIV au Soleil et le futur Henri V à Saturne (*ibid.*, p.4).

35. & ce quant au visible jugement celeste, que encores que nous soyons au septiesme nombre de mille qui paracheve le tout, nous approchant du huictiesme, ou est le firmament de la huictiesme sphere, que est en dimension latitudinaire, ou le grand Dieu eternel viendra parachever la revolution : ou les images celestes retourneront à se mouvoir, & le mouvement superieur qui nous rend la terre stable & ferme, *non inclinabitur in saeculum saeculi* : hors mis que quand son vouloir sera accompli, ce sera, mais non point aultrement :

1557U: hors mis que son vouloir, accomply, autrement
1557B: soions, **monument** superieur, hors mis que son vouloir, accomply, autrement
1590: qui est en dimension, & le mouvement inferieur

Et ceci s'accomplira conformément aux lois planétaires, bien que nous ne soyons encore qu'au septième millénaire qui parachève le tout et nous approchant du huitième correspondant à l'étendue du ciel de la huitième sphère où le grand Dieu éternel viendra mettre un terme au cycle : alors les constellations zodiacales reprendront leur rotation et le mouvement du ciel, qui stabilise la terre, ne sera plus incliné pendant longtemps, *à condition cependant que Dieu le veuille ainsi, et non pas autrement.*

→ Nostradamus suit l'exposé de Roussat : "Prochain est le royaume de Dieu : c'est ascavoir au septieme miliaire, ou ja de present nous sommes : auquel la huictieme Sphere (qui est le hault altitudinaire Firmament, & la beaulté de Dieu) accomplira une revolution : & les corps celestes, la ou ils ont commencé à eulx mouvoir, retourneront, &

cesseront." (*Livre de l'estat et mutation des temps*, pp.139-140 ; cf. aussi l'influence d'un passage de l'Ecclésiaste (43.1-2), *"Altitudinis firmamentum pulchritudo eius, species coeli in visione glori(a)e"*, cité par Turrel dans "son" *Periode* et le passage repris par Roussat : *"au septiesme miliare où ja* [déjà] *nous sommes la ou* [là où] *la huytiesme Sphere qu'est l'altitudinaire firmament, & la beaulte de Dieu accomplira une revolution, & les corps coelestes la ou* [là où] *ilz ont commance à se mouvoir retourneront, & cesseront"* (f. G1v)). Le texte fait référence au modèle astronomique de la trépidation des équinoxes ou de l'oscillation du plan de l'écliptique, lequel suppose un mouvement oscillatoire des équinoxes par rapport aux constellations stellaires. Ce modèle s'oppose à celui de la précession des équinoxes, c'est-à-dire à l'observation d'un décalage continu (sur ce point, cf. le solide résumé de Brind'Amour, 1993, pp.179-185).

→ L'année de composition de la préface, 1555, correspond à l'an 6754, date absolue à partir de la "création", c'est-à-dire au dernier quart du septième millénaire, "nous approchant du huictiesme" comme le précise Nostradamus, qui reste ici dans l'expectative quant au redémarrage d'un quatrième cycle en l'an 7441 (c'est-à-dire 2242 AD).

36. combien que par ambigues opinions excedants toutes raisons naturelles par songes Machometiques, aussi aucune fois Dieu le createur par les ministres de ses messagiers de feu en flamme missive vient à proposer aux sens exterieurs, mesmement à nos yeulx, les causes de future prediction significatrices du cas futur, qui se doibt à cellui qui presaige manifester.

1557U: noz yeulx, qui se doit à celuy
1557B: noz yeulx, qui se doit à celuy
1590: les ministres des messagers, de feu & flambe

Voc.: machometique (mahométique) = inspiré (dans un sens péjoratif), et de l'adverbe grec *machomenôs* = d'une manière contradictoire

Comme dans les représentations brouillées dépassant la raison commune et transmises dans le rêve exalté, il arrive que Dieu transmette

aux sens extérieurs, et même sous forme d'hallucinations, par le biais de ses auxiliaires ignés, une flamme missive dévoilant une image des situations futures et qui se manifeste à celui qui prophétise.

→ Retour au *Compendium* de Savonarole : "Nonnumquam vero exterioribus sensibus precipue oculis : significativa manifestandarum rerum deus proponit." (*Compendium*, f.A4r) -- passage oublié par Brind'Amour, mais relevé par Stefano Dall'Aglio (*"L'inganno di Nostradamus. Sulla dipendenza dell'Epître à César dal Compendio di rivelazioni di Savonarola"*, in Bruniana & Campanelliana 9, 2003, p.441) qui parle de plagiat du traité de Savonarole, après Brind'Amour, sans sembler s'apercevoir des variantes significatives et modifications parfois facétieuses apportées au texte du florentin.

37. Car le presaige qui se faict de la lumiere exterieure vient infalliblement à juger partie avecques & moyennant le lume exterieur : combien vrayement que la partie qui semble avoir par l'oeil de l'entendement, ce que n'est par la lesion du sens imaginatif : la raison est par trop evidente, le tout estre predict par afflation de divinité, & par le moyen de l'esprit angelique inspiré à l'homme prophetisant, rendant oinctes de vaticinations, le venant à illuminer, luy esmouvant le devant de la phantasie par diverses nocturnes aparitions, que par diurne certitude prophetise par administration astronomicque, conjoincte de la sanctissime future prediction, ne consistant ailleurs que au courage libre.

1557U: ne **considerant** ailleurs, couraige
1557B: infailliblement, rendant **joinctes**, ne **considerant** ailleurs, couraige
1590: que par divine certitude

Voc.: lume, du latin *lumen*, lumière, clarté
Voc.: afflation = souffle, inspiration (Huguet)

Car la vision qui se transmet par la lumière extérieure est reçue et vient s'accorder obligatoirement avec la lumière intérieure : si bien que la partie de l'entendement qui voit ne le fait pas par une lésion du sens imaginatif, mais évidemment par l'inspiration divine et grâce à l'esprit angélique qui guide le prophète, le remplissant d'images sacrées, l'illuminant, et dirigeant son imagination par des apparitions nocturnes, si bien qu'il peut prophétiser à l'état de veille en toute certitude, conformément aux lois astrologiques accordées à cette inspiration divine, pour autant qu'il ait le courage d'exprimer ses visions.

→ Savonarole : "Cum igitur inter deum et homines angeli medii sint : ab ipso deo illuminationes prophetice per angelicos subministrantur, qui non tantum ad diversas apparitiones interius phantasiam illustrant et commovent : sed etiam instrinsecus prophetas alloquuntur." (*Compendium*, f.A4v). Dans ce paragraphe et le précédent, Nostradamus décrit son expérience visionnaire en accord avec la description que donne Jamblique de l'expérience théurgique : attraction du souffle ou pneuma, vision de ce souffle sous forme de lumière ou de feu par le théurge, descente et fusion de cette énergie dans le corps du théurge (*Les mystères d'Égypte*, III 6). Jamblique précise, comme le fait Nostradamus, que l'enthousiasme, c'est-à-dire l'état résultant de cette présence divine, n'est pas une possession au sens commun, ni un état pathologique se manifestant par des transes ou par des états frénétiques et extatiques, mais un état serein, pur, dans lequel l'esprit voit sans mélange, indépendamment de ses facultés communes de perception ou de connaissance (*Les mystères d'Égypte*, III 7).

→ Nostradamus écrit "le lume exterieur", vraisemblablement pour "intérieur". La fin du paragraphe ne fait pas allusion au libre-arbitre, mais à la volonté et au courage d'exprimer ses visions, et finalement au travail d'écriture.

38. Vient asture entendre mon filz, que je trouve par mes revolutions que sont accordantes à revellée inspiration, que le mortel glaive s'aproche de nous pour asture par peste, guerre plus horrible que à vie de trois hommes n'a esté, & famine, lequel tombera en terre, & y retournera souvent, car les astres s'accordent à la revolution :

1557U: revelée, s'aproche de nous **maintenant** par peste, **n'à esté**, Astres

1557B: revelée, s'aproche de nous **maintenant** par peste, **n'à esté**, Astres
1590: qui sont accordantes

Écoute désormais mon fils : d'après mon calcul des révolutions planétaires s'accordant aux révélations qui m'ont été insufflées, le glaive mortel s'approche maintenant de nous, propageant la peste, une guerre plus horrible que ce qu'ont jamais connu trois générations successives, et la famine ; et ce glaive s'abattra encore sur terre à plusieurs reprises et conformément aux cycles planétaires :

→ L'image du glaive et les citations latines des paragraphes suivants sont reprises de Savonarole qui relate une vision/audition de 1592 (cf. *Compendium*, ff.A5v-A6r).

39. & aussi a dit *Visitabo in virga ferrea iniquitates eorum, & in verberibus percutiam eos.* car la misericorde du seigneur ne sera poinct dispergée un temps mon filz, que la plus part de mes propheties seront acomplies, & viendront estre par accompliment revoluës.

1557U: & aussi **à dict**, Seigneur, point dispergée, pluspart, accomplies, par **accomplissement**
1557B: & aussi **à dict**, Seigneur, point dispergée, pluspart, accomplies, par **acomplissement**, revolues
1590: a dict

Voc.: disperger = disperser, répandre (Huguet)

Et comme il est dit : Je corrigerai leurs iniquités avec une verge de fer et je les frapperai pour leurs paroles, *car la miséricorde divine n'aura pas le temps de se manifester, mon fils, avant que la plupart de mes prophéties soient accomplies ou en voie de l'être.*

40. Alors par plusieurs foys durant les sinistres tempestes, *Conteram ergo* dira le Seigneur, *& confringam, & non miserebor* : & mille autres avantures qui aviendront par eaux & continuelles pluies, comme plus à

plain j'ay redigé par escript aux miennes autres propheties qui sont composées tout au long, *in soluta oratione*, limitant les lieux, temps, & le terme prefix que les humains apres venus, verront cognoissants les aventures avenues infalliblement, comme avons noté par les autres, parlans plus clairement : nonobstant que sous nuée seront comprinses les intelligences : *sed quando submovenda erit ignorantia*, le cas sera plus esclarci.

1555AW: apresvenus (accolement des termes dû à la mise en page)
1557U: fois, adventures qui adviendront, pluyes, apres venuz, congnoissants les adventures advenues, soubz nuée, comprises, *sub movenda*
1557B: fois, adventures qui adviendront, apres venuz, les adventures advenues, infailliblement
1557B: (passage manquant : nonobstant que sous nuée seront comprinses les intelligences : *sed quando submovenda erit ignorantia*, le cas sera plus esclarci.)
1590: & termes prefix

Voc.: *oratio* (latin) : propos, discours
Voc.: *solutus* (latin) : libre, sans liens, disjoint

Alors à plusieurs reprises, pendant les sinistres tempêtes, le Seigneur dira : je les frapperai donc, et les briserai impitoyablement, et je serai sans pitié. *Et il y aura mille autres événements qui surviendront par les eaux et par des pluies continuelles, ainsi que je l'ai rédigé plus en détail dans mes autres prophéties composées continuement, en un discours sans liaisons, précisant les lieux, les époques, et le moment précis que les hommes qui naîtront après ces événements verront et reconnaîtront assurément et conformément à ce que nous avons écrit dans les autres (prophéties), parlant plus clairement : et bien que les intelligences se manifestent sous forme voilée, les choses seront plus claires* quand l'ignorance aura été dissipée.

→ L'énonciation est alambiquée au possible, sans doute afin que ne comprennent ce dont il est question que ceux qui, par leur sensibilité, sont quelque peu "sur la même longueur d'onde" que le voyant provençal. Brind'Amour se demande si Nostradamus n'aurait pas composé des prophéties en prose, dont le texte aurait été perdu (1996, p.42) -- une fausse piste qui en tentera certains, surtout parmi les amateurs de faux, de faussaires et de prétendus ouvrages perdus et inconnus ! -- comme il est par ailleurs aisé de pallier aux déficiences de sa compréhension par un bricolage d'inventions fantaisistes.

→ On peut imaginer encore avec Guynaud (1693, p.19) et Leroux (1710, pp.50-51) que les seuls textes en prose, en traduisant ainsi lapidairement l'expression latine "*in soluta oratione*", parus avant 1555, sont les "présages prosaïques", comme les nommera Chavigny, accompagnant les almanachs et pronostications des années 1550-1555. Cependant on comprend mal pourquoi ces textes devraient être dénommés "prophéties" comme il est dit, et encore moins en quoi ils pourraient servir d'explication ou d'éclaircissement aux quatrains versifiés de l'édition de 1555, étant eux-mêmes tout aussi obscurs qu'eux.

→ L'explication est pourtant simple : Nostradamus fait allusion à sa seconde préface, celle qui sera dédiée à Henry II, qui paraîtra pour la première fois en 1558, et dont une bonne partie aura donc été rédigée dès 1555. "*Aux miennes autres propheties qui sont composées tout au long*" : c'est-à-dire que cette seconde préface est ajoutée *à la seconde partie* de ses prophéties, lesquelles, on le sait, resteront divisées en deux livres (cf. les éditions Rigaud de 1568). La seconde partie est effectivement composée continuement, sans interruption, contrairement aux deux éditions de la première partie (parues successivement en 1555 et 1557), lesquelles ont été "rabotées obscurement" (cf. *supra*, paragraphe 26), c'est-à-dire qu'elles sont "incomplètes" d'une cinquantaine de quatrains chacune, moins ou plus. Alors que la préface à César ne nous apprend pas grand chose sur les événements à venir, à l'exception des deux dates considérées par Nostradamus comme les échéances majeures de l'histoire à venir (à savoir 2065, l'année des bouleversements climatiques irréversibles, et 2242, l'année de la fin des *Prophéties*), l'épître à Henry fourmille d'une accumulation de situations entremêlées et de personnages imbriqués, passant des uns aux autres du coq à l'âne, comme il est précisé au sens étymologique des termes : "*in soluta oratione*" !

→ Enfin, l'emploi du pronom "nous" peut surprendre : Nostradamus aura voulu, comme il l'a fait pour Savonarole au paragraphe 9, inclure et faire participer son (ses) interprète(s) à la consécration de son oeuvre prophétique (cf. le paragraphe suivant et final, ainsi que l'épilogue à mon premier article sur Nostradamus, CURA, 2000 ; Atlantis, 404, 2001).

41. Faisant fin mon filz, prens donc ce don de ton pere M. Nostradamus, esperant toy declarer une chascune prophetie des quatrains ici mis. Priant au Dieu immortel qui te veuille prester vie longue en bonne & prospere felicité. De Salon ce j. de Mars 1555.

1557U: icy mis, qu'il te vueille, ce premier de Mars
1557B: qu'il te vueille, ce premier **jour** de Mars
1557B: (passage manquant : Faisant fin mon filz, prens donc ce don de ton pere M. Nostradamus, esperant toy declarer une chascune prophetie des quatrains ici mis.)
1590: ton pere Michel, le vingtdeuxiesme jour de juin

Voc.: déclarer = éclaircir, expliquer (Huguet)

Et pour terminer, mon fils, prends donc ce don de ton père qui attend que tu éclaircisses chacune de ses prophéties ici mises en quatrains. En priant le Dieu immortel qu'il veuille t'accorder une vie longue, heureuse et prospère, de Salon, ce 1er mars 1555.

→ Ce dernier paragraphe semble confirmer que le père s'adresse à son fils spirituel, celui qui sera capable d'expliquer son discours, et notamment chacun des quatrains visionnaires.

Impressions terminales

La préface se laisse découper en 5 parties :
- A (paragraphes 1-9) : raisons et conditions du projet de publication des Prophéties
- B (paragraphes 10-18) : explication du processus visionnaire, et

réponse à la question : comment la prophétie est-elle possible?
- C (paragraphes 19-27) : étendue et limite temporelle de la prophétie jusqu'en 2242
- D (paragraphes 28-37) : explication du canevas cyclologique utilisé, et annonce de l'événement majeur des temps futurs : la déliquescence de l'Occident aux alentours de l'année 2065
- E (paragraphes 38-41) : conclusions et annonce de la seconde partie des Prophéties

C'est un texte condensé, nuancé, moins obscur que certains ne le décrètent *a priori* ou par ignorance, même s'il subsiste quelques erreurs syntaxiques minimes, principalement dues à la transposition en français de phrases initialement conçues en latin (comme l'a compris Jean Leroux), et à la mise en perspective de citations provenant essentiellement des traités du prédicateur florentin Girolamo Savonarola et du cyclologue langrois Richard Roussat, le tout dans un contexte néoplatonicien. Ces citations assez nombreuses, parfois commentées au préjudice de l'auteur par des apprentis en prospective déçus par leurs propres échecs et incapacités, sont le plus souvent recyclées dans un contexte quelque peu différent. Ces variations et décalages référentiels, mettant en jeu plusieurs plans de référence pour les vocables, les énoncés et le discours en général, sont une constante de l'expression nostradamienne, "prosaïque" ou versifiée.

La synchronisation temporelle et la mise en parallèle de plusieurs réalités ressemblantes impliquent un processus d'écriture original et propre au discours prophétique : en effet, si le voyant perçoit les situations et les événements comme concentrés dans une temporalité unique et tridimensionnelle, habituellement imperceptible à l'aperception commune, il est logique que les personnages, acteurs et décors de ces situations entremêlent leurs caractéristiques de manière à se manifester en une image unique. Le voyant authentique est un Janus à trois têtes, ce gardien antique des seuils de la temporalité, devenu le témoin moderne de la démence humaine. Nostradamus en donne l'échéance, pour 2065, et le retour à une certaine quiétude avec Saturne en 2242, date à laquelle prend fin la prophétie.

Enfin, sur l'essentiel, et pour répondre aux sceptiques, qui pour la plupart n'ont en commun que la désillusion née de leurs propres contre-performances -- les autres, les fanatiques de la raison dure et étriquée, ceux qui ne veulent rien savoir, sont par définition des ignorants --, on dira que l'hypothèse naïve et primaire consistant à refuser à Nostradamus le rôle de voyant, au prétexte douteux qu'il n'aurait pu voir l'avenir, repose principalement sur leur incapacité à comprendre ou à imaginer ce que signifie l'acte de *voir*. Car Nostradamus n'est pas tant un voyant parce qu'il voit, que par ce que son texte donne à voir.

Le monde s'approche de bouleversements majeurs (2065/2066) suivis d'une anaragonique révolution (2242/2243)

"Nous vivons à chaque instant comme si nous étions immortels, comme si nous était dû un surplus de temps, infini, pour faire et vivre ce que nous désirons. Cette vanité n'est pas seulement propre aux individus : elle est aussi la marque de notre inconscient collectif. La civilisation moderne se construit elle-même à travers l'idée qu'elle aura toujours le temps. J'ai rêvé que je volais, traversant l'océan, quand je fus saisi par un bourdonnement envahissant. Je me retrouve quelque part en Afrique, la nuit, sous des éclairages de fortune. Chacun y est au service de tous, dans la limite de ses envies, et il n'y a ni progrès, ni compétition, mais un projet commun de convivialité. On me comprend, car on a abandonné depuis longtemps le principe des langues dites "vocaliques" qui posaient, me dit-on, des problèmes de compréhension. On me montre des cartes géographiques : de vastes territoires régionaux et délocalisés ont remplacé les pays, l'un ayant pour capitale Ost ou Aile de Nostradamus près de l'ancienne Montpellier et couvrant la quasi-totalité de la France actuelle. Nous sommes en l'an 70, à partir d'une origine inconnue, que mes interlocuteurs occultent en souriant et de manière entendue. Tout a été abandonné et oublié, d'un temps de souffrance dont on n'a rien conservé."

Dans la première préface à ses Prophéties, Nostradamus déclare que *"le monde s'approche d'une anaragonique révolution"*, i.e. d'un renouveau, ou d'un nouvel âge d'or, comme il l'entend par le néologisme formé à partir des termes grecs *agôn* (compétition) et *anarrêxis* (rupture, renversement) ou *anarrêo* (refluer). Ce retour de sociétés sans compétition est le rêve de Nostradamus.

Le renouveau est dit saturnien, car il correspond à la première phase du cycle de 354 ans et 4 mois exposé dans le *Liber rationum* attribué à l'astrologue juif espagnol Ibn Ezra, et repris par Trithemius, Pierre Turrel et Richard Roussat. Le cycle lui-même, généralement ignoré des astrologues, est de nature luno-saturnienne ou saturno-lunaire, car il est à la fois symboliquement lunaire (la période de 354,33 jours vaut 12 mois lunaires) et astronomiquement saturnien (la période de 354 ans vaut environ 12 cycles saturniens de 29,5 ans).

Le renouveau de l'an 2242 correspond à l'achèvement de 21 de ces cycles trithémiens de 354 ans 4 mois (soit trois grands cycles planétaires), soit encore 7441 ans moins les 5199 ans séparant la date de la Création de l'avènement du Christ d'après Eusèbe.

Ce renouveau est à mettre en parallèle avec la période séparant la Création du Déluge dans la version grecque de la Bible dite des Septante (cf. CN 33, 26). La cyclologie prospective nostradamienne reproduit la chronologie biblique, comme les personnages du futur prospecté reproduisent ceux de l'histoire romaine. L'auteur des Prophéties érige une chronologie "parallèle", comme Plutarque, l'un de ses modèles les plus chers, avait construit les *Vies parallèles*. Et ces similitudes s'inscrivent aussi dans le Retour (cf. Nietzsche ... et Castaneda vers Ixtlan).

L'âge d'or saturnien est encore impliqué dans la première chronologie de la seconde préface, qui totalise 4757 ou 4758 ans, depuis "le premier homme Adam" jusqu'à Jésus Christ : 1242 + 1080 + 515 (ou 516) + 570 + 1350 ans.

"le premier homme Adam fut devant Noë environ mille deux cens quarante deux ans, ne computant les temps par la supputation des gentilz, comme a mis par escript Varron : mais tant seulement selon les sacrees escriptures, & selon la foiblesse de mon esprit, en mes calculations astronomiques : Apres Noë de luy & de l'universel deluge vint Abraham environ mille huictante ans, lequel a esté souverain astrologue, selon aucuns, il inventa premier les lettres caldeiques, apres vint Moyse environ cinq cens quinze ou seize ans, & entre le temps de David à Moyse ont esté cinq cens septante ans, là environ. Puis apres entre le temps de David & le temps de nostre sauveur, & redempteur Iesus Christ, nay de l'unique vierge, ont esté selon aucuns Cronographes mille trois cens cinquante ans, pourra objecter quelcun ceste supputation n'estre veritable, pource qu'elle differe à celle de Eusebe." (Préf. Henry, éd. Rigaud X, 1568, p.7).

Or ces 4757 ou 4758 nécessitent précisément 2243 ou 2242 ans pour combler le fameux septième millénaire : *"au septiesme nombre de mille qui paracheve le tout"* (Préf. César 35, CN 33), *"jusques à l'advenement qui sera apres au commencement du septiesme millenaire profondement supputé"* (Préf. Henry, éd. Rigaud X, 1568, p.5), etc. L'une des fonctions de la première chronologie serait de justifier l'achèvement du septième millénaire et le début du nouveau cycle.

Le renouveau de l'an 2242 sera précédé d'une période de troubles à partir de 2065-2066 environ : plus précisément et suite à ma lecture de ces lignes de la préface, jusqu'alors incomprises : *"de present que ceci j'escriptz"* [i.e. 2242] *"avant cent & septante sept ans troys moys unze jours"* [i.e. 2065], *"par pestilence, longue famine, & guerres, & plus par les inundations le monde entre cy* [i.e. 2065] *& ce terme prefix* [i.e. 2242] *avant & apres par plusieurs foys, sera si diminué, & si peu de monde sera ..."* (Préf. César 34, CN 33).

Le quatrain I 48 confirme cette lecture, mais aussi le quatrain III 94 : c'est au moment des bouleversements, soit 500 ans après le décès du prophète que son oeuvre commencera à être prise en compte, c'est-à-dire en 2066. (cf. Préf. César 33-34, CN 33).

Les propos de Nostradamus se résument par une série de six équations très simples :

→ **21 cycles trithémiens de 354 ans 4 mois (ou 3 grands cycles planétaires) = 7441 ans = 5199 (date de la Création selon Eusèbe) + 2242**
→ **De la Création au Déluge = 2242 ans (aussi égaux à la durée de la période historique "christique" jusqu'au renouveau saturnien)**
→ **3797 (date symbolique de la fin des Prophéties) = 1555 (date de la première édition) + 2242 (date de l'anaragonique révolution)**
→ **7000 = 4758 ou 4757 (temps hypothétique écoulé avant JC) + 2242 ou 2243 (temps historique avant le renouveau)**
→ **2242 ou 2243 (date de l'anaragonique révolution) = 2065 ou 2066 (date des bouleversements) + 177 ans (demi-cycle trithémien)**
→ **1566 (date de la mort de Nostradamus) + 500 (quatrain III 94) = 2066 (date des bouleversements)**

Stipulé autrement, et pour souligner la convergence des dispositifs sur l'année du renouveau saturnien (entre guillemets les dates et périodes évidemment symboliques) :

2242 = "230" + "205" + "190" + "170" + "165" + "162" + "165" + "167" + "188" + "600" (de la naissance d'Adam jusqu'au Déluge selon la version des Septante)
2242 = 7441 (3 grands cycles planétaires) - "5199" (date de la Création selon Eusèbe)
2242 = "3797" (fin des Prophéties) - 1555 (première édition des Prophéties)
2242 = 7000 (sept millénaires) - "4758" (temps écoulé avant JC selon la première chronologie de la lettre à Henry)
"2242" (2243) = 1566 (mort de Nostradamus) + 500 (quatrain III 94) + 177 (durée de l'ultime période avant le renouveau)

Autrement dit, Nostradamus affirme que cinq siècles après sa mort (c'est-à-dire en l'an 2066), l'on tiendra compte enfin de ses écrits, *"plus compte l'on tiendra celuy qu'estoit l'ornement de son temps"*, car la réalité de ses prophéties sera devenue évidente pour tous, en raison de la visibilité des bouleversements annoncés (cf. mon explication de "La lettre de Nostradamus à César" publiée au CURA le 20 septembre 2006, et dans une version abrégée dans la revue *Atlantis*).

L'inspiration virgilienne : *Rediet Saturnia Regna*

"Le regne de Saturne sera de retour" écrit Nostradamus, le protégé moderne d'Apollon, en rappelant la quatrième églogue de Virgile, comme Nerval l'affirmera dans le sonnet Delfica de ses *Chimères* : "... *Le temps va ramener l'ordre des anciens jours* ..." -- et avant eux Roussat (*"apres le Souleil, debvroit aussi regner, pour la quatrieme foys, Saturne, si ce pendant le Monde ne se terminoit ou prenoit sa fin"* : 1550, p.95) et Turrel (*"De rechief pour la quatriesme foys regnera Saturne, si le monde ne prent sa fin & sa derriere [sic] Periode"* : 1531, f.e2r).

Ultima Cumaei venit jam carminis aetas
Magnus ab integro saeclorum nascitur ordo.

Iam redit et Virgo, redeunt Saturnia regna,
Jam nova progenies caelo demittitur alto.
Tu modo nascenti puero, quo ferrea primum
Desinet ac toto surget gens aurea mundo,
Casta fave Lucina : tuus jam regnat Apollo.

Voici venu le dernier âge de la Cuméenne prédiction
Voici que ressuscite le grand ordre des siècles.
Déjà revient aussi la Vierge, revient le règne de Saturne,
Déjà une nouvelle race descend du haut des cieux.
Cet enfant dont la naissance va clore l'âge de fer
Et ramener l'âge d'or dans le monde entier,
Protège-le, chaste Lucine : déjà règne ton cher Apollon.

(*Bucoliques* 4.4-10, trad. Maurice Rat rev., Garnier, 1967, p.53)

Aucun interprète de la Préface n'a flairé l'allusion à Virgile ; il est vrai que le retour de la Vierge n'est pas mentionné : mais pourquoi le visionnaire multiplierait-il les indices pour ceux qui ne savent lire ? ... pourquoi jetterait-il toutes ses *margaritae* en pâture aux *porci et canes*, voire à quelque *simius* s'attribuant mes analyses de septembre 2006 sur certain forum internet ?

Ce passage de Virgile est cité par Turrel (ff. E1v et E2v) et par Roussat qui le recopie en 1550 (pp. 94 et 97). Le règne de Saturne, le troisième d'après la théorie des cycles de 354 ans énoncée dans le *Liber rationum* attribué à Ibn Ezra, s'étend selon Turrel entre 240 BC et 115 AD, période christique et virgilienne. C'est en réalité le 18 mars 238 BC que se forme un grand triangle à 7° des signes de Terre, entre Saturne en Taureau, Jupiter en Vierge en conjonction avec la Lune, et Mars en Capricorne. Il est improbable que Virgile ou sa source aient connu et appliqué une telle théorie.

On a prétendu que Nostradamus aurait été un piètre technicien de l'astrologie, et les plus pitoyables parmi ces ressasseurs s'en contentent (mais cf. CN 52), nonobstant le fait qu'il savait au moins utiliser les meilleures éphémérides de son temps, voire les extrapoler, car **le retour conjoint de la Vierge et de Saturne** aura bien lieu aux années indiquées, à savoir plus exactement le **dimanche 22 août 2066** et le **mercredi 5 octobre 2242** d'après les données modernes.

Le 22 août 2066, date des bouleversements physiques planétaires qui pourraient résulter d'un effondrement du système technologique actuel, Saturne est conjoint au Soleil qui entre en Vierge, et à Mars, la planète des tensions et des conflits. Ces trois planètes appartiennent à un amas en quadrature de Jupiter. Saturne, à 0°50, n'est présent en ce signe que depuis six jours.

Le 5 octobre 2242 vers 22 heures, date de l'anaragonique révolution, Saturne entre en Vierge. Quelques heures plus tard, il est rejoint par Vénus qui régit le signe (cf. ma révision de la théorie des domiciles astrologiques dans ma thèse de 1993). Puis, après une période de rétrogradation, Saturne entre à nouveau en Vierge le 25 juin 2243.

[Je n'ai pas vérifié quelles pouvaient être les éphémérides utilisées qui justifieraient un intervalle de 177 ans 2 mois et 11 jours, par ailleurs employé à d'autres fins (cf. Préf. César 34, CN 33, et surtout CN 90). Du 16/08/2066 au 05/10/2242, dates d'entrées de Saturne en Vierge, on compte 176 ans et 2 mois "moins" 11 jours.]

Nous retrouvons les dates indiquées dans la préface (2066 et 2242-2243), et il y avait à peine une chance sur 700 pour retrouver ce schème annoncé par la Sibylle de Cumes selon Virgile et repris par l'astrophile saint-rémois.

Paris, ce 2 juillet 2009, au 443e anniversaire, avec Saturne au coeur de Virgo.

Annexe A : Le dispositif de l'*Orus Apollon*

"L'impérieux jeu du monde mêle l'être et l'apparence: -
L'éternelle extravagance nous y mêle - pêle-mêle..."
(Nietzsche, Le gai savoir)

"*Tu ne trouveras pas l'inespéré, si tu ne l'espères pas.*" (Héraclite d'Éphèse)

Dans de précédents articles [39] , j'ai montré que Nostradamus avait codé dans son *Testament*, par les nombres 3, 13, 22 et 31, les sommes de quatrains nouveaux apparus dans les différentes éditions de ses *Prophéties*, par le nombre 11 ceux apparus dans ses *Almanachs*, et qu'il fallait tenir compte d'un supplément de quelques quatrains afin d'obtenir un total de 1130 quatrains, incluant ceux parus dans ses *Almanachs*. Je montrerai ci-après que, dès sa traduction de l'*Orus Apollo*, son premier texte connu, c'est-à-dire en 1541, soit treize ans avant la sortie de son premier almanach prophétique, il avait arrêté ce nombre et mis en place le premier volet de son dispositif codé.

L'*Orus* de Nostradamus est un recueil de pièces versifiées, réparties en 182 "notes", numérotées par Nostradamus avec quelques doublons et inversions volontaires, et rédigées sur 167 pages, ou plutôt sur 156 pages avec 11 pages vierges intercalées (cf. *infra* Annexe A). On retrouvera ce procédé curieux, typiquement nostradamien, dans la disposition de son *Testament*, qu'il a vraisemblablement imposée à son notaire Joseph Roche.

182 (notes) = 13 x 14
156 (pages) = 13 x 12

Les nombres 11 (pages vierges) et 13, d'ores et déjà posés, sont les mêmes que ceux du *Testament*, ce qui laisserait penser qu'une bonne partie du dispositif de codage avait déjà été esquissée par Nostradamus dès son premier texte.

Les procédés cryptographiques étaient monnaie courante à la Renaissance, et les erreurs apparentes et maladresses expertes de Nostradamus s'expliquent aisément dans ce contexte. Il fallait donner le change coûte que coûte, et le XVIe siècle a sans doute été le plus dangereux pour la survie de son texte. Il aura risqué beaucoup moins sous l'ère des Lumières aveugles, quelques disparitions tout au plus, et moins encore sous l'ère de la Communication sans message, si ce ne sont quelques pitoyables tentatives de mystification vouées à l'échec. Ce qu'il savait.

On notera que l'édition classique, celle de Venise, à 189 entrées (7 x 27), c'est-à-dire 70 (7 x 10) dans la première partie et 119 (7 x 17) dans la seconde, a été visiblement ordonnée autour du nombre 7, évacué dans le dispositif de Nostradamus. En effet les 68 et 114 items numérotés du manuscrit font un total de 182, c'est-à-dire 7 de moins que dans l'édition classique, alors qu'en réalité la traduction de Nostradamus contient une cinquantaine de pièces en plus, non numérotées.

La numérotation des épigrammes, introduite par Nostradamus sous forme de notes ("NOTE" ou parfois "NOTA" suivie d'un numéro), a pour fonction de mettre son exégète sur la voie et de relier l'*Orus* au *Testament*, puisque les nombres 13 et accessoirement 11 s'y distinguent également, mais aussi de voiler un dispositif, autrement trop visible.

En effet, le nombre total des pièces versifiées de l'*Orus*, est de 243, pièces réparties comme suit (cf. *infra* le détail dans l'annexe A):

Le prologue est d'un seul tenant: 1 pièce de 116 vers à rimes plates
(ou encore 11 x 10 vers sur 6 pages et 6 vers sur 1 page)

Le 1er livre comporte 104 pièces (= 8 x 13) de 1041 vers (= 1000 + 41) + 4 pièces annexées de 41 vers
(sans le passage en latin repris d'Apianus qui ne comporte pas de rime)

Le 2e livre comporte 124 pièces (= 4 x 31) de 1024 vers (= 4 x 4 x 4 x 4 x 4) + 10 pièces annexées de 86 vers (lesquels renvoient aux 86 feuillets du manuscrit)

On retrouve les nombres-clés du Testament: 3, 11, 13 et 31, à savoir 3 dans le total des 243 pièces versifiées (= 3 x 3 x 3 x 3 x 3), 11 dans le prologue et aussi dans le total des pièces versifiées en 2 parties mais sans le prologue (242 = 2 x 11 x 11), 13 dans le premier livre, 31 dans le second. En outre le nombre 6 (= 13 - 7) du prologue s'explique par l'exclusion du nombre 7 dont il vient d'être question, le nombre 8 du premier livre par la forme poétique dominante de l'ouvrage (le huitain), et le nombre 86 est précisément le nombre de feuillets numérotés du manuscrit.

Restent 1 et 10 au prologue, 104, 1041 et 41 au premier livre (dont les rapports sont évidents), et 4, 10, 124 et 1024 au second (dont les rapports le sont tout autant). L'unité, la dizaine et ses multiples (100, 1000), et surtout le nombre 4, sont à la base de cet agencement. Autrement dit, on passe d'un dispositif originel à base 7 à un dispositif à bases 4 et 10, nombres pythagoriciens symbolisant le futur quatrain décasyllabique.

	Pièces	Décomposition	Vers	Décomposition
Prologue	1	1	116	100 + (4 x 4) (annonce les 2 livres)
Livre I	104	100 + 4	1041	1000 + (4 x 10) + 1
Annexe I	4	4	41	(4 x 10) + 1
Livre II	124	100 + (**2** x 10) + 4 (car c'est le 2e livre)	1024	1000 + (**2** x 10) + 4 (car 2e livre)
Annexe II	10	10	86	(41 x **2**) + 4 (car 2e livre)

Le nombre clé du dispositif est 41 (= 11 + 30), le nombre de vers du premier supplément, et celui du premier livre excédant "la milliade" ; il se lit 11 (onzain marqué par l'acrostiche "NOSTRADAMUS" et inséré précisément au verso du feuillet 41 !) + 30 (vers restants annexés), et indique le nombre de quatrains de l'oeuvre prophétique (1130), ainsi que la date de composition de l'*Orus*, 1541.

On obtient aussi la somme de 1130 avec le nombre de pièces versifiées des différentes sections : [(104 + 124) x (1 + 4)] - 10.

Enfin les initiales D M au titre du dernier épigramme, qu'il faut lire ici 500 + 1000, sont bien sûr à rajouter à ces 41 vers pour obtenir la date de composition du manuscrit de Nostradamus.

On pourrait aussi rapprocher ces nombres, ici 11 et 41, des visions d'Hildegard von

Bingen (1098-1179), la première voyante "moderne" (et la seule reconnue par Nostradamus ?), lesquelles elle aurait eues en 1141, soit exactement quatre siècles avant la rédaction de l'*Orus*. En effet Hildegarde, mystique et musicienne, est l'auteur d'importants textes visionnaires dont le *Scivias* (c. 1145): "En l'année mille cent quarante-et-une de l'Incarnation du Fils de Dieu, Jésus-Christ, à l'âge de quarante-deux ans sept mois, une lumière de flammes d'un merveilleux éclat, venant du ciel entr'ouvert, pénétra mon cerveau, mon coeur et ma poitrine" [40] Hildegarde déclare dans ce texte avoir eu 26 visions en 1141, dont celle de l'Antéchrist peint comme un ver monstrueux et celle du grand Monarque. Le plus troublant, c'est que ces deux visions, également centrales dans les *Prophéties* de Nostradamus, sont précisément la 13e et la 22e du traité d'Hildegarde.

Ce ver monstrueux, énorme et difforme, est une assez bonne image de la civilisation dite "post-moderne": "le grand empyre de l'Antechrist commencera dans la Atila & Zerses descendre en nombre grand & innumerable" (*Épistre à Henry*). C'est dire que le deuxième Antéchrist des *Prophéties*, ou même peut-être le troisième, a déjà envahi les lieux de la culture, qu'il n'est pas tant un personnage défini de l'histoire, mais plutôt une multitude indéfinissable et anti-spirituelle, qui précisément avale et engloutit tous les efforts individuels vers la spiritualité.

L'année de composition de l'Orus se retrouve au dizain A53, précisément situé au folio 26r et sous la note 26.

Comment [ilz signifioient] Taciturnite

Signifier voulant tayre ou silence
Qui est l'effect de taciturnite
Ilz escripvoyent ung nombre en aparance
Mil quatre centz et quinze bien compte
Qui est le terme sens rien soy mescompter
D'Ans troys complis constitues au sens
Supputant l'an nombre de jours troys centz
Soixante et cinq que l'enfant son langaige
Vient prononcer car devand de ce temps
Sa langue n'a de parler bon usaige

L'enfant de 3 ans, loin de se taire, est précisément dans sa phase d'apprentissage et d'expression du langage, et entre même exactement dans le stade jupitéro-astéroïdal (représenté par Cérès et le quart du cycle jupitérien) qui marque le début de l'expression socialisée de sa langue maternelle. [41] Autrement dit, il y a ici une parfaite concordance entre mon exposé des cycles planétaires et sa représentation égyptienne selon Horapollon.

Mais Nostradamus compte 1415, et insiste même: "bien compté" et "sans rien soy mescompter", pour trois années de 365 jours, alors que toutes les éditions, antérieures et postérieures au manuscrit, impriment évidemment 1095.

Comme le remarque Lucien de Luca dans un texte posté sur son site Logodaedalia.com: "Dans la langue grecque, quatre cents pouvait s'écrire *tetra-kosioi*, très proche phonétiquement de *tetra-eikosi*, quatre-vingts. (...) une diction enfantine imparfaite aurait pu faire dire plus facilement, et comprendre aussi (pour nonante) quatre cents (*tetra-kosioi*) au lieu de quatre-vingts (*tetra-eikosi*)."

Mais si l'enfant de 3 ans a du mal à interpréter et reproduire ce qu'il entend, Nostradamus sait jouer sur les nombres et piéger l'analyste trop pressé. Car précisément il ne s'agit pas d'une erreur de calcul ou d'une transcription fautive comme aime le croire une interprétation naïve à la Prévost ou à la Lemesurier, mais bien d'un jeu sur les nombres 1095 (le total des 3 années), 1415 (ce que l'enfant grec de trois ans pourrait entendre), et 1541, le nombre caché du dispositif.

Outre la permutation des chiffres dans les nombres 1415 et 1541, on remarque que les trois sommes en jeu se relient les unes aux autres très simplement en les traduisant par leurs équivalents romains:

1415 = M C C C C **X V**
1095 = M **L** X X X X **V**
1541 = M **D** X X X X **I**

On passe de 1095 à 1415, par une transformation de L en X (50 => 10) et de X en C (10 => 100), -- quatre fois -- c'est-à-dire en divisant par 5 et en multipliant par 10. De même on passe de 1095 à 1541, par une transformation de L en D (50 => 500) et de V en I (5 => 1), c'est-à-dire à nouveau en multipliant par 10 et en divisant par 5.

Nostradamus indique encore la date de composition de l'*Orus* dans le nombre total de vers de sa traduction, soit 2308 vers "bien comptés". En effet deux fois 1541 (car l'*Orus* comprend deux livres) font 3082. Et en permutant les chiffres un à un, ou encore en faisant passer le 2 des deux livres en première place, on obtient exactement le nombre de **2308**.

De même, deux fois 1555, l'année charnière choisie par Nostradamus pour publier ses premiers quatrains, aussi bien dans ses *Almanachs* que dans son recueil de *Prophéties*, donne un total de 3110. En permutant le chiffre 3 en première place et le chiffre 1 en troisième, sachant que 13 est le nombre choisi par Nostradamus comme base de tous ses calculs, on obtient à nouveau (et ce pour la dixième fois depuis mon article sur les Pièces du *Testament*) le nombre de **1130**.

En somme, il faut doubler les dates de composition et de parution de l'*Orus* et des *Prophéties*, pour parvenir aux nombres 3082 et 3110, c'est-à-dire précisément "*au septiesme nombre de mille qui paracheve le tout, nous approchant du huictiesme*", comme Nostradamus l'indique dans sa première préface. En effet, on comptait à la Renaissance à partir de l'an supposé de la création du monde, c'est-à-dire l'an 5200 avant J-C selon Eusèbe, mais **l'an 3967** avant J-C (le Christ étant supposé avoir vécu 33 ans) selon la date indiquée par Nostradamus dans ses Almanachs pour les années 1557, 1559, 1562, 1563 et 1566.

Oeuvre	Année	(double)	Nombre de vers ou de quatrains
Orus Apollon	1541	3082	2308 vers
Prophéties	1555	3110	1130 quatrains

Le hasard et les coïncidences des manipulations numériques peuvent justifier presque tout à fort bon compte, pour le sceptique et idéologue en poste, payé, cher, pour prévenir, empêcher et fustiger toute recherche qui tendrait à montrer qu'on a pu *faire* dans le passé ce qu'il ne sait plus comprendre.

D'autres analyses cryptonumériques sur ce dispositif très travaillé de l'*Orus* indiquent encore les mêmes nombres, notamment ceux du *Testament*, et 1130, le nombre de quatrains à prendre en compte dans le corpus prophétique (cf. *infra*, Annexe B). En revanche, les nombres spécifiques des divers pans du corpus, mis en évidence dans le *Testament*, à savoir 353 (quatrains de la première édition), 286 et 289 (nouveaux quatrains des secondes éditions), 300 (nouveaux quatrains des troisièmes éditions), et 154 (quatrains des almanachs), ne s'y trouvent pas. On en conclura que Nostradamus a élaboré la base de son projet cryptographique dès 1541, même s'il n'en a pas encore défini toutes les articulations. Il est probable que son idée de rattacher les diverses parties de son corpus aux nombres de Roussat lui est venue ultérieurement.

Quel que soit le poids des mises en garde trompeuses de la raison quant à la valeur prophétique de l'*opera nostradamica*, le lecteur devra admettre qu'un vaste jeu cryptonumérique a été mis en place par le *poeta mathematicus*, le jeu de son esprit avec le monde et avec l'histoire, ou plutôt le jeu de l'esprit du monde qui se sert du prophète, son médium, pour jouer avec lui-même, - ce même "subtil esperit du feu" (*Épistre à César*), celui d'Héraclite, qui crée et transforme indéfiniment le monde, et incite le poète à prophétiser.

Nostradamus est habité. Il n'est, dans un premier temps, que le jouet des dieux qui pilotent son inspiration et sa voix pour dévoiler les desseins du destin , car seuls les dieux, et les enfants comme le rappelle Héraclite, ont le privilège de jouer avec le monde et ses héros, ou de s'en jouer, ainsi Krishna conduisant le char d'Arjuna, Athéna et Arès poussant leurs protégés au combat et parfois à l'exploit. Le mythe, dont l'histoire n'est que la reproduction bruyante sous la forme de la comédie, est un scénario orchestré par les puissances du destin.

Nostradamus ne s'est pas contenté de simplement restituer le feu qu'il a reçu : il l'a organisé, l'a modelé "sous figure nubileuse" (*Épistre à César*). Il est l'inventeur du jeu d'énigme ou du jeu d'enquête, le *Magister Ludi* rêvé par Hermann Hesse, l'organisateur du *Grand Jeu* aperçu par le disciple de Gurdjieff, René Daumal, le seul jeu qui sache mériter ses joueurs. Car dans le labyrinthe des signes, est maître d'oeuvre celui qui a su pénétrer l'intention du destin et qui s'est attaché à le restituer, de sorte que l'*opera* sache imiter la *natura* et qu'à l'une, débordante de dieux, réponde l'autre, emplie de sens.

Annexe B : Compléments relatifs au dispositif de l'Orus

Le livre des Hiéroglyphes de Nostradamus se compose au total de 243 pièces versifiées de douze sortes, à savoir 4 quatrains, 146 huitains (dont 100 dans le second livre hormis le supplément), 64 dizains (soit 8 x 8), 6 onzains, 15 douzains, 1 treizain, 2 épigrammes de 14 vers, 1 pièce de 16 vers, 1 autre de 17 vers, 1 autre de 18 vers, 1 de 30 vers, et 1 prologue de 116 vers.

En privilégiant les 3 sortes de pièces versifiées les plus fréquentes (huitains, dizains et douzains), la somme d'un exemplaire de chaque espèce totalisant 30, on obtient la répartition suivante:

	Huitains	Dizains	Douzains	Total	Autres	TOTAL
Prologue	0	0	0	0	1	1
Livre I	38	40	13	91 = **13** x 7	**13**	104
Annexe I	1	1	1	**3**	1	4
Livre II	100	20	1	121 = **11** x **11**	**3**	124
Annexe II	7	3	0	10	0	10
Total	146	64	15	225 = **9** x 25	18 = **9** x 2	243

On retrouve, cette fois encore, les nombres du Testament de Nostradamus, à savoir 3, 11 et 13. **Le nombre total de pièces versifiées, 243**, est égal à la puissance 5ème de 3 (car l'ouvrage comprend 5 parties), et renvoie au nombre total de huitains, dizains et douzains, 225, soit 3 puissance 2 fois 5 puissance 2. **Il est aussi la somme des vers annexés dans les suppléments** : 116 dans le prologue, + 41 dans le premier supplément, + 86 dans le second. Encore une coïncidence numérique fort improbable.

Ces nombres du *Testament* se retrouvent aussi dans les différents titres (celui du manuscrit, celui du début du livre 2 et ceux en clôture des deux livres), dans une disposition symétrique soulignant les nombres 39 (= 3 x 13) et 41 (au centre symétrique), respectivement aux folios 1r, 40v, 42v et 81v. (Je laisse à l'écart le titre du livre 1 qui apparemment n'appartient pas au dispositif.)

ORVS APOLLO FILS DE OSIRIS ROY DE **AE**GIPTE NILIACQVE. DES NOTES HIEROGLYPHI QVES LIVRES DEVX MIS EN RITHME PAR EPIGRÃMES OEVRE DE INCREEDIBLE ET ADMIRABLE ERVDITION ET ANTIQVITE	LE SECOND LIVRE DE ORVS APOLLO FILZ DE OZIRIS ROY D'EGIPTE DES NOTES HIEROGLYPHIQVES MIS EN RITHME PAR EPIGRAMMES.

FIN DV PREMIER LIVRE DE ORVS APOLLO FILZ DE OZIRIS ROY DE EGIPTE DES NOTES HIEROGLYPHIQES DES AEGIPTI ENS MIS EN RITHME PAR PAR EPIGRAMMES PAR M. MICHEL NOS**TR**ADMVS SCELON VNG **TR**ES ANCIEN EXEMPLARE GREC DES DRVIDES.	FIN DES NOTES HIEROGLYPHI QVES DE ORVS APOLLO NILIA QVE DE **AE**GIPTE MISES EN RITME PAR EPIGRAMMES OEVRE DE ADMIRABLE CONSIDERATION ET ESMER VELLABLE LITERATVRE TRADVICT PAR MICHEL NOSTRADAMVS DE SAINCT REMY EN PROVENCE.

Divers observateurs ont remarqué les différences et apparentes inconséquences relatives aux titres en majuscules donnés par Nostradamus au début et à la fin des deux livres composant sa traduction des hiéroglyphes d'Horapollon : par exemple la répétition de la préposition PAR, les orthographes variées pour certains termes (FILS / FILZ, EGIPTE / AEGIPTE, OSIRIS / OZIRIS, HIEROGLYPHIQES / HIEROGLYPHIQVES, etc), et même l'oubli d'une lettre dans la transcription du nom de l'auteur (NOSTRADMUS).

Comme toujours chez Nostradamus, les incohérences ponctuelles permettent d'attirer l'attention sur le sens global de son dispositif.

En comptant séparément pour chacun des intitulés, le nombre de lignes, le nombre de mots, et le nombre de lettres (avec TR et AE rattachés dans le texte et comptant pour une seule lettre, et le Ã d'EPIGRÃMES indiquant un doublement de la lettre M), on obtient le décompte suivant :

	lignes	mots	lettres
titre de l'ouvrage	12	27	148
clôture du livre 1	9	36	176
titre du livre 2	4	20	94
clôture du livre 2	10	31	184

Exceptée la somme des lettres 176 + 184 (des textes *in fine* des deux livres), à savoir 360, rien n'apparaît clairement. Et pourtant Nostradamus indique ici encore les nombres clés de son dispositif : 4 (qui annonce l'oeuvre future composée de quatrains), et 3, 11, 13 et 22 qui sont toujours les mêmes nombres, précédemment rencontrés, et mis en lumière dans son testament quelques jours avant son décès.

En effet, il suffit d'additionner les nombres précédents, de trois manières différentes, comme s'il s'agissait de quatrains à rimes embrassées (pour les lignes), plates (pour les mots) et croisées (pour les lettres).

12 + 10 = **22**
9 + 4 = **13**
27 + 36 = 63 = **3** x (**13** + 4 + 4)
20 + 31 = 51 = **3** x (**13** + 4)
148 + 94 = **11** x **22**

Les feuillets 22 recto et 23 verso ont été barrés (et Wilhelm Zannoth a raison de me signaler par courrier privé que les verso du feuillet 22 et recto du feuillet 23 ne le sont pas, si ce n'est par transparence). Nostradamus en est-il l'auteur, et pour quelle raison? Si l'on s'en tient au contenu des pages, ce seraient 36 vers qui devraient être soustraits du total de 2308, mais si l'on s'intéresse aux épigrammes concernées (un dizain, un huitain, et l'épigramme de 30 vers, la pièce la plus longue de la traduction, dont seuls les dix-huit premiers vers sont biffés), ce sont trois pièces totalisant 48 vers qu'on doit retrancher de l'ensemble, pour aboutir à un total de 2260 vers, ou encore de **1130 distiques** (le distique étant l'unité de mesure retenue en raison de l'entame du traité et de sa division en deux parties).

On retrouve ces 48 vers (à soustraire du total de 2308) dans les pièces rajoutées par Nostradamus dans sa traduction : les 10 vers du dizain concernant Isis (A6), les 8 vers du huitain relatif à la Chauve-souris (B53), les 10 vers concernant la Huppe amyanthus (B96), les 10 vers relatifs au Poulpe (B111), et les 10 vers du hiéroglyphe représentant la Vipère (B60) confirmés et remplacés par une traduction d'un passage de Nicandre.

En outre, la principale pièce rajoutée par Nostradamus, à savoir le dizain sur Isis, est reprise des pages 23 et 136 du traité d'Apianus (cf note 25). Or (136 - 23) x 10 (dizain) = **1130**.

Les numéros de ces épigrammes deux fois traduites en seconde partie, à savoir B52 (sur la prétendue Tourterelle), B60 (sur la Vipère), B95 (sur la Huppe adiantus) et B110 (sur une pseudo Langouste) ne sont pas laissés au hasard, puisqu'ils se décomposent simplement en 13 x 4, 20 x 4, 19 x 5, et 22 x 5. Or (13 x 22) + (19 x 20) totalisent 666, le nombre de la bête de l'Apocalypse, celui que Nostradamus attribue au mauvais traducteur ou au mauvais copiste, et qui triple par agglutination le numéro du dizain consacré à Isis dans la première partie du traité (à savoir A6), ce qui nous confirme que ces pièces versifiées doivent être liées.

Nostradamus a laissé dans son texte onze folios blancs, séparant par quatre fois l'avancée de sa traduction : aux folios 1v, 5v à 8r, 50v, et 79v à 80v, soit encore aux pages 2, 10 à 15, 100, 158 à 160 de son manuscrit. Ces pages équivalent à des totaux de 2, 75, 100 et 477. Deux fois la somme totale de ces pages équivaut à 1308, soit le nombre de vers de la traduction à mille près. On a aussi 477 + 100 - (75 + 2) = 500 (ce qui rappelle les initiales D M de la dernière épigramme). On peut également compter (477 x 2) + 75 + 100 = 1130 (à l'unité près).

Enfin les trois pièces les plus longues, à 17 vers (A9), 18 vers (A10) et 30 vers (A46) sont composées de distiques, avec un vers non rimé, le quinzième, pour la première. On a donc 3 pièces de 65 vers au total, dont les numéros totalisent eux-mêmes 65. Ce doublement du nombre 65, soit 130, indique une nouvelle fois le nombre de quatrains excédant la "milliade" de la future oeuvre prophétique.

(extrait de CN 28 puis de *Nostradamus traducteur*, Paris, BoD, fév. 2015)

CURA (Centre Universitaire de Recherche en Astrologie)
http://cura.free.fr (1999-2015)

Corpus Nostradamus sur le site du CURA
http://cura.free.fr/mndamus.html (2006-2015)

Autres ouvrages publiés :

Historique des éditions des Prophéties de Nostradamus (1555-1615)
(tiré à part, Bordeaux, Société des Bibliophiles de Guyenne, Décembre 2008, 160 p.)

Nostradamus ou l'Éclat des Empires (Paris, Bod, Avril 2011, 192 p.)

Nostradamus traducteur : Horapollon et Galien (Paris, BoD, Février 2015, 268 p.)

Cet ouvrage a été confectionné par moi-même le 19 mars 2015, à 22 ans, jour pour jour, de la soutenance de ma thèse doctorale sur l'Astrologie.